Beck'sche Musterverträge, Band 54

Ulmer-Eilfort/Schmoll: Technologietransfer

Technologietransfer

Lizenzverträge für Patente und Know-how

von

Dr. Constanze Ulmer-Eilfort

Rechtsanwältin in München

und

Dr. Andrea Schmoll

Rechtsanwältin in Frankfurt

Verlag C. H. Beck München 2006

Verlag C. H. Beck im Internet:
beck.de

ISBN 3 406 54686 2

© 2006 Verlag C. H. Beck oHG
Wilhelmstraße 9, 80801 München
Druck und Bindung: Nomos Verlagsgesellschaft
In den Lissen 12, 76547 Sinzheim

Satz: jürgen ullrich typosatz, 86720 Nördlingen

Gedruckt auf säurefreiem, alterungsbeständigem Papier
(hergestellt aus chlorfrei gebleichtem Zellstoff)

Wir danken den Kolleginnen und Kollegen in der Anwaltssozietät Baker & McKenzie LLP für die Unterstützung bei der Entstehung des Mustervertrags. Bei der Erstellung dieses Buches haben uns unsere Kollegen Dr. Stephanie Pautke und Dr. Dominique Wagener zum Kartellrecht, Christian Brodersen und Nicole Looks zum Steuerrecht und Regina Rath zum Insolvenzrecht mit wertvollen Beiträgen und Anregungen unterstützt. Ein besonderer Dank geht auch an Dr. Angela Müller, die einen Teil der Regelungen und Erläuterungen zu den Lizenzgebühren und Zahlungsbedingungen erstellt hat. Und nicht zuletzt geht unser Dank an Manuela Kühling, die viele Stunden und mit großem persönlichen Einsatz an der Ausfertigung, Korrektur und Gestaltung des Manuskriptes gearbeitet hat.

Inhaltsverzeichnis

Abkürzungsverzeichnis

DPMA	Deutsches Patent- und Markenamt
DStR	Deutsches Steuerrecht (Zeitschrift)
EG	Europäische Gemeinschaft
EGBGB	Einführungsgesetz zum Bürgerlichen Gesetzbuch
EG-KartellVO	Verordnung (EG) Nr. 1/2003 des Rates vom 16. Dezember 2002 zur Durchführung der in den Artikeln 81 und 82 des Vertrags niedergelegten Wettbewerbsregeln, Abl. EG 2003, L 1/1
EGV	Vertrag zur Gründung der Europäischen Gemeinschaft
EPÜ	Europäisches Patentübereinkommen
EStDV	Einkommensteuer-Durchführungsverordnung
EStG	Einkommensteuergesetz
EStR 2003	Einkommensteuer-Richtlinien 2003
EU	Europäische Union
EuGH	Gerichtshof der Europäischen Gemeinschaften
EuGHE	Sammlung der Rechtsprechung des Gerichtshofs und des Gerichts Erster Instanz der Europäischen Gemeinschaften
EuZW	Europäische Zeitschrift für Wirtschaftsrecht
EWG	Europäische Wirtschaftsgemeinschaft
EWR	Europäischer Wirtschaftsraum
EWS	Europäisches Wirtschafts- und Steuerrecht (Zeitschrift)
f.	Folgende
ff.	Fortfolgende
Fn.	Fußnote
GebrMG	Gebrauchsmustergesetz
GPÜ	Übereinkommen über das europäische Patent des Gemeinsamen Marktes (Gemeinschaftspatentübereinkommen)
GPÜ-AO	Ausführungsverordnung zur GPÜ
GRUR	Gewerblicher Rechtsschutz und Urheberrecht (Zeitschrift)
GRUR Int.	Gewerblicher Rechtsschutz und Urheberrecht – Internationaler Teil (Zeitschrift)
GWB	Gesetz gegen Wettbewerbsbeschränkungen
HGB	Handelsgesetzbuch
h.M.	herrschende Meinung
i.d.F.	in der Fassung
IP	Intellectual Property
i.S.d.	im Sinne des / im Sinne der
IStR	Internationales Steuerrecht (Zeitschrift)
i.V.m.	in Verbindung mit
IntPatÜG	Gesetz über internationale Patentübereinkommen
JuS	Juristische Schulung (Zeitschrift)
Know-how-GVO	Verordnung (EWG) Nr. 556/89 der Kommission vom 30. November 1988 zur Anwendung von Artikel 85 Absatz 3 des Vertrages auf Gruppen von Know-how-Vereinbarungen, Abl. EG 1989 L 061/1
KStG	Körperschaftsteuergesetz
KStR 2004	Körperschaftsteuer-Richtlinien 2004

Literaturverzeichnis

Abel, Paul Filmlizenzen in der Insolvenz des Lizenzgebers und Lizenznehmers, in: NZI 2003, S. 121 ff. (zit.: Abel, NZI 2003)

Bartenbach, Kurt/Buddeberg, Michael/Hecker, Manfred/Klinger, Alfred N./ Metzlaff, Karsten/Pitz, Johann/Schulze, Erich/Schulze, Marcel/Schweyer, Stefan/Spitz, Volker/Volz, Franz-Eugen/Zindel, Johannes Formularsammlung zum gewerblichen Rechtsschutz mit Urheberrecht, 2. Aufl., Weinheim/New York/Chichester/Brisbane/Singapore/Toronto 1998 (zit.: Bearbeiter, in: Bartenbach u. a., Formularsammlung, Fundstelle)

Bartenbach, Kurt/Volz, Franz-Eugen Arbeitnehmererfindergesetz. Kommentar zum Gesetz über Arbeitnehmererfindungen, 4. Aufl., Köln/Berlin/ Bonn/München 2002 (zit.: Bartenbach/Volz, Arbeitnehmererfindergesetz, Fundstelle)

Dies. Arbeitnehmererfindervergütung. Kommentar zu den Amtlichen Richtlinien für die Vergütung von Arbeitnehmererfindungen, 2. Aufl., Köln/ Berlin/Bonn/München 1999 (zit.: Bartenbach/Volz, Arbeitnehmererfindervergütung, Fundstelle)

Bartenbach, Kurt/Gennen, Klaus/Gaul, Dieter Patentlizenz- und Knowhow-Vertrag, 5. Aufl., Köln 2001 (zit.: Bartenbach/Gennen/Gaul, Fundstelle)

Bausch, Rainer Patentlizenz und Insolvenz des Lizenzgebers, in: NZI 2005, S. 289 ff. (zit.: Bausch, NZI 2005)

Bellamy, Chritopher/Child, Graham European Community Law of Competition, 5. Aufl., London 2001 (zit.: Bellamy/Child, EC Law of Competition)

Benkard, Georg Patentgesetz, Gebrauchsmustergesetz. Kurz-Kommentar, 9. Aufl., München 1993 (zit.: Benkard, PatG, Fundstelle)

Berger, Christian Der Lizenzsicherungsnießbrauch – Lizenzerhaltung in der Insolvenz des Lizenzgebers, in: GRUR 2004, S. 20 ff. (zit.: Berger, GRUR 2004)

Berger, Klaus Peter Lösungsklauseln für den Insolvenzfall, in: Kölner Schrift zur Insolvenzordnung. Das neue Insolvenzrecht in der Praxis, herausgegeben vom Arbeitskreis für Insolvenz- und Schiedsgerichtswesen, 2. Aufl., Herne/Berlin 2000, S. 499 ff. (zit.: Berger, in: Kölner Schrift zur Insolvenzordnung)

Bork, Reinhard Die Doppeltreuhand in der Insolvenz, in: NZI 1999, S. 337 ff. (zit.: Bork, NZI 1999)

Brandi-Dohrn, Matthias Sukzessionsschutz bei der Veräußerung von Schutzrechten, in: GRUR 1983, S. 146 ff. (zit.: Brandi-Dohrn, GRUR 1983)

Brandt, Sven Softwarelizenzen in der Insolvenz unter besonderer Berücksichtigung der Insolvenz des Lizenzgebers, in: NZI 2001, S. 337 ff. (zit.: Brandt, NZI 2001)

Braun, Eberhard Insolvenzordnung (InsO). Kommentar, 2. Aufl., München 2004 (zit.: Braun, InsO, Fundstelle)

Breitling, Siegfried Bedeutung und Wirkung von Schriftformklauseln, Pfaffenweiler 1994 (zit.: Breitling, Schriftformklauseln)

Busse, Rudolf Patentgesetz unter Berücksichtigung des Europäischen Patent-übereinkommens und des Patentzusammenarbeitsvertrags mit Patent-kostengesetz, Gebrauchsmustergesetz und Gesetz über den Schutz der Topographien von Halbleitererzeugnissen, Gesetz über Arbeitnehmerer-findungen und Gesetz über internationale Patentübereinkommen. Kom-mentar, 6. Aufl., Berlin 2003 (zit.: Bearbeiter, in: Busse, PatG, Fundstelle)

Christoph, Michael Wettbewerbsbeschränkungen in Lizenzverträgen über gewerbliche Schutzrechte nach deutschem und europäischem Recht, Re-gensburg 1998 (zit.: Christoph, Wettbewerbsbeschränkungen)

Döllerer, Georg Die verdeckte Gewinnausschüttung und ihre Rückab-wicklung nach neuem Körperschaftsteuerrecht, in: DStR 1980, S. 395 ff. (zit.: Döllerer, DStR 1980)

Dötsch, Ewald/Felder, Bernd/Geiger, Otto/Klingebiel, Jörg/Lang, Friedbert/ Rupp, Thomas/Wochinger, Peter Verdeckte Gewinnausschüttung/Ver-deckte Einlage, Stuttgart 2001 (zit.: Bearbeiter, in: Dötsch/Felder/Geiger/ Klingebiel/Lang/Rupp/Wochinger, Fundstelle)

Drexl, Josef Die neue Gruppenfreistellungsverordnung über Technologie-transfer – Vereinbarungen im Spannungsfeld von Ökonomisierung und Rechtssicherheit, in: GRUR Int. 2004, S. 716 ff. (zit.: Drexl, GRUR Int. 2004)

Ernst&Young Körperschaftssteuergesetz. KstG mit Nebenbestimmungen. Kommentar, Bonn/Berlin Stand September 2005 (zit.: Bearbeiter, in: Ernst&Young, KStG)

Fammler, Michael, Der Markenlizenzvertrag, München 2000 (zit.: Famm-ler, Markenlizenzvertrag)

Fezer, Karl-Heinz Lizenzrechte in der Insolvenz des Lizenzgebers, in: WRP 2004, S. 793 ff. (zit.: Fezer, WRP 2004)

Formularsammlung Beck'sche Formularsammlung zum gewerblichen Rechtsschutz mit Urheberrecht. Patent- und Arbeitnehmererfindungs-recht, Lizenzvertragsrecht, Geschmacksmusterrecht, Markenrecht, Wett-bewerbsrecht, Produktpiraterie, Kartellrecht, Urheberrecht, bearbeitet von Michael Buddeberg 3. Aufl., München 2005 (zit.: Bearbeiter, in: Formularsammlung, Fundstelle)

Frentz, Wolfgang Freiherr Raitz von/Marrder, Larissa Insolvenz des Film-rechtehändlers. Was passiert mit den Rechten?, in: ZUM 2001, S. 761 ff. (zit.: Frentz/Marrder, ZUM 2001)

Glossner, Ottoarndt/Bredow, Jens/Bühler, Michael Das Schiedsgericht in der Praxis, 3. Aufl., Heidelberg 1990 (zit.: Glossner/Bredow/Bühler, Fundstelle)

Grützmacher, Rolf/Laier, Hubert/May, Dietmar Der internationale Lizenz-verkehr. Genehmigungsvorschriften, Steuern, Devisenbestimmungen und Hinweise zur internationalen Lizenzpraxis, 8. Aufl., Heidelberg 1997 (zit.: Grützmacher/Laier/May, Internationaler Lizenzverkehr)

Haedicke, Maximilian Die Gewährleistunshaftung bei Patentveräußerungs-und Patentlizenzverträgen und das neue Schuldrecht, in: GRUR 2004, S. 123 (zit.: Haedicke, GRUR 2004)

Hausmann, Rainer Insolvenzklauseln und Rechtefortfall nach der neuen Insolvenzordnung, in: ZUM 1999, S. 914 ff. (zit.: Hausmann, ZUM 1999)

Hellebrand, Ortwin/Kaube, Gernot Lizenzsätze für technische Erfindun-gen, 2. Aufl., Köln/Berlin/Bonn/München 2001 (zit.: Hellebrand/Kaube, Lizenzsätze)

Henn, Günter Patent- und Know-how-Lizenzvertrag. Handbuch für die Praxis, 5. Aufl., Heidelberg 2003 (zit.: Henn, Fundstelle)

Hufnagel, Frank-Erich Die neue Gruppenfreistellungsverordnung Technologietransfer – Kein Lizenzvertrag ohne Kartellrecht?, in: MittDPatAnw 2004, S. 297 ff. (zit.: Hufnagel, MittDPatAnw)

Immenga, Ulrich/Mestmäcker, Ernst-Joachim GWB – Gesetz gegen Wettbewerbsbeschränkungen. Kommentar zum Kartellgesetz, 2. Aufl., München 1992 (zit.: Immenga/Mestmäcker, GWB, Fundstelle)

Klauer, Georg/Möhring, Philipp Patentrechtskommentar, Band I, 3. Aufl., München 1971 (zit.: Klauer/Möhring-Bearbeiter, PatG, Fundstelle)

Kraßer, Rudolf Patentrecht. Ein Lehr- und Handbuch zum deutschen Patent- und Gebrauchsmusterrecht, Europäischen und Internationalen Patentrecht, 5. Aufl., München 2004 (zit.: Kraßer, Patentrecht, Fundstelle)

Kraßer, Rudolf/Schmid, Hans Dieter Der Lizenzvertrag über technische Schutzrechte aus der Sicht des deutschen Zivilrechts, in: GRUR Int. 1982, S. 324 ff. (zit.: Kraßer/Schmid, GRUR Int. 1982)

Lachmann, Jens-Peter Handbuch für die Schiedsgerichtspraxis, 2. Aufl., Köln 2002 (zit.: Lachmann, Fundstelle)

Lampert, Thomas/Niejahr, Nina/Kübler, Johanna/Weidenbach, Georg EG-KartellVO. Praxiskommentar zur Verordnung (EG) Nr. 1/2003, Heidelberg 2004 (zit.: Lampert/Niejahr/Kübler/Weidenbach, EG-KartellVO, Fundstelle)

Lejeune, Mathias Die neue europäische Gruppenfreistellungsverordnung für Technologietransfer-Vereinbarungen, Ein Überblick zu ihrer Bedeutung und Tragweite für die Vertragsgestaltung, in: CR 2004, S. 467 ff. (zit.: Lejeune, CR 2004)

Lubitz, Markus Die neue Technologietransfer-Gruppenfreistellungsverordnung, in: EuZW 2004, S. 652 ff. (zit.: Lubitz, EuZW 2004)

Lübbig, Thomas „… et dona ferentes": Anmerkungen zur neuen EG-Gruppenfreistellungsverordnung im Bereich des Technologietransfers, in: GRUR 2004, S. 483 ff. (zit.: Lübbig, GRUR 2004)

Lüdecke, Wolfgang Die Ausübungspflicht des Lizenznehmers, in: GRUR 1952, S. 211 ff. (zit.: Lüdecke, GRUR 1952)

Marotzke, Wolfgang Gegenseitige Verträge im neuen Insolvenzrecht, 3. Aufl., Neuwied 2001 (zit.: Marotzke, Fundstelle)

Mes, Peter Patentgesetz, Gebrauchsmustergesetz. Kommentar, 2. Aufl., München 2005 (zit.: Mes, Fundstelle).

Möller, Mirko Das Patent als Rechtsmangel der Kaufsache. Vom objektiven zum subjektiven Rechtsmangelbegriff, in: GRUR 2005, S. 468 ff. (zit.: Möller, GRUR 2005)

Mössner, Jörg Manfred Steuerrecht international tätiger Unternehmen. Handbuch der Besteuerung von Auslandsaktivitäten inländischer Unternehmen und von Inlandsaktivitäten ausländischer Unternehmen, 2. Aufl., Köln 1992 (zit.: Mössner, Fundstelle)

Münchener Kommentar Münchener Kommentar zur Insolvenzordnung, herausgegeben von Hans-Peter Kirchhof, Hans-Jürgen Lwowski und Rolf Stürner, 3 Bde., München 2001 ff. (zit.: Bearbeiter, in: MüKo InsO, Fundstelle)

Münchener Vertragshandbuch Münchener Vertragshandbuch, Band 3. Wirtschaftsrecht II, herausgegeben von Rolf A. Schütze und Lutz Weipert, 5. Aufl., München 2004 (zit.: Bearbeiter, in: Münchener Vertragshandbuch III)

Osterrieth, Christian Patentrecht, 2. Aufl., München 2004 (zit.: Osterrieth, Fundstelle)

Pagenberg, Jochen/Geissler, Bernhard Lizenzverträge – License Agreements. Patente, Gebrauchsmuster, Know-how, Computer Software; Kommentierte Vertragsmuster nach deutschen und europäischen Recht – Patents, Utility Models, Know-how, Computer Software; Annotated Sample Contracts under European and German Law, 5. Aufl., Köln/Berlin/Bonn/München 2003 (zit.: Pagenberg/Geissler, Fundstelle)

Palandt, Otto Bürgerliches Gesetzbuch. Kurzkommentar, 65. Aufl., München 2006 (zit.: Bearbeiter, in: Palandt, Fundstelle)

Pape, Gerhard Ablehnung und Erfüllung schwebender Rechtsgeschäfte durch den Insolvenzverwalter, in: Kölner Schrift zur Insolvenzordnung. Das neue Insolvenzrecht in der Praxis, herausgegeben vom Arbeitskreis für Insolvenz- und Schiedsgerichtswesen, 2. Aufl., Herne/Berlin 2000, S. 531 ff. (zit.: Pape, in: Kölner Schrift zur Insolvenzordnung)

Paul, Willy Der industrielle Lohnfertigungsvertrag über geschützte Gegenstände. Ein Beitrag zu seiner patent-, handels- und kartellrechtlichen Problematik, in: NJW 1963, S. 2249 ff. (zit.: Paul, NJW 1963)

Pfaff, Dieter/Osterrieth, Christian Lizenzverträge. Formularkommentar, 2. Aufl., München 2004 (zit.: Pfaff/Osterrieth, Fundstelle)

Reimer, Eduard Patentgesetz und Gebrauchsmustergesetz. Systematischer Kommentar, 3. Aufl., Köln u.a. 1968 (zit.: Reimer, PatG, Fundstelle)

Sack, Rolf Zur Vereinbarkeit wettbewerbsbeschränkender Abreden in Lizenz- und Know-how-Verträgen mit europäischem und deutschem Kartellrecht, in: WRP 1999, S. 592 ff. (zit.: Sack, WRP 1999)

Schaumburg, Harald Internationales Steuerrecht. Außensteuerrecht. Doppelbesteuerungsrecht, 2. Aufl., Köln 1998 (zit.: Schaumburg, Fundstelle)

Schmidt, Ludwig EStG. Einkommensteuergesetz Kommentar, 23. Aufl., München 2004 (zit.: Bearbeiter, in: Schmidt, EStG, Fundstelle)

Schmoll, Andrea/Hölder, Niels Patentlizenz- und Know-how-Verträge in der Insolvenz, in: GRUR 2004, S. 743 ff.; 830 ff. (zit.: Schmoll/Hölder, GRUR 2004)

Schultze, Jörg-Martin/Pautke, Stephanie/Wagener, Dominique S. Die Gruppenfreistellungsverordnung für Technologietransfer-Vereinbarungen. Praxiskommentar, Frankfurt am Main 2005 (zit.: Schultze/Pautke/Wagener, Gruppenfreistellungsverordnung, Fundstelle)

Dies. Die Gruppenfreistellungsverordnung für vertikale Vereinbarungen. Praxiskommentar, Heidelberg 2001 (zit.: Schultze/Pautke/Wagener, Vertikal-GVO, Fundstelle)

Dies. Die neue Technologietransfer-Gruppenfreistellungsverordnung der Europäischen Kommission – Mission Completed, in: EWS 2004, S. 437 ff. (zit.: Schultze/Pautke/Wagener, EWS 2004)

Dies. Die letzte ihrer Art: Die Gruppenfreistellungsverordnung für Technologietransfer-Vereinbarungen – Reformentwürfe der Kommission, in: WRP 2004, S. 175 ff. (zit.: Schultze/Pautke/Wagener, WRP 2004)

Schwab, Karl Heinz/Walter, Gerhard Schiedsgerichtsbarkeit. Systematischer Kommentar, 7. Aufl., München 2005 (zit.: Schwab/Walter, Fundstelle)

Seibold, Sabine Problematik der Doppelansässigkeit von Kapitalgesellschaften, in: IStR 2003, S. 45 ff. (zit.: Seibold, IStR 2003)

Stumpf, Herbert/Groß, Michael Der Lizenzvertrag, 8. Aufl., Frankfurt am Main 2005 (zit.: Stumpf/Groß, Fundstelle)

Sucker, Michael Gruppenfreistellungsverordnungen für Patentlizenz- und für Know-how-Vereinbarungen. Vergleich und Abgrenzung, in: CR 1990, S. 369 ff. (zit.: Sucker, CR 1990)

Thamm, Manfred/Pilger, Gerhard Taschenkommentar zum AGB-Gesetz, Heidelberg 1998 (zit.: Thamm/Pilger, AGB-Gesetz, Fundstelle)

Uhlenbruck, Wilhelm Insolvenzordnung. Kommentar, 12. Aufl., München 2003 (zit.: Uhlenbruck, InsO, Fundstelle)

Wassermeyer, Franz Verdeckte Gewinnausschüttungen und verdeckte Einlagen, in: DStR 1990, S. 158 ff. (zit.: Wassermeyer, DStR 1990)

Wiedemann, Gerhard Handbuch des Kartellrechts, München 1999 (zit.: Bearbeiter, in: Wiedemann, Handbuch, Fundstelle)

Wissel, Holger/Eickhoff, Jörn Die neue EG-Gruppenfreistellungsverordnung für Technologietransfer-Vereinbarungen, in: WuW 2004, S. 1244 ff. (zit.: Wissel/Eickhoff, WuW 2004)

A. Einführung und Textabdruck

I. Einführung

Lizenzverträge werden in der Praxis häufig unterschätzt. In den großen Unternehmen werden Lizenzverträge typischerweise nicht von Juristen, sondern von Naturwissenschaftlern in den Patentabteilungen erstellt. Während bei Unternehmensverkäufen der Kaufvertrag mit großer Sorgfalt und hohem Einsatz gestaltet und verhandelt wird, wird an die dazugehörigen Lizenz- und Patentübertragungsverträge, die notwendig sind, weil die Patente entweder nicht beim verkauften Unternehmen liegen oder weil der Verkäufer die Technologien für bestimmte Anwendungsbereiche weiter nutzen möchte, oft erst kurz vor dem Closing gedacht. Dabei sollten diese Lizenzverträge eine hohe Priorität einnehmen, denn sie regeln die Inhaberschaft an Technologien, die in vielen Fällen das Herzstück des verkauften Unternehmens und den wesentlichen Vermögensgegenstand darstellen.

Der Lizenzvertrag begründet ein Dauerschuldverhältnis und muss die zukünftige Entwicklung und Verwertung der lizenzierten Technologien regeln. Die Parteien eines Lizenzvertrages müssen oft viele Jahre in die Zukunft schauen, alle Eventualitäten sowohl bezüglich der Schutzrechte als auch bezüglich der Verwertung von Entwicklungsergebnissen berücksichtigen und diese vertraglich angemessen regeln. Da die lizenzierte Technologie von mehreren Parteien – entweder dem Lizenzgeber und dem Lizenznehmer oder auch mehreren Lizenznehmern – in unterschiedlichen Anwendungsbereichen genutzt werden kann, muss auch die Zusammenarbeit und der Austausch zwischen diesen Parteien geregelt werden.

Das vorliegende Werk enthält eine Zusammenstellung und Erläuterung der für den Abschluss von Patent- und Know-how-Lizenzverträgen in der Praxis wesentlichen Regelungen. Es soll dem Nutzer als praktischer Leitfaden bei dem Entwurf eines Lizenzvertrages dienen. Um den Interessen der Vertragsparteien im Einzelfall besser gerecht werden zu können, enthält das Vertragsmuster zu vielen Vertragsklauseln eine Auswahl möglicher Regelungs- und Ergänzungsvarianten. So sind für einen Lizenzvertrag zwischen einem Biotechnologieunternehmen und der Pharmaindustrie, mit dem eine Substanz in einer präklinischen Phase – 10 Jahre vor Zulassung und mit einer Wahrscheinlichkeit von etwa einem Prozent Markterfolg –

auslizenziert wird, ganz andere Überlegungen anzustellen, als für den Lizenzvertrag, den die Automobilindustrie für ein seit Jahren bewährtes Verfahren zu Herstellung von Felgen abschließt. Die verschiedenen Alternativen zu der Ausgangsregelung sind als „Varianten" bezeichnet, Ergänzungsmöglichkeiten finden sich an der einschlägigen Stelle innerhalb der entsprechenden Vertragsklausel unter dem Stichwort „Ergänzungen". Da Lizenzverträge im internationalen Rechtsverkehr in der Regel in englischer Sprache gefasst werden, enthält dieses Werk auch eine englische Übersetzung des Vertragsmusters.

Das Vertragsmuster gilt für die Lizenzierung von deutschen und ausländischen Patenten. Da das Vertragsmuster eine Lizenzierung unter der Geltung des deutschen Rechts vorsieht, werden die rechtlichen Konsequenzen, die sich bei einer weltweiten Lizenz aus den Besonderheiten der nationalen Gesetze jedes Landes ergeben können, nur am Rande dargestellt.

Der Schwerpunkt der Erläuterungen liegt im Bereich des Lizenzrechts. Wegen der engen Verknüpfung zum Kartellrecht und den negativen Auswirkungen eines Kartellrechtsverstoßes wird, soweit einschlägig, auch auf das deutsche und europäische Kartellrecht eingegangen. Um das für die Anwendung und Verständnis des Vertragsmusters wesentliche Grundwissen zu schaffen, wird im Folgenden eine kurze Übersicht über das Patent- und Know-how-Recht, das Kartellrecht und das Insolvenzrecht gegeben.

1. Überblick über das Patentrecht

a) Allgemeines. Zweck des Patentrechts ist einerseits die Anerkennung der geistigen Leistung des jeweiligen Erfinders, andererseits die Förderung des technischen Fortschritts durch die Anregung neuer technischer Entwicklungen. Der Erfinder möchte sich den technologischen oder wirtschaftlichen Vorsprung, den er durch seine Erfindung gegenüber Wettbewerbern gewonnen hat, möglichst weiträumig sichern. Insbesondere sollen Dritte, denen der Erfinder keine Rechte an der Erfindung eingeräumt hat, von der Nutzung der Erfindung ausgeschlossen werden. Dieses Ziel wird durch den Patentschutz erreicht. Gemäß § 9 Patentgesetz (PatG) hat das Patent die Wirkung, dass allein der Patentinhaber zur Nutzung der patentierten Erfindung befugt ist und sie kein anderer ohne seine Zustimmung nutzen darf.[1] Für den Erfinder ist diese Exklusivität von großer Bedeutung, da sich für ihn ansonsten der Entwicklungsaufwand und die getätigten Investitionen nicht lohnen würden.

Als Immaterialgüterrecht ist das Patent ein **absolutes Recht** und wirkt in Form eines staatlich verliehenen Monopols gegenüber jedermann.[2] Das Patent entsteht im Gegensatz zum Urheberrecht nicht durch die Schöpfung als solche, sondern auf Antrag als staatlicher Verleihungsakt. Patente werden gemäß § 1 Abs. 1 PatG für Erfindungen erteilt, die neu sind, auf einer erfinderischen Tätigkeit beruhen und gewerblich anwendbar sind. Im Gegensatz zum Urheberrecht sind auch keine parallelen, von einander unabhängigen Erfindungen schutzfähig, schutzfähig ist vielmehr nur die Erfindung, die zuerst zum Patent angemeldet wird. Die Erteilung eines deutschen Patents erfordert zunächst die schriftliche Anmeldung des Patents bei dem Deutschen Patent- und Markenamt (DPMA). Durch eine europäische oder internationale Patentanmeldung kann zudem eine Schutzwirkung für mehrere Staaten erreicht werden.[3] 18 Monate nach der Anmeldung erfolgt die Veröffentlichung der angemeldeten Erfindung in Form einer Offenlegungsschrift.[4] Während der Anmeldungsphase können aus dem Patent noch keine Rechte hergeleitet werden. Erst wenn das Patent nach Abschluss des Prüfungsverfahrens erteilt wird, kann der Patentinhaber die aus § 9 PatG resultierenden Ausschließlichkeitsrechte geltend machen.[5] Die Schutzwirkung beginnt rückwirkend ab dem Anmeldetag und besteht für die Dauer von 20 Jahren.[6] Der Bestand hängt von der Entrichtung der jährlichen Gebühren ab, deren Höhe mit der Laufzeit des Patents ansteigt.

b) Patentlizenz. Das Recht aus dem Patent, der Anspruch auf die Erteilung des Patents, welcher durch die Anmeldung einer patentierbaren Erfindung begründet wurde, und das erteilte Patent sind verkehrsfähig. Diese Rechte können gem. § 15 PatG auf Dritte übertragen und an Dritte lizenziert werden. Die Patentlizenz kann als absolutes, d.h. gegen jedermann wirkendes Recht ausgestaltet werden, da das Patent als Immaterialgüterrecht ein absolutes Recht ist. Wie eingangs dargestellt, wirkt das Patent als staatlich verliehenes Monopol gegen jedermann. Die Quasi-Übertragung der Patentrechte in Form einer **ausschließlichen Lizenz** verschafft dem Lizenznehmer die gleiche Rechtsstellung wie dem ursprünglichen Patentinhaber.[7]

Die **einfache Lizenz** verleiht dem Lizenznehmer dagegen keine Ausschlussrechte gegenüber Dritten. Neben ihm kann der Lizenzgeber beliebig vielen weiteren Personen Lizenzen erteilen und der Lizenzgeber kann die lizenzierte Technologie auch selbst nutzen. Die einfache Lizenz stellt damit eine bloße schuldrechtliche Verpflichtung des Lizenzgebers gegenüber dem Lizenznehmer dar, dem Lizenznehmer die Nutzung der patentierten Technologie zu gestatten.

Eine Übertragung des Patents oder die Erteilung einer Lizenz an dem Patent lässt Lizenzen unberührt, die Dritten vorher erteilt worden sind. Der so genannte **Sukzessionsschutz** nach § 15 Abs. 3 PatG führt dazu, dass ein Lizenznehmer, der ein Benutzungsrecht von einem Berechtigten aufgrund eines wirksamen Lizenzvertrages erworben hat, dieses Benutzungsrecht auch dann behält, wenn der Berechtigte seine Rechte später auf einen Dritten überträgt oder Dritten daran ausschließliche oder nicht-ausschließliche Nutzungsrechte einräumt.[8] Rechtsdogmatisch ist die Lizenz eine Belastung des Patentrechts. Das Patentrecht kann daher nur mit der Belastung übertragen bzw. lizenziert werden. Vom Sukzessionsschutz nicht umfasst ist dagegen der Wegfall des Hauptrechtes, von dem der Lizenznehmer sein Benutzungsrecht ableitet, so etwa die Unterlizenz im Falle der Kündigung der Hauptlizenz.[9] Der Sukzessionsschutz gilt bei ausschließlichen und bei nicht-ausschließlichen/einfachen Lizenzen. Trotz der schuldrechtlichen Natur der nicht-ausschließlichen Lizenz geht die herrschende Meinung seit der Neuregelung des § 15 Abs. 3 PatG im Jahre 1986 von einem Sukzessionsschutz auch einfacher Lizenzen in analoger Anwendung der mietrechtlichen Bestimmungen der §§ 566 ff. BGB aus.[10]

Grundsätzlich gilt, dass der Lizenzvertrag zwischen dem Lizenzgeber und dem Lizenznehmer fortbesteht, wenn der Lizenzgeber das Patent auf einen Dritten überträgt. Der Eintritt des neuen Rechteinhabers in das Lizenzvertragsverhältnis kann nur bei entsprechender vertraglicher Regelung angenommen werden, da es zur Auswechslung eines Vertragspartners der Mitwirkung aller Betroffenen, also auch des Lizenznehmers bedarf.[11] Damit bleibt im Zweifel der Lizenznehmer auch zur Zahlung der Lizenzgebühren an seinen Vertragspartner berechtigt, wobei dem neuen Rechteinhaber, der das Recht erworben hat, bereicherungsrechtliche Ansprüche zustehen können.

2. Überblick über die Rechtsnatur und den Schutz von Know-how

a) **Allgemeines.** Im Gegensatz zum Patent ist Know-how kein gewerbliches Schutzrecht, da ihm die Merkmale eines ausschließlichen Rechts fehlen. Das Know-how kann daher nicht absolut, sondern nur im Verhältnis zwischen Lizenzgeber und Lizenznehmer geschützt werden. Know-how ist nach Artikel 1 Abs. 1 lit. i) der TT-GVO[12] die Gesamtheit nicht patentierter praktischer Kenntnisse, die durch Erfahrungen und Versuche gewonnen werden und die **geheim, wesentlich** und **identifiziert** sind. „Geheim" bedeutet dabei, dass das Know-how nicht allgemein bekannt und nicht leicht zugänglich ist.[13] „Wesentlich" bedeutet, dass das Know-how Kenntnisse umfasst, die für die Herstellung der unter den Lizenzvertrag fallenden Produkte oder für die Anwendung des lizenzierten Verfahrens von Bedeutung und nützlich sind.[14] „Identifiziert" bedeutet, dass von Dritten überprüft werden kann, ob das lizenzierte Knowhow die Merkmale „geheim" und „wesentlich" erfüllt.[15]

b) Die Know-how-Lizenz. Da Know-how keine absolute Wirkung hat, ist die Know-how-Lizenz – anders als die ausschließliche Patentlizenz – rein schuldrechtlicher Natur. Für die Know-how-Lizenz gilt daher auch kein Sukzessionsschutz.

Das Know-how verliert seinen Wert, sobald es offenkundig wird. In diesem Fall kann der Lizenzgeber keine Lizenzgebühren mehr verlangen und das Wissen auch nicht mehr weiter lizenzieren. Aus diesem Grund sind für den Lizenzgeber Geheimhaltungsvereinbarungen in Know-how-Lizenzen von großer Wichtigkeit. Aus Sicht des Lizenznehmers muss sichergestellt sein, dass er das gesamte Know-how erhält, das notwendig ist, um das Vertragsprodukt entsprechend der Know-how-Lizenz entwickeln, herstellen bzw. vertreiben zu können. Auch für ihn kann wichtig sein, dass das Knowhow nicht offenkundig wird, um seinen eigenen Wettbewerbsvorteil zu sichern.

Als Know-how zu qualifizieren sind auch die zum Zeitpunkt des Vertragsabschlusses noch ungeschützten Erfindungen. Für den Lizenznehmer ist es wichtig, dass auch diese möglicherweise zukünftigen Patente in den Vertragsgegenstand mit einbezogen werden.

c) Kombinierte Patent- und Know-how-Lizenz. Eine kombinierte Patent- und Know-how-Lizenz besteht aus zwei Teilen, nämlich der Patentlizenz und der Know-how-Lizenz. Die Patentlizenz gewährt dem Lizenznehmer Rechte an bestimmten erteilten oder auch nur angemeldeten Schutzrechten. Die Know-how Lizenz ergänzt typischerweise die Patentlizenz, indem sie dem Lizenznehmer Zugang zu weiteren geheimen Informationen und Daten verschafft, die zwar nicht patentiert sind, die jedoch notwendig sein können, um die lizenzierte Technologie umsetzen zu können. Für die Vertragsgestaltung bringt die kombinierte Lizenz dem Lizenzgeber Vorteile, da er sowohl bezüglich des Vertragsgebietes als bezüglich der Laufzeit der Lizenz und damit der Dauer der Zahlungsverpflichtungen vom Umfang und der Laufzeit der Patente unabhängig ist, denn auch wenn kein Patentschutz besteht oder der Patentschutz später wegfällt, kann er – soweit dies nach den jeweils geltenden Kartellgesetzen zulässig ist – für das Lizenzierte Know-how die Zahlung von Lizenzgebühren verlangen.

3. Kartellrecht

a) Einführung. Ein Lizenzvertrag, der ohne Berücksichtigung des Kartellrechts geschlossen wird, stellt für beide Parteien ein hohes Risiko dar.[16] Dies liegt daran, dass ein Lizenzvertrag fast unvermeidlich Beschränkungen für eine oder beide Vertragsparteien enthalten wird, die auch Auswirkungen auf den Wettbewerb haben können. Der Entwurf eines Lizenzvertrages verlangt daher stets auch die Berücksichtigung der im Vertragsgebiet geltenden Kartellrechtsverordnungen.

Bei der kartellrechtlichen Beurteilung von Lizenzvereinbarungen besteht auf den ersten Blick ein gewisses Spannungsverhältnis: Während gewerbliche Schutzrechte ihrem Inhaber für einen gewissen zeitlichen Rahmen ein alleiniges Recht zur Nutzung und damit ein gesetzliches Verwertungsmonopol gewähren, dient das Kartellrecht dem Erhalt der Wettbewerbsfreiheit, der Verhinderung von Monopolen und damit der unverminderten wirtschaftlichen Betätigung des Einzelnen.[17] Eine Reihe theoretischer Ansätze hat sich der Aufgabe gewidmet, dem – nach heutigem Verständnis – komplementären Nebeneinander beider Rechtsgebiete eine angemessene Basis zu verschaffen. Die Frage, welche Beschränkungen zur Wahrung des gewerblichen Rechtsschutzes hinzunehmen sind und welche einer kartellrechtlichen Beurteilung zugänglich sein sollen, wird dabei anhand der vom EuGH entwickelten und von der Kommission aufgegriffenen Lehre vom spezifischen Gegenstand des Schutzrechts beantwortet.[18] Vereinfacht lässt sich das Zusammenspiel zwischen dem Immaterialgüterrecht und dem Kartellrecht wie folgt zusammenfassen: Das Kartellrecht respektiert solche Beschränkungen, die nach Art. 30 des EG-Vertrages gerechtfertigt sind, weil sie das Wesen des jeweiligen Immaterialgüterrechts betreffen. Beschränkungen, die über den spezifischen Kern des jeweiligen Schutzrechtes hinaus gehen, unterliegen voll den Regeln des Kartellrechts.[19]

Für die Vertragsparteien ist es wichtig, darauf zu achten, dass der Lizenzvertrag nicht gegen geltendes Kartellrecht verstößt. Erstens kann ein Kartellrechtsverstoß zu empfindlichen Geldbußen führen und zweitens wird das Kartellrecht häufig als Anknüpfungspunkt verwendet, um sich von unbequem gewordenen Lizenzverträgen zu lösen.[20]

b) Europäisches Kartellrecht. Die für den Lizenzvertrag wichtigste Vorschrift des europäischen Kartellrechts ist **Art. 81 Abs. 1 EGV**.[21] Hiernach sind Vereinbarungen, welche geeignet sind, den Handel zwischen Mitgliedstaaten zu beeinträchtigen, und eine Verhinderung, Einschränkung oder Verfälschung des Wettbewerbs bezwecken oder bewirken, unvereinbar mit dem Gemeinsamen Markt und daher verboten. Vereinbarungen, die gegen Art. 81 Abs. 1 EGV verstoßen, ohne dass die Voraussetzungen der Legalausnahme gemäß Art. 81 Abs. 3 EGV erfüllt sind, sind gemäß Art. 81 Abs. 2 EGV nichtig und können nach Art. 23 Abs. 2 lit. a VO Nr. 1/2003 von der Kommission bzw. von den nationalen Kartellbehörden der Mitgliedsstaaten mit Bußgeldern bis zu 10% des weltweiten Konzernumsatzes der an der Vereinbarung beteiligten Unternehmen belegt werden.[22]

Art. 81 Abs. 3 EGV sieht vor, dass von Art. 81 Abs. 1 EGV erfasste Wettbewerbsbeschränkungen dann vom Kartellverbot ausgenommen und folglich und wirksam durchsetzbar sind, wenn – wie die Kommission in ihren Leitlinien zur Anwendung von Art. 81 Abs. 3 EGV[23] vereinfacht zusammen fasst – ihre wettbewerbsfördernden Auswirkungen bei einer „Nettobetrachtung" die negativen Auswirkungen auf den Wettbewerb überwiegen.[24] Dies ist der Fall, wenn die Parteien einer beschränkenden Vereinbarung nachweisen können, dass die folgenden vier Voraussetzungen des Art. 81 Abs. 3 EGV vollständig erfüllt sind:

- Die Wettbewerbsbeschränkungen dienen der Verbesserung der Warenerzeugung oder -verteilung oder der Förderung des technischen oder wirtschaftlichen Fortschritts.
- Die Verbraucher werden am Gewinn angemessen beteiligt.
- Die Wettbewerbsbeschränkungen sind für die Verwirklichung dieser Ziele unerlässlich.
- Die Vereinbarung eröffnet den Parteien nicht die Möglichkeit, für einen wesentlichen Teil der betreffenden Waren den Wettbewerb auszuschalten.

Im Rahmen der kartellrechtlichen Bewertung von Lizenzverträgen ist stets zu beachten, dass Lizenzverträge zwar einerseits zu Wettbewerbsbeschränkungen führen können, ihr Abschluss sich aber andererseits auch positiv auf die wirtschaftliche Leistungsfähigkeit der beteiligten Unternehmen und den Wettbewerb auswirkt. Die Europäische Kommission hat diese positive Wirkung damit begründet, dass Lizenzverträge die Verbreitung der Technologie erleichtern, parallelen Forschungs- und Entwicklungsaufwand reduzieren, den Anreiz zur Aufnahme von Forschungs- und Entwicklungsarbeiten stärken, Anschlussinnovationen fördern und Wettbewerb auf den Produktmärkten erzeugen können.[25] Aus diesem Grund hatte die Europäische Kommission bereits in den achtziger Jahren mit der Gruppenfreistellungsverordnung für Patentlizenzverträge (VO Nr. 2349/84) und der Gruppenfreistellungsverordnung für Knowhow-Lizenzverträge (VO Nr. 556/89) auf Basis von Art. 81 Abs. 3 EGV Regelungen erlassen, welche festlegten, unter welchen Voraussetzungen Patent- und Know-how-Lizenzverträge automatisch von der Verbotsregel des Art. 81 Abs. 1 EGV freigestellt waren.

Die Kommission hat die Modernisierung und insbesondere Dezentralisierung des europäischen Kartellrechts nunmehr zum Anlass genommen, die bis dato bestehende Gruppenfreistellungsverordnung für Technologie-Transfervereinbarungen, die VO Nr. 240/96,[26] als letzte Gruppenfreistellungsverordnung der alten Regelungstechnik grundlegend im Stile einer modernen, ökonomisch geprägten **Gruppenfreistellungsverordnung** zu reformieren. Die aktuelle TT-GVO, die VO Nr. 772/2004, ist am 1. Mai 2004 in Kraft getreten.[27] Wie alle Gruppenfreistellungen bringt sie eine erhebliche Rechtssicherheit für die Unternehmen mit sich: Ist eine beschränkende Vereinbarung durch eine Gruppenfeistellungsverordnung erfasst, sind die Parteien von ihrer Verpflichtung nach Art. 2 VO Nr. 1/2003 entbunden nachzuweisen, dass ihre individuelle Vereinbarung sämtliche Voraussetzungen des Art. 81 Abs. 3 EGV erfüllt. Sie müssen lediglich beweisen, dass die Vereinbarung unter die jeweilige Gruppenfreistellungsverordnung fällt.[28]

Die aktuelle TT-GVO[29] findet Anwendung auf Technologietransfer-Vereinbarungen. Unter Technologietransfer-Vereinbarungen sind gemäß der Begriffbestimmung in Art. 1 lit. b TT-GVO vor allem Patentlizenz-Vereinbarungen und Know-how-Vereinbarungen zu verstehen; neuerdings können darüber hinaus auch Softwareurheberlizenzen von einer Freistellung nach der TT-GVO profitieren. Das Freistellungsprinzip der TT-GVO folgt nunmehr dem modernen Regelungsansatz der übrigen Gruppenfreistellungen, d. h. der neuen **„Schirm-Technik"** („was nicht verboten ist, ist erlaubt"). Nach der TT-GVO sind nun innerhalb bestimmter Marktanteilsschwellen im sachlichen Anwendungsbereich der TT-GVO alle wettbewerbsbeschränkenden Vereinbarungen freigestellt, die nicht explizit als unzulässig bzw. als nicht freigestellt aufgeführt sind. In der TT-GVO werden folglich keinerlei freigestellte Wettbewerbsbeschränkungen mehr definiert, sondern es werden lediglich so genannte Kernbeschränkungen (oder „schwarze Klauseln") (Art. 4) gelistet, die sämtlichen beschränkenden Klauseln der Vereinbarung das Privileg einer Freistellung nach der TT-GVO nehmen,[30] oder „nicht freigestellte" Beschränkungen (Art. 5) aufgeführt, deren Aufnahme in eine Vereinbarung allein die betroffene Klausel von einer automatischen Freistellung nach der TT-GVO ausnimmt.[31]

Die TT-GVO gilt nur für Technologietransfer-Vereinbarungen zwischen zwei Unternehmen.[32] Sie findet daher keine unmittelbare Anwendung auf Technologiepools, die allerdings in den TT-Leitlinien ausführlich abgehandelt werden, so dass die Unternehmen auch für diese Lizenzformen eine praktische Beurteilungshilfe erhalten.

Neben der inhaltlichen Ausgestaltung der beschränkenden Vereinbarungen selbst, sind die neu eingeführten **Marktanteilsschwellen** maßgebliches Kriterium für die Freistellung einer Technologietransfer-Vereinbarung.[33] Um in den Genuss der Freistellung zu kommen, darf bei konkurrierenden Unternehmen der **gemeinsame** Marktanteil der Parteien auf dem betroffenen Technologie- und Produktmarkt 20% nicht überschreiten, Art. 3 Abs. 1 TT-GVO. Bei nicht konkurrierenden Unternehmen wird hingegen auf den **individuellen** Marktanteil der Parteien auf dem relevanten Technologie- und Produktmarkt abgestellt, der gemäß Art. 3 Abs. 2 TT-GVO 30% nicht überschreiten darf. In den TT-Leitlinien wird klargestellt, dass für beschränkende Klauseln in Technologietransfer-Vereinbarungen aus einer bloßen Überschreitung der Marktanteilsschwellen nicht per se auf den Verstoß gegen Art. 81 Abs. 1 EGV zu schließen ist.[34] Vertragsparteien, die sich aufgrund ihrer höheren Marktanteile nicht auf die Gruppenfreistellung berufen können, können vielmehr darlegen, dass ihre Vereinbarung aufgrund der Legalausnahme nach Art. 81 Abs. 3 EGV vom Kartellverbot freigestellt sind. Dies setzt voraus, dass alle vier Voraussetzungen von Art. 81 Abs. 3 EGV erfüllt sind, und damit die wirtschaftlichen Vorteile der Wettbewerbsbeschränkung die negativen Auswirkungen auf den Wettbewerb überwiegen.[35] In diesem Zusammenhang ist ein in den TT-Leitlinien enthaltener Hinweis relevant, wonach die Kommission davon ausgeht, dass eine Verletzung von Art. 81 EGV unwahrscheinlich ist, „wenn es neben den von den Vertragsparteien kontrollierten Technologien vier oder mehr von Dritten kontrollierte Technologien gibt, die zu für den Nutzer vergleichbaren Kosten anstelle der lizenzierten Technologie eingesetzt werden können" (so genannter „4-Plus-Test").[36] Dies soll allerdings nicht gelten, wenn die beschränkende Vereinbarung Kernbeschränkungen enthält.

Werden die in der TT-GVO gelisteten Marktanteilsschwellen deutlich unterschritten, kann theoretisch der Anwendungsbereich der so genannten Bagatellbekanntmachung eröffnet sein.[37] Hiernach fallen Wettbewerbsbeschränkungen unterhalb bestimmter Marktanteilsschwellen schon gar nicht unter das Kartellverbot von Art. 81 Abs. 1 EGV. Die Schwelle liegt bei Vereinbarungen zwischen Nicht-Wettbewerbern bei 15%, bei Vereinbarungen zwischen potenziellen Wettbewerbern bei 10%. In der Praxis hat diese Ausnahme für Lizenzverträge jedoch kaum eine Bedeutung, da sie nicht gilt, wenn die Vereinbarung Beschränkungen enthält, die als sog. Kernbeschränkungen zu qualifizieren sind.[38]

Die TT-GVO führt in Artikel 4 eine Reihe von so genannten **Kernbeschränkungen** *(hardcore restrictions)* auf, welche bei der Gestal-

tung von Technologietransfer-Verträgen unbedingt berücksichtigt
werden müssen, da sie in einer kartellrechtskonform gestalteten Vereinbarung nicht enthalten sein dürfen. Diese Kernbeschränkungen
führen wie die aus der TT-GVO (alt) bekannten „schwarzen Klauseln" dazu, dass bei Vorliegen einer Kernbeschränkung die sämtliche
beschränkende Klauseln in der gesamten Vereinbarung nicht in den
Genuss der Freistellung kommen.[39] Änderungen gegenüber der bishe-
rigen TT-GVO haben sich insbesondere für Kernbeschränkungen ergeben, die in Vereinbarungen zwischen konkurrierenden Unternehmen, also Wettbewerbern, enthalten sind. Kernbeschränkungen nach
der TT-GVO (neu) sind:

- direkte und indirekte Preisbindungen (Art. 4 Abs. 1 lit. a) TT-
  GVO);
- Output-Beschränkungen, das sind die mengenmäßige Produk-
  tions- und Absatz-/Vertriebsbeschränkungen der Parteien[40] (Art. 4
  Abs. 1 lit. b) TT-GVO);
- Gebiets- und Kundenzuweisungen (Art. 4 Abs. 1 lit. c) TT-GVO),
  wobei die TT-GVO zahlreiche praxisrelevante Ausnahmen nennt;
  und
- Wettbewerbsverbote, welche die Verwertung der eigenen, kon-
  kurrierenden[41] Technologie des Lizenznehmers betreffen, sowie
  Beschränkungen bezüglich der Durchführung von Forschung-
  und Entwicklungsarbeiten einer der Parteien (Art. 4 Abs. 1 lit. d)
  TT-GVO).[42]

Beschränkungen zwischen Nicht-Wettbewerbern werden für den
freien Wettbewerb für nicht so bedrohlich eingestuft, wie Beschränkungen zwischen Wettbewerbern. Dementsprechend enthält die
TT-GVO für Vereinbarungen zwischen Nicht-Wettbewerbern eine
weniger strenge Liste von Kernbeschränkungen. So sind etwa die
oben erwähnten Output-Beschränkungen freigestellt, vorausgesetzt
allerdings, dass die Parteien jeweils nicht mehr als 30% der Marktanteile besitzen.[43] Als Kernbeschränkungen zwischen Nicht-Wettbewerbern gelten folgende Beschränkungen:

- direkte und indirekte Preisbindungen mit Ausnahme von Höchst-
  preisen und Preisempfehlungen (Art. 4 Abs. 2 lit. a) TT-GVO);
- Bestimmte gebiets- oder kundenbezogene Beschränkungen des
  passiven Verkaufs der Vertragsprodukte durch den Lizenznehmer
  (Art. 4 Abs. 2 lit. b) TT-GVO), wobei diese Klausel wichtige praxisrelevante Ausnahmen nennt, eine „kleine weiße Liste", die erheblich über die Ausnahmenliste für entsprechende Beschränkungen zwischen Wettbewerbern hinausgeht[44] und
- Beschränkungen des aktiven oder passiven Verkaufs an Endverbraucher durch Lizenznehmer, die Einzelhändler sind (Art. 4
  Abs. 2 lit. c) TT-GVO).

Die TT-GVO listet in Artikel 5 einige Beschränkungen auf, die **nicht nach der TT-GVO freigestellt** sind. Dies gilt beispielsweise für die Verpflichtung des Lizenznehmers, dem Lizenzgeber eine exklusive Lizenz an seinen eigenen abtrennbaren Verbesserungen an der lizenzierten Technologie zu erteilen, die Rechte an solchen Verbesserungen auf den Lizenzgeber oder einen von dem Lizenzgeber benannten Dritten zu übertragen,[45] und für die Verpflichtung, die Gültigkeit der gewerblichen Rechte des Lizenzgebers nicht anzugreifen.[46] Ein Verstoß gegen die nicht freigestellten Einzelverpflichtungen des Art. 5 TT-GVO führt nicht dazu, dass sämtlichen beschränkenden Klauseln das Privileg einer Gruppenfreistellung entzogen wird, sondern nur zur Nicht-Freistellung der spezifischen Verpflichtungen.[47]

Die Freistellung nach der TT-GVO gilt, solange die Rechte an der lizenzierten Technologie nicht abgelaufen, erloschen oder für ungültig erklärt worden sind oder – im Falle des lizenzierten Knowhows – solange das Know-how geheim bleibt. Die **Freistellungswirkung** fällt erst dann weg, wenn das letzte Schutzrecht ausläuft bzw. ungültig oder gemeinfrei wird. Allerdings enthält die TT-GVO eine Einschränkung insoweit als dann, wenn das Offenkundigwerden von lizenziertem Know-how auf eine Handlung des Lizenznehmers zurückgeht, die Freistellung für die Dauer der Vereinbarung gilt.

c) **Deutsches Kartellrecht.** Das deutsche Kartellrecht ist mit der am 1. Juli 2005 in Kraft getretenen 7. GWB-Novelle im Bereich der Lizenzvereinbarungen voll an das europäische Kartellrecht angeglichen worden. Die bis dato in §§ 17 und 18 GWB enthaltenen Regelungen zur Lizenzierung geistiger Eigentumsrechte wurden ersatzlos gestrichen. Stattdessen enthält § 1 GWB nunmehr eine dem Art. 81 Abs. 1 EGV und der Legalausnahme des Art. 81 Abs. 3 EGV entsprechende Vorschrift.[48] Die Gruppenfreistellungsverordnungen, also auch die TT-GVO, sind nunmehr auch nach deutschem Recht anwendbar und zwar auch dann, wenn die betreffenden Vereinbarungen nicht geeignet sind, den Handel zwischen den Mitgliedsstaaten zu beeinträchtigen, sondern rein auf Deutschland begrenzende Auswirkungen haben.[49]

Zentral ist insofern § 2 GWB n. F. Dieser übernimmt in Abs. 1 im Kern die Freistellungsvoraussetzungen des Art. 81 Abs. 3 EGV. § 2 Abs. 2 GWB n. F. überträgt sodann den Regelungsgehalt der Gruppenfreistellungsverordnungen, also auch der TT-GVO, im Wege einer dynamischen Verweisung in das deutsche Recht. Die TT-GVO gilt hiernach einerseits gem. § 2 Abs. 2 Satz 1 GWB n. F. entsprechend für solche wettbewerbsbeschränkende Vereinbarungen und Verhaltensweisen, die geeignet sind, den Handel zwischen den Mit-

gliedstaaten zu beeinträchtigen, andererseits aber nach Satz 2 auch
für Vereinbarungen und Verhaltensweisen ohne zwischenstaatliche
Auswirkungen.

Im Interesse der Einheitlichkeit des deutschen Wettbewerbsrechts
hat der Gesetzgeber die Anwendung der TT-GVO somit auch auf
solche Lizenzverträge erweitert, deren Auswirkungen allein auf
Deutschland begrenzt bleiben. Die hieraus folgende Aufhebung der
§§ 17 f. GWB a. F. begründete der Gesetzgeber damit, dass diese
Vorschriften zum einen ohnehin bereits durch die TT-GVO (alt)
weitgehend überlagert worden seien und zum anderen angesichts
des verstärkten Vorrangs des europäischen Wettbewerbsrechts
keine Bedeutung mehr hätten.[50]

4. Lizenzen in der Insolvenz

a) **Grundzüge des deutschen Insolvenzrechts.** Die Praxis zeigt, dass in
den letzten Jahren der Problembereich der Lizenzen in der Insolvenz
an Bedeutung gewonnen hat. Grund hierfür ist vor allem die an-
haltende Wirtschaftsflaute, die dazu geführt hat, dass über das Vermögen zahlreicher Unternehmen die Insolvenz eröffnet wurde.
Besonders betroffen sind junge innovative Unternehmen, wie beispielsweise Biotechnologieunternehmen, die einerseits einen hohen
Kapitalaufwand haben und von Venture Capital-Geldern abhängig
sind und bei denen andererseits Lizenzen eine große Rolle spielen.

Seit einigen Jahren gilt für Insolvenzverfahren die Insolvenzordnung („InsO"), welche die Konkurs- und Vergleichsordnung abge-
löst und durch ein verstärkt an wirtschaftlichen Gesichtspunkten
orientiertes Recht ersetzt hat und die Sanierung von insolventen Unternehmen ermöglichen soll. Die obersten Grundsätze der Insolvenzordnung sind die gemeinschaftliche Befriedigung der Gläubiger
(§ 1 InsO), der Masseschutz (§§ 35 InsO) und das Insolvenzverwal-
terwahlrecht (§§ 103, 119 InsO). Die Gläubiger von zahlungsunfä-
higen (§ 17 InsO) oder überschuldeten (§19 InsO) Schuldnern sollen
gemeinschaftlich in einem geordneten Verfahren befriedigt werden.
Der Antrag zur Eröffnung des Insolvenzverfahrens kann von den
Gläubigern des Schuldners, die eine offene Forderung gegen den
Schuldner haben, und von dem Schuldner selbst gestellt werden.[51]
Mit Eröffnung des Insolvenzverfahrens wird das gesamte Vermögen, welches dem Schuldner zur Zeit der Verfahrenseröffnung gehört, einschließlich sämtlicher immateriellen Rechtsgüter wie Patente und Know-how, zur Insolvenzmasse gezogen.[52] Die Schlüsselfigur
im Insolvenzverfahren ist der Insolvenzverwalter, da dieser mit Eröffnung des Insolvenzverfahrens die Verwaltungs- und Verfügungs-

befugnis über das Vermögen des Schuldners erhält. Der Schuldner bleibt zwar weiterhin Eigentümer der massezugehörigen Sachen und Rechte,[53] er ist aber nicht mehr berechtigt, sein Vermögen zu verwalten oder das Vermögen betreffende Verfügungen vorzunehmen. Der Insolvenzverwalter hat gemäß § 103 InsO auch das Recht, darüber zu entscheiden, ob ein gegenseitiger Vertrag, welcher zur Zeit der Eröffnung des Insolvenzverfahrens von beiden Parteien noch nicht vollständig erfüllt ist, fortgeführt oder beendet wird.

Nach Eröffnung des Insolvenzverfahrens entscheidet die Gläubigerversammlung auf der Grundlage eines Berichts des Insolvenzverwalters, ob das Unternehmen liquidiert oder mit dem Ziel einer Sanierung fortgeführt wird (§ 157 InsO). Für die Sanierung des Schuldners steht das Rechtsinstitut des Insolvenzplans zur Verfügung, welches an den Reorganisationsplan des US-Rechts (Chapter XI) angelehnt ist. In der Praxis hat sich dieses Verfahren bislang nur selten durchgesetzt. Im Falle der Liquidation des insolventen Unternehmens, die nach wie vor den Regelfall darstellt, werden alle ungesicherten Gläubiger mit der gleichen Quote befriedigt.

b) Auswirkungen der Insolvenz auf die Parteien eines Lizenzvertrages. Ist ein insolventes Unternehmen als Lizenzgeberin oder Lizenznehmerin Partei eines laufenden Lizenzvertrages, stellt sich nach Eröffnung des Insolvenzverfahrens die Frage nach dem Schicksal des Lizenzvertrages und der darin eingeräumten Nutzungsrechte.

Für den Lizenznehmer stellt die Insolvenz des **Lizenzgebers** insofern ein hohes Risiko dar, als Lizenzverträge nach einer weit verbreiteten und auch vom BGH vertretenen Auffassung als gegenseitige Verträge im Sinne von § 103 InsO zu qualifizieren sind, mit der Folge, dass der Insolvenzverwalter zwischen der Fortführung und der Beendigung des Lizenzvertrages wählen kann.[54] Kommt der Insolvenzverwalter zu dem Ergebnis, dass eine anderweitige Verwertung der lizenzierten Rechte für das insolvente Unternehmen günstiger ist, als deren Lizenzierung an den Lizenznehmer, wird er sich – eine Anwendbarkeit des § 103 InsO unterstellt – für die Beendigung des Lizenzvertrages entscheiden. Für den Lizenznehmer kann die Beendigung des Lizenzvertrages dem vollständigen Verlust der eingeräumten Rechte gleichkommen.[55] Dieser Verlust kann in der Regel nicht durch den in § 103 Abs. 2 InsO vorgesehenen Schadensersatzanspruch ausgeglichen werden,[56] da dieser von dem Lizenznehmer nur als Insolvenzgläubiger geltend gemacht werden kann und dem Lizenznehmer in der Praxis nur eine sehr niedrige Quote von ca. 4 bis 10% zukommt.[57]

Nach *Fezer* sollen Lizenzverträge nicht § 103 InsO, sondern – in Analogie zur Grundstücksmiete – der Ausnahmeregelung des § 108

InsO unterfallen.[58] Dies hätte zur Konsequenz, dass Lizenzverträge
mit Wirkung für die Insolvenzmasse fortbestünden, d. h. insolvenzfest wären. Die Frage der Insolvenzfestigkeit von Lizenzverträgen, ist bislang noch nicht höchstrichterlich entschieden.[59] In der
Literatur werden zahlreiche Konstruktionen, z. B. der Nießbrauch,[60]
die doppelnützige Treuhand[61] oder die Gleichstellung der exklusiven Lizenz mit einem dinglichen Recht im Sinne von § 47 InsO[62]
diskutiert, um eine Insolvenzfestigkeit von Lizenzverträgen zu erreichen. Um die bestehende Rechtsunsicherheit zu beenden, wäre es
wünschenswert, wenn der Gesetzgeber eine ausdrückliche Regelung
für Lizenzverträge in die InsO aufnehmen würde.

Wird hingegen der **Lizenznehmer** insolvent, hat der Lizenzgeber
regelmäßig ein großes Interesse an einer Beendigung des Lizenzvertrages, da er befürchten muss, mit seinen Ansprüchen auf Zahlung
von Lizenzgebühren auszufallen. Er wird versuchen, die Rechte zu-
rückzuerlangen, um sie an einen Dritten lizenzieren zu können. Aus
diesem Grund finden sich in zahlreichen Lizenzverträgen so genannte Lösungsklauseln, wonach dem Lizenzgeber für den Fall der Insolvenz des Lizenznehmers ein außerordentliches Kündigungsrecht
eingeräumt oder der Vertrag mit Eintritt der Insolvenz als auflösen-
de Bedingung automatisch beendet wird.[63] Die Zulässigkeit solcher
Lösungsklauseln ist in Deutschland vor dem Hintergrund der mit
dem Inkrafttreten der Insolvenzordnung neu eingeführten §§ 103,
112 und 119 InsO und dem Sanierungsgedanken der InsO problematisch.[64]

**c) Minimierung von Risiken durch eine vorausschauende Vertrags-
gestaltung.** Das geltende Insolvenzrecht lässt viele Fragen bezüglich
der Behandlung von Lizenzverträgen in der Insolvenz unbeantwor-
tet. Dies gilt vor allem deswegen, weil es zu dem Problemkreis
„Lizenzen in der Insolvenz" bislang nur wenig Rechtsprechung gibt.
Um spätere Rechtsunsicherheiten zu vermeiden, ist es daher unbedingt empfehlenswert, die Rechte der Vertragsparteien bereits im
Vorfeld der Insolvenz im Wege einer vorausschauenden und sorgfäl-
tigen Vertragsgestaltung zu sichern. Dies kann aus Sicht des Lizenznehmers zum Beispiel erreicht werden, indem einzelne spezifische
Patente oder auch eine Mitinhaberschaft an einem Patent auf den
Lizenznehmer übertragen werden. Gegebenenfalls kann eine bedingte Übertragung der Lizenzierten Rechte auf den Lizenznehmer für
den Fall der Kündigung des Lizenzvertrags aus wichtigem Grund
vereinbart werden.[65] Der Lizenznehmer sollte sich in die Lage eines
Insolvenzverwalters versetzen und den Vertrag so festhalten, dass es
für den Insolvenzverwalters nicht attraktiv sein kann, sich von dem
Vertrag zu lösen.

Das Vertragsmuster enthält einige praktische Vorschläge zur Regelung der Lizenz in der Insolvenz, welche die Vorschriften der InsO berücksichtigen.

II. Textabdruck des Vertragsmusters

PATENT- UND KNOW-HOW-LIZENZVERTRAG

zwischen

......

(Firma, Rechtsform, Anschrift)

(nachfolgend „Lizenzgeber" genannt)

und

......

(Firma, Rechtsform, Anschrift)

(nachfolgend „Lizenznehmer" genannt)

Präambel

Der Lizenzgeber beschäftigt sich mit der *[Entwicklung, Herstellung und dem Vertrieb]* von *[......]* und ist Inhaber gewerblicher Schutzrechte und geheimen Know-hows betreffend *[......]*.
Der Lizenznehmer ist ein im Bereich *[......]* tätiges Unternehmen, das *[......]*, und ist daran interessiert, vom Lizenzgeber eine Lizenz an den vorgenannten gewerblichen Schutzrechten und dem Know-how zu erwerben.
Dies vorausgeschickt, schließen Lizenzgeber und Lizenznehmer den folgenden Patent- und Know-how-Lizenzvertrag:
(......)

Die **einzelnen Klauseln** des **Vertragsmusters** in deutscher Sprache sind ab Seite 97 der jeweiligen Erläuterung vorangestellt.
Das **vollständige** zusammenhängende **Muster** finden Sie auf der dem Buch beiliegenden **CD** in zwei verschiedenen Dateiformaten.

III. Textabdruck des Vertragsmusters in englischer Sprache

PATENT AND KNOW HOW LICENSE AGREEMENT

between

......

(Company, Address)

(hereinafter „Licensor")

and

......

(Company, Address)

(hereinafter „Licensee")

WITNESSETH:

WHEREAS, Licensor is in the business of *[developing, manufacturing and selling]* ...... and is the owner of certain patents and know how relating to ......; and

WHEREAS, Licensee is in the business of ...... and desires to obtain certain licenses from Licensor to develop, market and sell products under the aforesaid patents and know how.

NOW, THEREFORE, in consideration of the foregoing, the Parties to this Agreement do agree as follows.

§ 1
Definitions

For purposes of this Agreement, the following terms shall have the following meanings:

1.1 *„Affiliate"* shall mean and include in relation to each Party, any person, firm, corporation or other entity: (i) if at least

fifty percent (50%) of the voting stock or other equity interest thereof is owned, directly or indirectly, by that Party; (ii)
which owns, directly or indirectly, at least fifty percent
(50%) of the voting stock or other equity interest of that
Party; or (iii) if at least fifty percent (50%) of the voting
stock or other equity interest thereof is owned, directly or
indirectly, by a person, firm, corporation or other entity that
owns, directly or indirectly, at least fifty percent (50%) of
the voting stock or other equity interest of that Party.

1.2   *„Agreement"* shall mean this Patent and Know How License
Agreement and all Exhibits attached hereto, and the terms
„herein", „hereunder", „hereto" and such similar expres-
sions shall refer to this Agreement.

1.3   *„Confidential Information"* shall mean and include all Licensed Know How and all other know how, data and information of either Party, including Development Data, which
is not generally known in the public and which relates to the
Contract Products, the Field or the business, research and
development activities and results, finances, contractual rela-
tionships and operations of the Parties. Confidential Information shall also include the existence and the terms of this
Agreement.

1.4   *„Contract Products"* shall mean the products for which Licensee may use the Licensed Rights; such products are *[......]*.

1.5   *„Development Data"* shall mean reports of *[trials, tests etc.]*
and all other documentation containing or embodying any
data relating to the development, the approval and/or the use
of Contract Products in the Field.

1.6   *„Effective Date"* of this Agreement shall mean the date on
which this Agreement is executed by the duly authorized representatives of each of the Parties hereto. Is the Agreement
not executed by both Parties on the same day, the later date
shall be the „Effective Date".

1.7   *„Field"* shall mean the development, manufacture, marketing, sale and other use of the Contract Products for *[......]*.

1.8   *„First Commercial Sale"* shall mean in relation to each country within the Territory, the first sale by Licensee or its Affiliates, permitted sublicensees, or distributors of any of the
Contract Products for commercial use in the Field in that
country, after obtaining all of the applicable regulatory approvals.

1.9   *„Improvements"* to the Contract Products shall mean and include any and all inventions, and any and all changes, modifications and amendments to the Licensed Know How which

(i) improve the performance or efficacy of the Contract Products;

(ii) reduce any side effects or other adverse effects of the Contract Products; or

(iii) reduce the cost and/or increase the efficiency or productivity of the manufacturing and production processes for the Contract Products.

1.10 *„Licensed Know How"* shall mean all of Licensor's know how related to the Contract Products to which Licensor has rights as at the Effective Date. The Licensed Know How shall include all specifications, technical data and other information relating but not limited to the inventions, discoveries, developments, design, manufacture, production, quality control data and other proprietary ideas, whether or not protectable under patent, trademark, copyright or other legal principles. Without limiting the generality of the definition set forth in this Section 1.10, the Licensed Know How is described in more detail in Exhibit 1.10 hereto.

- **Variation (for the benefit of Licensee):**

  „Licensed Know How" shall mean all of the Licensed Know How related to the Contract Product to which Licensor has rights as at the Effective Date or obtains rights during the term of the Agreement. The Licensed Know How shall include all specifications ... Without limiting the generality of the definition set forth in this Section 1.10, The Licensed Know How existing as of the Effective Date is described in more detail in Exhibit 1.10 hereto.

1.11 *„Licensed Patent Rights"* shall mean patents, patent applications, divisions, continuations, continuation-in-part applications, divisionals, extensions, substitutions, renewals, confirmations, supplementary protection certificates and reissues that are owned or licensed by Licensor and are necessary or useful to develop, manufacture, market, sell and/ or otherwise use the Contract Products. Without limiting the generality of the definition set forth in this Section 1.11, Licensor's Patent Rights are listed in more detail in Exhibit 1.11 hereto.

1.12 *„Licensed Rights"* shall mean both the Licensed Know How and the Licensed Patent Rights.

1.13 *„Net Sales"* shall mean the amount invoiced by Licensee, its Affiliates, its sublicensees or distributors on account of sales of a Contract Product to Third Parties less the following deductions to the extent actually allowed or specifically allocated to the Contract Product by the selling party using generally accepted accounting standards:

   (i) sales and excise taxes and duties paid or allowed by the selling party and any other governmental charges imposed upon the production, importation, use or sale of such Contract Product;

  (ii) customary trade, quantity and cash discounts allowed on Contract Product;

 (iii) allowances or credits to customers on account of rejection or return of Contract Product or on account of retroactive price reductions affecting such Contract Product;

  (iv) freight and insurance costs, if they are included in the selling price for the Contract Product invoiced to Third Parties, provided always that such deduction shall not be greater than the balance between the selling price actually invoiced to the Third Party and the standard selling price which would have been charged to such Third Party for such Contract Product exclusive of freight and insurance in the respective country.

For the avoidance of doubt, for each Contract Product the Net Sales shall be calculated only once for the first sale of such Contract Product by either Licensee, its Affiliate, its sublicensee or its distributor, as the case may be, to a Third Party which is neither an Affiliate, sublicensee or distributor of Licensee.

In the event of combination products, i.e., Contract Products which contain other protected materials or other technologies for which Licensee requires a Third Party license, the Net Sales shall be reduced by multiplying the Net Sales by the fraction $A/(A+B)$ where „A" is the Net Sales price of the Contract Products developed hereunder without combination, or the fair market price of such Contract Product, and „B" is the net sales price of the other product in the combination or the fair market price of such other product in the combination.

- **Variation (for the benefit of Licensee):**
  „Net Sales" shall mean the amount collected by Licensee, its Affiliates, its sublicensees or distributors for the sales of a Contract Product to Third Parties,

Addition (for the benefit of Licensee):

   (v) Sales commissions, which Licensee has to pay for the sale of Contract Products.

1.14 *„Party"* or *„Parties"* shall mean Licensee or Licensor, or Licensee and Licensor, as the context admits.

1.15 *„Steering Committee"* shall mean the committee described in § 9, which is composed of representatives from both Parties.

1.16 *„Territory"* shall mean and include *[list of countries]/[all countries and territories of the world]* in which Licensee is allowed to use the Licensed Rights.

1.17 *„Third Party"* shall mean any party that is independent from Licensee and its Affiliates and Licensor and its Affiliates.

1.18 *„Valid Claim"* shall mean

(i) any claim of an issued and unexpired Licensed Patent Right, which has not been held unenforceable or invalid by a court or other governmental agency of competent jurisdiction in a decision that is not appealed or cannot be appealed, and which has not been disclaimed or admitted to be invalid or unenforceable through reissue or otherwise, or

(ii) a pending claim in a pending patent application within the Licensed Patent Rights. Notwithstanding the foregoing clause (i), in the event that a pending claim in a pending application does not issue as a valid and enforceable claim in an issued patent within five (5) years after the earliest date from which such patent application claims priority, such a pending claim will not be a Valid Claim, unless and until such pending claim subsequently issues as a valid and enforceable claim in an issued patent, in which case such claim will be reinstated and be deemed to be a Valid Claim as of the date of issuance of such patent.

§ 2
License Grant

2.1 Licensor hereby grants to Licensee the exclusive right to use the Licensed Rights for the development, manufacture, marketing, sale and other use of the Contract Products in the Field and in the Territory and in accordance with the terms and conditions of this Agreement.

- **Variation 1:**
2.1 Licensor hereby grants to Licensee a non-exclusive license to use the Licensed Rights for the development, manufacture, marketing, sale and other use of the Contract Products in the

Field and in the Territory and in accordance with the terms
and conditions of this Agreement.

- **Variation 2:**
2.1   Licensor hereby grants to Licensee the sole license (i.e., Licensor will not grant respective licenses to any Third Party,
however, Licensor reserves for itself and its Affiliates the
right to use the Licensed Rights) to use the Licensed Rights
for the development, manufacture, marketing, sale and other
use of the Contract Products in the Field and in the Territory
and in accordance with the terms and conditions of this
Agreement.

§ 3
Sublicenses

3.1   Licensee is not entitled to grant sublicenses to Third Parties.

- **Variation 1:**
Licensee may grant sublicenses to Third Parties only upon
written consent of Licensor. Such prior consent shall only be
refused for cause.

- **Variation 2:**
Licensee is entitled to sublicense the Licensed Rights to any
Affiliate and with respect to the marketing and sale of the
Contract Products to any Third Party.
3.2   To the extent Licensee is permitted to grant sublicenses hereunder, Licensee shall impose on the sublicensee the same obligations as imposed on Licensee under this Agreement and
shall ensure that the sublicensee meets all reporting, accounting and confidentiality obligations set forth herein. Licensor shall promptly inform Licensor upon conclusion of a
sublicense agreement regarding the Licensed Rights.

Addition (for the benefit of Licensee):
...... and shall make available to Licensor a copy of the sublicense agreement.
3.3   The right to grant sublicenses includes the right to entitle the
sublicense to grant sublicenses.

§ 4
Option/Right of First Refusal

[Option]

4.1   As of the Effective Date, Licensor hereby grants to Licensee, and Licensee hereby accepts, an exclusive option for a maximum term of *[...... (......) months]* („Option Period") to obtain an exclusive license to use the patent rights and the know how listed in <u>Exhibit 4.1</u> hereto („Option Rights") in accordance with Sections 2 et seq. above and against payment of the additional license fees set forth in Exhibit 4.1.

4.2   Licensee may exercise the option by way of written notice to Licensor. Upon Licensor's receipt of the written notice by Licensee exercising the option, the license to the Option Rights becomes effective.

Addition:

4.3   During the term of the Option Period, Licensor shall grant and hereby grants to Licensee, and Licensee hereby accepts, a non-exclusive license to use the Option Rights in the Field and in the Territory in order to enable Licensee to test and evaluate the Option Rights for its purposes.

4.4   In consideration for the exclusive option granted by Licensor to Licensee under Section 4.1 above *[and for the non-exclusive license under Section 4.3],* Licensee shall pay to Licensor within thirty (30) days after the Effective Date, *[Euro [......] (......)]*.

4.5   If Licensee does not exercise the option within the Option Period to obtain an exclusive license in accordance with Section 4.1 above, the option shall terminate upon expiry of the Option Period.

Addition (for the benefit of Licensee):

4.6   If Licensee exercises the option in accordance with this Section 4, the *[option payment/fifty percent (50%) of the option payment]* made in accordance with Section 4.4 above shall be set off against *[upfront payments/milestone payments/royalties]* as set forth in Section 7 below.

[Right of First Refusal]

4.1   As of the Effective Date, and for a term of *[...... (......) months]* Licensee has a right of first refusal to obtain an ex-

clusive right to the patent rights and the know how listed in
Exhibit 4.1 hereto („First Refusal Rights"). Licensor shall of-
fer the First Refusal Rights to Licensee once Licensor intends
to license any or all of the First Refusal Rights to a Third
Party.

4.2   In order to enable Licensee to exercise its First Refusal Right,
        Licensor shall provide to Licensee all data as well as any
        other information reasonably needed by Licensee for re-
        viewing its interest in exercising its right of first refusal here-
        under, however, at a minimum all data and other informa-
        tion which Licensor provides to the Third Party. Licensee
        shall notify Licensor within sixty (60) days from receipt of
        the data package of its interest to exercise its right of First
        Refusal. If Licensee timely notifies Licensor of its interest, Li-
        censor shall offer to Licensee in writing and at reasonable
        terms, the right to obtain an exclusive license to the First Re-
        fusal Rights. Licensor and Licensee shall negotiate in good
        faith the terms of the license to the First Refusal Rights
        within ninety (90) days after Licensee has confirmed interest
        in exercising its right of first refusal.

4.3   If Licensee does not timely notify Licensor of its intent to ex-
        ercise its right of First Refusal or if no agreement is reached
        within the one hundred and fifty (150) day period after Li-
        censee has received the initial data package referred to above,
        Licensor is, thereafter, free to conclude a license with any
        Third Party on terms, which are – as a whole – not more
        favorable than the ones last firmly offered to Licensee, if any.

§ 5
Delivery of the Licensed Know How

5.1   Promptly after the Effective Date, Licensor shall disclose and
        supply to Licensee a data package that shall include all Li-
        censed Know How.

Addition (for the benefit of Licensee):
5.2   Thereafter and during the term of this Agreement, Licensor
        shall promptly disclose and supply to Licensee any further
        Licensed Know How, which may become known to Licen-
        sor.

5.3   In the event that Licensee reasonably believes that the Li-
        censed Know How included in the data package supplied by
        Licensor is incomplete, Licensee shall provide written notice

thereof to Licensor, and Licensor shall undertake reasonable efforts to furnish amended copies of Licensed Know How within thirty (30) days after receipt of Licensee's written notice.

Addition (for the benefit of Licensee):

5.4   Upon timely and reasonable request of Licensee, one representative of Licensor, who is familiar with the Licensed Know How, shall be available to discuss with Licensee questions regarding the Licensed Know How and to assist Licensee in the operational use of the Licensed Know How. Such assistance is limited to five (5) man days within a period of two (2) years after the Effective Date. Licensor will prepare a written protocol listing the information and documentation provided to Licensee hereunder, such protocol to be confirmed by Licensee.

§ 6
Improvements[, Exchange of Development Data]

6.1   Licensee hereby acknowledges that Licensor is the owner of all Improvements developed by Licensor and Licensee shall acquire no rights, title or interest whatsoever in or to any such Improvements, except as specifically provided herein.

6.2   In the event that, during the continuance of this Agreement, Licensor or its Affiliates develop any Improvements with respect to the use of Contract Products in the Field, Licensor shall furnish Licensee with timely written notice of such Improvements, and shall furnish Licensee with a data package which, in Licensor's reasonable opinion, contains all information, know how and other data as Licensee will require in order to implement such Improvements for the development, manufacture, marketing, sale and/or other use of the Contract Products in the Field and in the Territory. Licensor shall, and hereby does, grant Licensee a non-exclusive, subject only to Section 24.6 below perpetual, royalty-free license to use all Improvements and all information, know how and other data pertaining to the Improvements furnished by Licensor to Licensee hereunder for the purpose of developing, manufacturing, marketing, selling and otherwise using Contract Products in the Field and in the Territory, and subject to the limitations as provided for in Sections 2 and 3 above. For Improvements of other licensees of Licensor this Section

6.2 shall apply respectively, if and to the extent Licensor is permitted to grant sublicenses to such Improvements.

- **Variation:**

    [......] Licensor shall, and hereby does, grant Licensee a non-exclusive, royalty-free license or sub-license, as the case may be, to use and sublicense all Improvements during the term of this Agreement. *[...]* Licensee shall have the right to extend the non-exclusive license to Improvements upon termination of this Agreement against payment of a reasonable royalty.

6.3   Licensor hereby acknowledges that Licensee is the owner of all Improvements developed by Licensee and Licensor shall acquire no rights, title or interest whatsoever in or to any such Improvements, except as specifically provided in the Agreement.

6.4   In the event that, during the continuance of this Agreement, Licensee, its Affiliates or permitted sublicensees develop Improvements with respect to the use of the Contract Products in the Field, Licensee shall furnish Licensor with timely written notice of such Improvements, and shall furnish Licensor with a data package which, in Licensee's reasonable opinion, contains all information, know how and other data as Licensor will require in order to implement such Improvements for the development, manufacture, marketing, sale and/ or other use of products, but subject to and without prejudice to Licensee's license rights granted by virtue of this Agreement. Licensee shall, and hereby does, grant Licensor a non-exclusive, subject only to Section 24.7 perpetual, royalty-free license to use and sublicense all Improvements and all information, know how and other data pertaining to all Improvements furnished by Licensee to Licensor hereunder for the purpose of developing, manufacturing, marketing, selling and otherwise using products (i) in the Field and outside the Territory and (ii) outside the Field.

- **Variation:**

    [...] Licensee shall, and hereby does, grant Licensor a non-exclusive, royalty-free license to use and sublicense all Improvements during the term of this Agreement. *[......]* Licensor shall have the right to extend the non-exclusive license to Improvements upon termination of this Agreement against payment of a reasonable royalty.

Addition:

6.5   Each Party will disclose to the other Party all Development Data regarding the Licensed Rights, including but not limited to reports of studies, manufacturing and control data, registration documentation, which it generates or which is generated by their licensees or sublicensees, as the case may be. Each Party, licensees and sublicensees (as the case may be) shall be entitled to use the Development Data disclosed to it pursuant to this Section 6.5 in accordance with their respective licenses under Sections 6.2 and 6.4 regarding Improvements free of charge. All Development Data disclosed pursuant to this Section 6.5 shall be deemed Confidential Information of the disclosing Party.

§ 7
Payments

[Fixed License Fees]

7.1   For the rights licensed hereunder, Licensee shall pay to Licensor, within *[thirty (30) days]* after the Effective Date, a non-refundable and non-creditable lump sum fee in the amount of *[Euro [......] (......)]*.

7.2   In addition to the lump sum payment under Section 7.1, Licensee shall pay to Licensor the following non-refundable and non-creditable milestone payments:
   (i) upon completion of *[......: Euro ...... (€ ......)]*;
   (ii) upon completion of *[......: Euro ...... (€ ......)]*;
   (iii) upon completion of *[......: Euro ...... (€ ......)]*.
   The milestone payments are payable within thirty (30) days after the respective milestone was achieved.

[License Fees bases on Sales]

7.3   For the rights licensed hereunder, Licensee shall pay to Licensor a license fee in the amount of *[...... percent (......%)]* of Net Sales of Contract Products.

● **Variation:**
   For the rights licensed hereunder, Licensee shall pay to Licensor a license fee, the amount of which depends upon the total annual Net Sales in the respective calendar year during the term of this Agreement:

Annual Net Sales	License Fee
up to *[EUR ......]*	*[......]%*
between *[EUR ...... und EUR ......]*	*[......]%*
between *[EUR ...... und EUR ......]*	*[......]%*
above *[EUR ......]*	*[......]%*

Addition (for the benefit of Licensee):
The license fees set forth in this Section 7.3 are applicable as long as the respective Contract Product is covered by a Valid Claim in the respective country of the Territory. If and once a Contract Product is no longer covered by a Valid Claim in the respective country of the Territory, the license fee for sales of Contract Products in such country is reduced by *[fifty percent (50%)]*.
If the respective Contract Product is no longer covered by a Valid Claim in the respective country of the Territory and if the Licensed Know How becomes public knowledge, Licensee shall no longer be required to make any payments for sales of Contract Products in such country, unless Licensor is responsible for the Licensed Know How having fallen into the public domain.

Addition (for the benefit of Licensor):
7.4   Further, Licensee shall pay to Licensor semi-annually a minimum license fee, to be credited against the royalties payable under Section 7.3 above, in the amount of
  (i) *[Euro ...... (€ ......)]* in the first (1.) and second (2.) calendar half years after the Effective Date;
  (ii) *[Euro ...... (€ ......)]* in the third (3.) and fourth (4.) calendar half years after the Effective Date;
  (iii) *[Euro ...... (€ ......)]* in the fifth (5.) and any following calendar half years as long as a Contract Product is still covered by a Valid Claim *[in the European Union, the United States or Japan]*.
At the beginning and at the termination of this Agreement, the minimum license fee is payable on a pro rata temporis basis.

Addition (for the benefit of Licensor):
7.5   In case of sublicenses, Licensee shall pay to Licensor participation payments in the amount of *[...... percent (......%)]* of any payments received from the sublicensee in consideration for the grant of the sublicense, however, only to the ex-

tent such payments by sublicensee to Licensee exceed the corresponding payments (if any) made by Licensee to Licensor. E.g, if Licensee makes an upfront payment of [€ ......] to Licensor and receives an upfront payment of [€ ......] from its sublicensee, Licensee shall pay to Licensor [......%] of the balance of these two payments.

Addition for non-exclusive licenses (for the benefit of Licensee):
[Most favored nation clause]
7.6   In the event Licensor enters into a license agreement with a Third Party and grant to such Third Party the right to use the Licensed Rights for the development, manufacture, marketing, sale and other use of Contract Products in the Territory, and if Licensor agrees with such Third Party license fees which are in total lower than the payment obligations under this Agreement, while all other terms and conditions of the license agreement correspond to the terms and conditions of this Agreement, Licensor shall notify Licensee hereof. Licensee is entitled to request from Licensor within three (3) months after receipt of such notice that the payment terms of this Agreement shall be reasonably renegotiated to correspond to the payment term of the license agreement with the Third Party.

- **Variation (for the benefit of the Licensee):**
    ...... Licensee is entitled to request from Licensor within three (3) months after receipt of such notice that the lower payment terms and other more favorable terms and conditions agreed with such Third Party also apply to this Agreement and this Agreement will be automatically amended in order to grant to Licensee the benefit of such lower payment terms and more favorable terms and conditions, however, only as long and only at the terms and conditions as they apply for the Third Party. Licensee is not entitled to request a refund of license fees, which have already been paid or which became payable prior to the conclusion of the license agreement with the Third Party.

§ 8
Payment Terms

8.1   All payments are to be made in Euro and are exclusive of the
applicable VAT. Payments and applicable VAT are payable
to the account of Licensor at *[Bank, account number, bank
code]* stating a reference for payment.

- **Variation, if Licensee is domiciled in Germany and Licensor outside of Germany:**
  License fees are net fees, e.g., exclusive of applicable VAT, if
  any. Any VAT to be paid on license fees is the responsibility
  of Licensee. Licensee shall calculate such VAT in accordance
  with the reverse-charge procedure, notify the applicable tax
  agency hereof (§ 13b UStG) and pay such VAT.

8.2   Of all payments to be made under § 7 Licensee may retain
taxes and other duties payable under the tax laws of *[......]*
and may forward such retained payments to the competent
tax authorities only if the following conditions are met:
   (i) the respective tax is an income tax and no use tax, franchise tax, sales tax or other tax;
   (ii) Licensor is the debtor of such income taxes under applicable laws;
   (iii) Licensee is required by applicable laws to retain the tax
   from Licensor and to forward such tax to the competent
   tax authorities; and

Addition (for the benefit of Licensor):
   (iv) Licensee issues a correct application for grant of a waiver
   (Freistellungsbescheinigung) for licenses fees and other
   payments.
   All other taxes and duties payable by Licensee shall be paid
   by Licensee.

8.3   The license fees based on sales under Section 7.3 and the participation payments under Section 7.5 are payable within
thirty (30) days after the end of each calendar half year to
which they correspond. License fees under Section 7.3 will
be credited for the respective accounting period against
minimum license fees under Section 7.4. At the time of payment, Licensee will make available to Licensor a report
accounting for all Net Sales and for all payments from sublicensees.

Addition (for the benefit of Licensor):

8.4   Licensee is only permitted to set off payments to be made under Section 7 against potential claims against Licensor, if such claims against Licensor are either admitted or adjudicated.

Addition (for the benefit of Licensor):

8.5   Any late payment shall bear interest in the amount of eight percent (8%) above the applicable basis interest rate.

8.6   Licensee shall account for all data which may be necessary to prove the correctness and completeness of its payments. Licensor is entitled, after reasonable prior notice, to have an independent auditor inspect Licensee's book once every calendar year at Licensee's regular business hours. Licensee shall pay the costs of the auditor if the report of Licensee and the calculation of the auditor reveals a difference of *[five percent (5%)]* or more to the disadvantage of Licensor. Any underpayments are immediately payable.

8.7   License fees based on payments made in other currencies than Euro shall be calculated at the exchange rate of the European Central Bank published in the afternoon of the last business day in the respective accounting period (e.g., http://www.ecb.int).

§ 9
Steering Committee

9.1   The Steering Committee supervises the research, development and marketing of the Contract Products including the purchase of pre-products and overseas the success of the collaboration between Licensor and Licensee. The tasks of the steering committee include
   (i) preparing and reviewing a development plan,
   (ii) modifying and updating the development plan,
   (iii) reviewing, allocating and approving development activities in accordance with the development plan,
   (iv) reviewing the development success on the basis the development plan,
   (v) preparing and reviewing of a marketing plan,
   (vi) modifying and updating the marketing plan,
   (vii) developing strategies and time frames for the submission of applications for approvals etc., and

(viii) coordinating patents and other intellectual property rights applications regarding joint inventions and/or improvements.

The Steering Committee may establish sub-committees, which, e.g., are responsible for the development, for marketing, for intellectual property rights, for regulatory approval procedures and/or for the supply of Contract Products.

9.2   The Steering Committee consists of an equal number (up to three (3) per Party) of representatives of Licensor and representatives of Licensee. The representatives in the Steering Committee are to have the necessary experience, expertise and seniority in order to address all strategic questions, which the Steering Committee is to deal in accordance with Section 9.1. Each Party may invite guests to the meetings, in order to discuss special technical or commercial topics. Annually a chairman of the Steering Committee is to be appointed, whereby *[Licensee]* designates the first chairman. Annually a secretary of the Steering Committee is to be appointed, whereby *[Licensor]* designates the first secretary. The secretary is responsible for scheduling the *[quarterly]* meetings, the distribution of documents before the meetings and the minutes of the meeting. The secretary is also authorized to call for extraordinary meetings on request of a member of the steering committee. The Party, on whose request the extraordinary meeting is being held, will send relevant information and an agenda for such meeting to the other Party and to each member of the Steering Committee.

9.3   The Steering Committee meets for the first time within *[thirty (30) days]* after the Effective Date and afterwards as needed, in order to fulfil its tasks, however, at least *[calendar-quarterly]*. The meetings of the Steering Committee may take place by teleconference, videoconference or face-to-face, whereby at least *[two (2)]* meetings per year should take place face-to-face. Each Party may call for an extraordinary meeting of the Steering Committee up to *[two (2)]* times per calendar year with *[fifteen (15)]* days advance notice. The meeting place alternates between the company seats of the Parties, unless they agree otherwise. Each Party has only one (1) vote. Each Party bears its own cost in connection with the work of the Steering Committee.

9.4   All decisions of the Steering Committee are to be made in good faith and in the best interest of the Agreement, and the Parties shall use their reasonable efforts to take decisions unanimously. In the event that the Steering Committee is unable to agree on any matter after good faith attempts to resolve such disagreement in a commercially reasonable fashion, then either Party may refer the disagreement to a personal face-to-face meeting between the Chief Executive Officer of Licensor (or an other appropriate representative of Licensor) and the Chief Executive Officer of Licensee (or an other appropriate representative of Licensee) which meeting shall take place within *[fourteen (14)]* days of the date of the relevant referral. If these persons are not able to resolve such disagreement in a mutually acceptable manner within further *[fourteen (14)]* days after such face-to-face meeting, then the vote of Licensee with appropriate consideration of the interests of Licensor is decisive. The decisive vote of Licensee may not lead to a financial burden of Licensor. Therefore, the vote is always to be connected with an appropriate suggestion of the respective Party on the reconciliation of a possible burden. The violation of a contractual obligation by Licensee does not give Licensor the right to terminate the Agreement for cause, if the respective obligation, which Licensee violated, was introduced into the Agreement against the vote of Licensor.

9.5   Prior to each *[quarterly]* meeting of the Steering Committee the Parties will exchange written copies of all materials, development documents and other information, relating to its respective activities.

- **Variation (Short Version):**
9.1   The Steering Committee shall oversee the development of the Contract Products and ensure the overall success of the collaboration.
        The Steering Committee shall be comprised of two (2) representatives of each Party. The Steering Committee shall meet for the first time no later than *[thirty (30)]* days after the Effective Date and thereafter as necessary to accomplish its objectives, at least once *[every calendar quarter]*. Steering Committee meetings may be held by teleconference, by videoconference or face-to-face. Either Party may call a special meeting of the Steering Committee on *[fifteen (15) days]* prior written notice to the other Party. Meeting places will alternate between the offices of the Parties. Prior to each *[calendar-quarterly]* meeting of the Steering Committee, the Parties will exchange written copies of all materials, Development Data and information arising out of the conduct of their activities.

All decisions of the Steering Committee shall be made in good faith in the best interests of this Agreement and require unanimous vote. In the event the Steering Committee is unable to reach a decision on any matter after good faith attempts to resolve such disagreement in a commercially reasonable fashion, the matter shall be resolved in accordance with the dispute resolution mechanism in Sections 25.3 and 25.4 below.

§ 10
Support Obligation, Mutual Information

10.1 The Parties will support each other during the term of this Agreement. The Parties shall keep each other mutually informed about all developments, problems and technical and scientific new findings regarding the collaboration. Licensor will make available to Licensee copies of all relevant patent documentation regarding the Licensed Patent Rights.

10.2 In case of unexpected difficulties within the performance of this Agreement, the Parties shall inform each other immediately by written notice providing details on the respective difficulties.

Addition (e.g. for Pharmaceutical Licenses):
10.3 The Parties will inform each other immediately, if they obtain knowledge of adverse event reactions of the Contract Product. Beyond that the Parties will establish a system, which will ensure the immediate exchange of information on adverse events regarding with the application of the Contract Products.

§ 11
Obligation to Exploit, Non-compete

11.1 Licensee shall exploit the Licensed Rights and use *[best efforts/reasonable efforts/commercially reasonable efforts]* to develop, manufacture, market and sell Contract Products. The obligation to exploit the License includes the performance of suitable and reasonable marketing measures including advertising in applicable publications and the exhibition of the Contract Products at the relevant fairs in the Territory in regular intervals. Licensee shall invest into its marketing efforts annual expenses of at least *[......%]* of its annual sales upon the request of Licensor, Licensee will make available the necessary documentation to review the marketing measures taken.

- **Variation to Section 11.1:**

   Licensee shall exploit the Licensed Rights and use *[best efforts/reasonable efforts/commercially reasonable efforts]* to develop, manufacture, market and sell Contract Products. Licensee shall develop the Contract Products at its own costs in accordance with the development plan in <u>Exhibit 11.1</u> hereto. Modifications to the development plan require the consent of the Steering Committee. In the event Licensee is unable to meet the development plan, Licensor is entitled to terminate this Agreement in accordance with Section 23.3 of this Agreement. The obligation to exploit the License includes the performance of suitable and reasonable marketing measures ....

11.2 As of the *[Effective Date]* and for the term of this Agreement, Licensee shall sell the following minimum quantities of Contract Products:

1st Calendar year after the Effective Date: *[...... units]*
2nd Calendar year: *[...... units]*
3rd Calendar year: *[...... units]*
4th Calendar year: *[...... units]*
As of the 5th Calendar year: *[...... units]*

Licensor may review at the end of each calendar year that the annual minimum quantities in accordance with this Section 11.2 have been reached.

11.3 In the event the number of units sold by Licensee deviates by more than ten percent (10%) of the agreed minimum quantity in the respective calendar year, Licensor is entitled to terminate the Agreement for cause in accordance with Section 23.2.

- **Variation 1 to Section 11.3:**

   In the event the number of units of Contract Products sold by Licensee deviates by more than 10 percent (10%) of the agreed minimum quantity in the respective calendar year, Licensee is entitled to transfer the balance of units necessary to reach the minimum quantity to the following calendar year. In the event Licensee does not reach the minimum quantity (minimum quantity + balance quantity, in such following year) Licensor is entitled to terminate the Agreement for cause in accordance with Section 23.2.

- **Variation 2 to Section 11.3 (only for exclusive Licenses):**
  In the event the number of units of Contract Products sold by Licensee deviates by more than 10 percent (10%) of the agreed minimum quantity in the respective calendar year, Licensor is entitled to terminate the exclusivity of the License by giving three (3) months prior written notice, i.e. the exclusive license then transfers into a non-exclusive-license. In the event Licensor terminates the exclusivity of the License, Licensee is no longer required to make any minimum license fee payments in accordance with Section 7.7.

11.4 Licensee is not permitted to develop, manufacture, market and sell products, which compete with Contract Products if the development, manufacture, commercialization and sale of such competing products occurs by using the Licensed Rights or Confidential Information. Irrespective of the above, Licensee is not restricted

(i) to use its owned technology if it does not use any of the Licensed Rights and/or Confidential Information of Licensor;

(ii) to perform research and development work if the technologies and/or product resulting from such research and development work do not require the use of the Licensed Rights and/or Confidential Information *[the burden of proof that Licensed Rights and Confidential Information were not used lies with Licensee].*

§ 12
Quality Requirements [Regulatory Approvals]

12.1 Licensee shall only manufacture and sell Contract Products in accordance with this Agreement, which correspond to the quality requirements *[set forth Exhibit 12.1/agreed upon by the Steering Committee].* Conformity to the quality requirements is necessary in order to ensure a use of the Licensed Right without any technical defects *[and/or to ensure that the manufacturing by Licensee corresponds to the quality requirements which also apply for Licensor and other licensees of Licensor].*

12.2 Licensor is entitled to inspect the conformity of the agreed quality requirements. Licensee shall make available to Licensor for such purpose annually at least *[......]* Contract Products from different manufacturing runs. Upon request of Licensor, Licensee shall further allow Licensor access to its manufacturing facilities. Licensor shall give reasonable notice of such inspection visit to Licensee. Reasonable notice is not required in the event that Licensor has specific reasons to believe that Licensee does not conform to the quality requirements.

12.3   In the event Licensor detects that the Contract Products do not conform to the agreed quality requirements, Licensor is entitled to request Licensee to remove the defects and meet the agreed quality within a reasonable time period. If, upon expiry of such time period, less than *[ninety-five percent (95%)]* of the Contract Products meet such agreed quality requirements, Licensor is entitled to terminate the Agreement in accordance with Section 23.2.

Addition (if Contract Product requires a Regulatory Approval):

12.4   The Contract Products may only be brought to the market in the territory upon granting of regulatory approval by the competent authorities. In *[list of countries]* such regulatory approval has not yet been granted. Licensee is responsible to apply for regulatory approval and to carry out the approval procedures. Licensee shall also be responsible for all costs in connection with the regulatory approvals. To the extent necessary, Licensor shall assist Licensee in obtaining the regulatory approvals. Licensor does, however, not warrant that the regulatory approvals in the countries of the Territory will in fact be granted. If regulatory approvals for the Contract Products are not granted in *[list of countries]* until *[date]* Licensee is entitled to terminate the Agreement for cause in accordance with Section 23.2.

§ 13
Obligation to Purchase

13.1   Licensee shall purchase the *[materials, equipment]* listed in Exhibit 13.1 for manufacturing of the Contract Products for a term of *[...... years]* from Licensor.

- **Variation (the main focus of the Agreement is on the supply with materials and equipment):**

13.1   Licensee will purchase the *[materials; equipment]* for a term of five (5) years as of the Effective Date exclusively from Licensor. Upon expiry of such five (5) years, Licensee shall continue to purchase at least eighty percent (80%) of its requirements for materials and equipment from the prior calendar year from Licensor.

13.2 Licensee shall pay for the materials the applicable market price. In the event the Parties cannot agree on a market price, such price shall be determined by a Third Party selected by both Parties in accordance with Sec. 317 of the German Civil Code (BGB). In addition, the general terms and conditions of supply of Licensor in its applicable version shall apply. Such terms and conditions will be made available from Licensor to Licensee immediately upon request.

- **Variation to Section 13.2:**
  The Parties conclude simultaneously with this Agreement a supply agreement, in which the terms and conditions of supply are agreed. The supply agreement is attached hereto as Exhibit 13.2.

13.3 In the event Licensor is unable to deliver the ordered materials within the time periods agreed between the Parties, Licensee is entitled to either manufacture the materials itself or to have the materials manufactured by a Third Party. Licensor shall make available to Licensee any documentation necessary for such manufacturing. The Parties agree that such license granted under this Section 13.3 is non-exclusive, non-transferable and non-sublicenseable and shall terminate if Licensor is again in a position to supply the materials.

§ 14
License Notice

14.1 Licensee shall fix to the Contract Products, on the packaging of the Contract Products and on all marketing materials regarding the Contract Products a notice stating that the manufacturing and sale of the Contract Products is under license from Licensor.

Addition (for the benefit of Licensor):
Licensee shall make available to Licensor prototypes of the Contract Products' packaging and marketing material carrying the marketing notice and shall use such Contract Products, packaging and marketing materials only if the notice is approved by Licensor.

14.2 In addition, on each Contract Product Licensor's trademark as set forth in Exhibit 14.2 hereto shall be affixed in the registered design *[and in the size and shape as set forth in Exhibit 14.2]*. Licensor shall inform Licensee in writing of any change of the trademark. The trademark of Licensor may only be used for the licensing notice and not for any other purposes. Specifically, Licensee is not permitted to use the trademark as part of its company name.

§ 15
Obligation not to Challenge

Licensor is entitled to terminate this Agreement for cause in accordance with Section 23.3 if Licensee challenges the Licensed Rights during the term of this Agreement or supports any Third Party in any such attack on the Licensed Rights.

§ 16
Prosecution and Maintenance of Licensed Patent Rights

16.1 Licensor shall be responsible for prosecuting the applications regarding Licensed Patent Rights without undue delay and in a competent manner and shall maintain the Licensed Patent Rights during the term of this Agreement *[subject only to Section 16.4 below]*. Licensor will take all measures which are necessary for the perfection on the Licensed Patent Rights.

16.2 All costs related to the prosecution and maintenance of the Licensed Patent Rights shall be borne by *[Licensor/Licensee]*. *[Licensor/Licensee]* shall further pay all expenses regarding the Licensed Patent Rights and shall comply with all formalities which are necessary for the prosecution and maintenance of the Licensed Patent Rights during the term of this Agreement.

16.3 In the event a Licensed Patent Right is challenged during the term of this Agreement by a Third Party, Licensor shall take over the defense of the Licensed Patent Rights *[as well as the costs of such defense]*.

Addition to Section 16.3:
In the event a Licensed Patent Right is declared void, Licensee is entitled to request a reasonable adaptation of the license fees payable under Section 7 of this Agreement.

Addition:

16.4 In the event that Licensor elects not to continue prosecuting
      or maintaining any of the Licensed Patent Rights, Licensor
      shall give to Licensee not less than thirty (30) days written
      notice before any relevant deadline relating to or any public
      disclosure of the relevant Licensed Patent Rights and shall of-
      fer in writing to Licensee the *[cost free]* transfer of the respec-
      tive Licensed Patent Rights. In the event Licensee accepts
      such offer to transfer the Licensed Patent Rights within thirty
      (30) days after receipt of the offer, Licensor shall take all
      measures necessary for the transfer and shall execute all
      documents necessary therefore. The obligation to pay license
      fees under Section 7 for the Licensed Patent Rights which are
      transferred to Licensee terminates upon such transfer. In the
      event Licensee does not accept Licensor's offer within the
      thirty (30) days time period, Licensor is free to abandon the
      respective Licensed Patent Right. Licensee in such event has
      no damage claims against Licensor.

Addition to Section 16.4 (for the benefit of Licensor):
      Upon request of Licensor, Licensee grants to Licensor a non-
      exclusive *[cost free]* license to use the Licensed Patent Rights.

Addition (only for exclusive licenses):

16.5 Each Party is entitled at its own cost to apply for the registra-
      tion to the Licensed Patent Rights with the German Patent
      Office and/or any foreign equivalent. The other Party shall
      support such registration and upon request, carry out any
      reasonable measures.

§ 17
Defense of Licensed Rights against Third Party Infringement

17.1 The Parties shall furnish the other with timely written notice
      of any and all infringements and other unauthorized uses of
      the Licensed Rights that come to their attention during the
      continuance of this Agreement.

17.2 Licensor shall be responsible for taking all actions, in the
      courts, administrative agencies or otherwise, including a
      settlement, to prevent or enjoin any and all such infringe-
      ments and other unauthorized uses of the Licensed Rights,
      and Licensee shall take no action with respect to any such in-
      fringement or unauthorized use of Licensed Rights, without
      the prior written authorization of Licensor; provided, how-

ever, that Licensee shall provide at the request and cost of licensor such assistance as Licensor shall reasonably request in connection with any action to prevent or enjoin any such infringement or unauthorized use of any of the Licensed Rights. In the event Licensor is unable or unwilling to sue the alleged infringer within (i) one hundred-twenty (120) days of the date of notice of such infringement, or (ii) thirty (30) days before the time limit, if any, set forth in the applicable laws in regulations for the filing of such actions, whichever comes first or in the event Licensee requires immediate injunctive relieve for breach of its exclusive licensee and Licensor, after being informed by Licensee of the breach and the proposed action, is unable or unwilling to take such immediate action, Licensee may, but shall not be required to take such action as Licensee may deem appropriate to prevent or enjoin the alleged infringement or threatened infringement of a Licensed Right. In such event, Licensee shall act at its own expense, and Licensor shall cooperate reasonably with Licensee at the expense of Licensee, and Licensor agrees to be named as a nominal Party. In the event of such action by Licensee, any recovery obtained shall be paid to Licensee.

§ 18
Joint Patent Rights to Joint Results

18.1   All patentable inventions developed or reduced to practice jointly by Licensor and Licensee as a result of the work performed under this Agreement („Joint Inventions") shall be the joint property of Licensor and Licensee, each of whom shall have a one half pro in diviso share.

- **Variation to Section 18.1:**
    In the event the Parties have jointly developed or reduced to practice patentable inventions as a result of the work performed under this Agreement („Joint Inventions"), the Parties shall agree in writing on the respective shares to such Joint Inventions.

18.2   Both Parties shall timely and fully assume any Joint Inventions of its employees in accordance with the German Act on Employee Inventions *(Arbeitnehmererfindungsgesetz)* or respective foreign laws.

18.3   Joint Inventions will be filed for patent protection in the name of both Parties. The Parties will decide on a case-bycase basis which Party will have the responsibility for handling the filing, prosecution and maintenance of any Joint Patent Rights. Unless agreed otherwise, the Parties will equally share the costs of filing, prosecution and maintenance of Joint Patent Rights. Any employee invention compensation shall be borne by the respective employer. Licensor is entitled to use the Joint Patent Rights on a cost free basis (i) outside of the Field and (ii) outside of the Territory also inside the Field, and to grant licenses to Third Parties within such scope. Licensee is entitled to use the Joint Patent Rights on a cost free basis within the Field and within the Territory and to grant licenses to Third Parties in accordance with Section 3 above.

- **Variation to Section 18.3:**
  The other Party has to agree to any Third Party licensing of Joint Patent Rights in advance. Such licenses shall only be granted at market conditions.

Addition:

18.4   None of the Parties is entitled to transfer its share in the Joint Patent Rights without prior written consent of the other Party to any Third Party.

18.5   In each case, whichever Party files, prosecutes and maintains the Joint Patent Rights shall keep the other party informed of the filings, prosecution and maintenance reasonably in advance of any relevant actions and deadlines to allow for review and consultation. In the event that the prosecuting Party elects not to continue, prosecuting or maintaining any of the Joint Patent Rights the prosecuting Party shall give the other Party not less than thirty (30) days written notice before any relevant deadline relating to any public disclosure of the relevant Joint Patent Rights. In such event the other Party shall have the right to continue at its own expense, prosecution and maintenance of the Joint Patent Rights and to request the assignment of such right. The prosecuting Party shall at the request and cost of the other Party do all such acts and execute all such documents as may be necessary to assist the other Party with the prosecution or maintenance of such Joint Patent Rights as well as with the assignment and transfer of such Joint Patent Right to the other Party.

18.6   At the latest three (3) months before expiry of the priority term, the Parties shall agree on the countries in which corresponding patent rights are to be filed.

§ 19
Warranty

19.1 Licensor warrants and represents that
  (i) it owns and/or controls the entire rights, title and interest in the Licensed Rights;
  (ii) it has the right to enter into this Agreement and to grant the licenses contained herein;
  (iii) it has no present knowledge from which it can be inferred that the Licensed Patent Rights are invalid or that their exercise would infringe patent rights of a Third Party; and
  (iv) it has not present knowledge from which it can be inferred that the Licensed Know How has been disclosed to Third Parties.

• **Variation to Section 19.1 (for the benefit of Licensee):**
  (iii) it has performed any reasonable research regarding the validity of the Licensed Patent Rights and the absence of Third Party patent rights, the Licensed Patent Rights are valid and do not infringe patent rights of a Third Party in *[Germany ......]*, and it has no present knowledge from which it can be inferred that the Licensed Patent Rights are invalid or that their exercise would infringe patent rights of a Third Party in any other country in the Territory.

Addition to Section 19.1 (for the benefit of Licensee):
  In the event Licensee cannot use a Licensed Patent Right without infringing a Third Party patent right or other intellectual property right, Licensee shall use commercially reasonable efforts to obtain a transferable or sublicensable license to such Third Party right. In the event Licensor is not able to obtain such license within *[two (2) months]*, licensee shall no longer be required to pay any future license fees for such Licensed Patent Right.

19.2 Licensor makes no representation or warranty and disclaims any guarantee that the development of Contract Products will be successful in whole or in part or that the Licensed Rights will be suitable for commercialization. Licensor expressly disclaims any warranties and conditions, expressed or implied, with respect to the Licensed Rights, including without limitation, patentability any warranty of merchantability or fitness for a particular purpose.

19.3   Any warranty claims of Licensee are time barred one (1) year
       after commencement of the statutory limitation period.

§ 20
Liability, Indemnification and Insurance

20.1   The Parties' liability in case of simple negligence shall be ex-
       cluded. With the exception of cases of wilful misconduct, the
       Parties shall not be liable to one another for any indirect,
       punative or consequential damages or loss of profit, whether
       based on contract, tort or arising under other applicable
       laws. With the exception of cases of wilful misconduct, the
       Parties' respective total liability under this Agreement shall in
       no event exceed an amount equal to *[the total fees paid or
       payable by Licensee under Sections 7.1 and 7.2 hereof/
       Euro ...... (€ ......)]*.

* Variation to Section 20.1:
    Subject to the second sentence of this provision, the statutory
    liability of Licensor is limited as follows:
    (i) Licensor is not liable for slightly negligent breach of an-
        cilliary obligations under this Agreement;
    (ii) the liability of Licensor for the slightly negligent breach
        of material obligations is limited to the typically foresee-
        able damage on the Effective Date. The Parties agree that
        such foreseeable damage does not exceed the amount of
        [Euro one million (€ 1.000.000)].
    The above limitations of liability do not apply in cases of
    mandatory statutory liability, in case of guarantees and in
    case of responsibility for damages regarding life and personal
    health.
20.2   Licensor shall defend, indemnify and hold Licensee harmless
       against any Third Party claims, actions, liabilities, costs and
       expenses arising from or related to:
       (i) any breach of any of Licensor's representations, warran-
           ties or covenants set forth in this Agreement, and
       (ii) any other negligent, wilful or intentionally wrongful act,
           error or omission on the part of Licensor or any em-
           ployee, agent or representative of Licensor.
20.3   Licensor's indemnification obligation under Section 20.2
       shall be subject to the following conditions:

(i) Licensee shall furnish Licensor with written notice of any such claim or liability within thirty (30) days of the date, on which Licensee receives notice thereof,

(ii) Licensor shall be solely responsible for the defense, settlement and discharge of such claims and liabilities, and

(iii) Licensee shall furnish Licensor with all assistance reasonably requested by Licensor in connection with the defense settlement and discharge of such claims and liabilities.

Licensee's failure to comply with its obligations under this Section 20.3 shall not constitute a breach of this Agreement or relieve Licensor of its indemnification obligations pursuant to Section 20.2, except to the extent, if any that Licensor's defense of the claim or liability was materially impaired thereby.

Licensor's obligations under Section 20.2 hereof shall not apply to any alligations for infringement of the intellectual property rights of a Third Party that would not have risen but for

(i) Licensee's use of the Licensed Rights in violation of the terms and conditions of this Agreement,

(ii) any modification, adaptation or application of the Licensed Rights made by Licensee without the prior authorization of Licensor, or

(iii) any combination of the Contract Products with any other products.

20.4 Licensee shall defend, indemnify and hold Licensor harmless against any and all claims and liabilities arising from or related to:

(i) any claim, including any product liability claim by any Third Party with respect to any of the Contract Products;

(ii) any allegation that any of the Contract Products fail to conform to requirements of any applicable laws and/or any applicable regulatory approvals, including the failure of Licensee to obtain the necessary regulatory approvals;

(iii) any breach of any of Licensee's representations, warranties or covenants set forth in this Agreement, and

(iv) any other negligent, wilful or intentionally wrongful act, error or omission on the part of Licensee or any employee, agent or representative of Licensee.

Section 20.3 shall apply mutatis mutandis to the Licensee's indemnification obligation.

20.5 Licensee shall maintain during the term of this Agreement and for the term of any permitted use of the Licensed Rights after termination of this Agreement liability insurance with a coverage of *[at least EUR ...... million]* which covers the use of the Licensed Rights.

§ 21
Confidentiality

21.1 All Confidential Information disclosed, revealed or otherwise made available by one Party („Disclosing Party") to the other Party („Receiving Party") under, or as a result of, this Agreement is furnished to the Receiving Party solely to permit the Receiving Party to exercise its rights, and perform its obligations, under this Agreement. The Receiving Party shall not use any of the Disclosing Party's Confidential Information for any other purpose, and shall not disclose, reveal or otherwise make any of the Disclosing Party's Confidential Information available to any Third Party, without the prior written authorization of the Disclosing Party.

21.2 In furtherance of the Receiving Party's obligations under Section 21.1 hereof, the Receiving Party shall take all appropriate steps, and shall implement all appropriate safeguards, to prevent the unauthorized use or disclosure of any of the Disclosing Party's Confidential Information. Without limiting the generality of this Section 21.2, the Receiving Party shall disclose any of the Disclosing Party's Confidential Information only to those of its officers, employees, agents, consultants, licensees, potential licensees and financial investors that have a need to know the Disclosing Party's Confidential Information, in order for the Receiving Party to exercise its rights and perform its obligations under this Agreement, and only if such officers, employees, agents, consultants, licensees, potential licensees and financial investors have executed appropriate non-disclosure agreements containing substantially similar terms regarding confidentiality as those set out in this Agreement or are otherwise bound by obligations of confidentiality effectively prohibiting the unauthorized use or disclosure of the Disclosing Party's Confidential Information. The Receiving Party shall furnish the Disclosing Party with immediate written notice of any unauthorized use or disclosure of any of the Disclosing Party's Confidential Information and shall take all actions that the Disclosing Party reasonably requests in order to prevent any further unauthorized use or disclosure of the Disclosing Party's Confidential Information.

21.3 The Receiving Party's obligations under Sections 21.1 and 21.2 hereof shall not apply to the extent that the Receiving Party can prove by written evidence that the respective Confidential Information:

(i) passes into the public domain, or becomes generally available to the public through no fault of the Receiving Party;

(ii) was known to the Receiving Party prior to disclosure hereunder by the Disclosing Party;

(iii) is disclosed, revealed or otherwise made available to the Receiving Party by a Third Party that is under no obligation of non-disclosure and/or non-use to the Disclosing Party;

(iv) is required to be disclosed under applicable law or by court order; provided, however, that the Receiving Party shall furnish the Disclosing Party's with as much prior written notice of such disclosure requirement as reasonably practicable, so as to permit the Disclosing Party, in its sole discretion, to take appropriate action in order to prevent the Disclosing Party's Confidential Information from passing into the public domain or becoming generally available to the public; or

is independently developed by the Receiving Party without breach of this Agreement as evidenced by contemporaneous written records.

21.4 Upon expiration or termination of this Agreement for any reason whatsoever, the Receiving Party shall return to the Disclosing Party, or destroy, as the Disclosing Party shall specify in writing, all copies of all documents and other materials that contain or embody any of the Disclosing Party's Confidential Information, except to the extent that the Receiving Party is required by applicable law or permitted under this Agreement to retain such documents and materials. Within thirty (30) days after the date of expiration or termination of this Agreement, the Receiving Party shall furnish the Disclosing Party with a written certificate, confirming that the Receiving Party has complied with it obligations under this Section 21.4.

21.5 All of the Receiving Party's obligations under Sections 21.1 and 21.2 hereof, with respect to the protection of the Disclosing Party's Confidential Information, shall survive the expiration or termination of this Agreement for any reason whatsoever.

Addition (for the benefit of Licensor):
21.6 For each event, in which this obligation of confidentiality is breached and consequently Confidential Information is disclosed to a Third Party, the breach Party shall pay to the Disclosing Party a penalty in the amount of EUR 200.000,–. The right to claim further damages remains unaffected hereby.

§ 22
Publications, Press Releases

Except as may be required by applicable laws, rules or regulations, neither Party will originate any publicity, press or news release, or other public announcement, written or oral, whether to the public press or otherwise, relating to this Agreement without the prior written approval of the other Party, such approval not to be unreasonably withheld. In such event the Party wishing to so disclose such information shall provide to the other Party for its prior approval a written copy of such public announcement at least ten (10) business days prior to disclosure. If the other Party does not object to the public announcement within five (5) business days after receipt of the written copy, the public announcement is deemed to be approved.

§ 23
Term and Termination

23.1 This Agreement shall enter into effect on the Effective Date, and shall remain in full force and effect for as long as Licensee is required to make royalty payments under Section 8 above. Expiration of Licensee's royalty obligations under Section 7 for a particular Contract Product shall not preclude Licensee from continuing to manufacture market and use such Contract Product and to use the Licensed Know How without further royalty payments or any other remuneration to Licensor.

• **Variation to Section 23.1:**
  This Agreement shall enter into effect on the Effective Date, and shall remain in full force and effect for (i) as long as a Contract Product is covered by a Valid Claim in any

country of the Territory or (ii) as long as the Licensed Know How remains confidential, unless the Licensed Know How is disclosed by Licensee in breach of this Agreement in which case this Agreement remains in effect for a period of twenty (20) years after the Contract Products have been commercialized for the first time in *[Germany, France, the United Kingdom, the United States and Japan]* whichever term is longer.

Addition (for the benefit of Licensee):
23.2 Licensee shall be permitted to terminate the Agreement at any time by giving six (6) months prior written notice to the end of a calendar month to Licensor.

Addition to Section 23.2 (for the benefit of Licensor)
In the event of a termination in accordance with this Section 23.2, Licensee shall pay to Licensor an exit fee in the amount of *[EUR ...... (€ ......)]*.

- **Variation to Section 23.2:**
  In the event of a termination in accordance with this Section 23.2, Licensee shall pay to Licensor an exit fee in the amount of fifty percent (50%) of the payment which are likely to have been accrued within the next two (2) years, if Licensee had not terminated the Agreement.
23.3 In the event that either Party („Breaching Party") commits a material breach or default of any of its obligations hereunder, the other Party hereto (the „Non-Breaching Party") may give the Breaching Party written notice of such material breach or default, and shall request that such material breach or default be cured as soon as reasonably practicable. In the event that the Breaching Party fails to cure such breach or default within thirty (30) days after the date of the Non-breaching Party's notice thereof, the Non-Breaching Party may terminate this Agreement as a whole or for certain countries in the Territory or certain fields of use within the Field by giving written notice of termination to the Breaching Party. Termination of this Agreement in accordance with this Section 23.3 shall not affect or impair the Non-Breaching Party's right to pursue any legal remedy, including, but not limited to, the right to recover damages, for any harm suffered or incurred by the Non-Breaching Party as a result of such breach or default.

Addition (for the benefit of Licensee):
A material breach of Licensee which entitles Licensor to terminate this Agreement for cause shall include, but not be limited to,
  (i) a breach of the obligation to exploit the license in accordance with Section 11 above,
  (ii) a default of Licensee to prepare reports and/ or to make payments of license fees,
  (iii) an attack by Licensee against the Licensed Patent Rights,
  [(iv) ......]
Licensee is entitled to terminate this Agreement for cause if
  (i) a Licensed Right which is essential for the Contract Products is invalid or if the use of the Licensed Rights infringes any Third Party intellectual property right,
  [(ii) ......]
23.4 In addition to the termination rights provided for in Section 23.3 hereof, each Party shall have the right to terminate this Agreement, immediately by giving written notice of termination to the other Party, if the other Party is declared insolvent, undergoes voluntary or involuntary dissolution, or makes an assignment for the benefit of its creditors.

• **Variation (for the benefit of Licensor):**
...... if the other Party undergoes serious financial difficulties which may lead to the opening of insolvency proceedings within the near future.

Addition:
23.5 The Parties are further entitled to an early termination of this Agreement if and once the control within the other Party changes.

• **Variation to Section 23.5:**
23.5 The Parties are further entitled to an early termination of this Agreement, if the other Party becomes directly or indirectly controlled by a company or group which directly competes with the terminating Party.

§ 24
Consequences of Termination

24.1 In the event of a termination in accordance with Sections 23.2 to 23.5 above, the rights licensed to Licensee shall automatically revert to Licensor.

24.2 Upon termination of this Agreement, Licensor shall have the right to retain any sums already paid by Licensee hereunder, and Licensee shall pay all sums accrued hereunder which are then due.

Addition (for the benefit of Licensee):

24.3 Upon termination of this Agreement for any reason, all sublicenses that are granted by Licensee pursuant to this Agreement shall remain in effect and shall be assigned by Licensee to Licensor except that Licensor shall not be bound to perform any duties or obligations set forth in any sublicenses that extend beyond the duties and obligations of Licensor set forth in this Agreement.

24.4 Except as set out in Sections 23.1 and 24.9 hereof, immediately upon termination of this Agreement for any reason whatsoever, Licensee shall cease all manufacture, production, distribution, marketing and sale of the Contract Products under the licenses granted hereunder; provided, however, that, if this Agreement is terminated for any reason other than a breach or default hereunder by Licensee, Licensee shall have the right to distribute and sell its existing inventory of the Contract Products for a period of not more than one hundred and twenty (120) days following the date of expiration or termination hereof, subject to Licensee's continuing obligation to pay royalties with respect to the Net Sales derived from the distribution and sale of such existing inventory of the Contract Products, in accordance with Section 7.3 hereof.

24.5 Termination of this Agreement for any reason whatsoever shall not relieve Licensee of its obligations: (i) to pay all royalties and other amounts payable to Licensor which have accrued prior to, but remain unpaid as of, the date of expiration or termination hereof, or which accrue thereafter, in accordance with Section 24.4 above; (ii) to defend, indemnify and hold Licensor, its licensors and their respective officers, directors, shareholders, employees, agents and representatives harmless against claims and liabilities, as provided in

Section 20 hereof; and (iii) to maintain commercial general liability insurance coverage, in accordance with the requirements of Section 20.5 hereof.

24.6   Except in the case of termination of this Agreement by Licensee under Sections 23.3 or 23.4, the expiration or termination of this Agreement shall not adversely affect or impair Licensor's right to continue to use any and all Improvements licensed by Licensee to Licensor under Section 6.4 hereof. Except as otherwise specifically provided in this Agreement, upon expiration or termination of this Agreement for any reason whatsoever, Licensor shall have no further obligations to Licensee hereunder.

24.7   Except in the case of termination of this Agreement by Licensor under Sections 23.3 or 23.4 or in the event of a termination by Licensee in accordance with Section 23.2, the expiration or termination of this Agreement shall not adversely affect or impair Licensee's right to continue to use any and all Improvements licensed by Licensor to Licensee under Section 6.2 hereof. Except as otherwise specifically provided in this Agreement, upon expiration or termination of this Agreement for any reason whatsoever, Licensee shall have no further obligations to Licensor hereunder.

24.8   In the event of termination of this Agreement by Licensor pursuant to Sections 23.3 or 23.4 or in the event of termination of this Agreement by Licensee pursuant to Section 23.2, Licensor shall have the right to freely use all the development data generated by Licensee and to demand from Licensee the transfer of Regulatory Approvals, certifications, applications and permits relevant for the Contract Product to Licensor or Third Party named by Licensor within a period of one (1) month after the termination date against payment of all external costs which Licensee incurred in connection with obtaining the Regulatory Approvals etc. to be transferred.

24.9   In the event of termination of this Agreement by Licensee pursuant to Sections 23.3 or 23.4, the license to Licensed Rights as set forth in Section 2 shall continue in full force and effect, Licensee's obligations under Sections 11 et seq. shall terminate and from the date of such termination the royalty rates and other payments set out in Sections – will be reduced by fifty percent (50%).

24.10 Termination of the Agreement in accordance with the provisions hereof shall not limit remedies which may be otherwise available.

§ 25
General Provisions

25.1 Neither Party shall have the right to assign any of its rights or to delegate the performance of its obligations under this Agreement without the prior written authorization of the other Party, such written authorization not to be unreasonably withheld, provided, however, that the prior written authorization of the other Party shall not be required for a Party to assign any of its rights or delegate the performance of any of its obligations hereunder to an Affiliate or pursuant to a sale of substantially all of the assets of the Party. Any permitted assignment or delegation hereunder by either Party shall not relieve such Party of any of its obligations under this Agreement, including but not limited to the Party's obligation to make royalty payments with respect to any and all Net Sales derived by any of the Party's assignees or sublicensees from the sale of any other Contract Products.

25.2 This Agreement shall be governed by and interpreted in accordance with the laws of Germany, without reference to conflicts of laws' principles. The United Nations Convention on Contracts for the International Sale of Goods shall not be applicable.

25.3 In the event of any dispute arising out of or in connection with this Agreement, the Parties agree to try to solve any disputes amicably by mediation. The Parties shall conduct a mediation procedure according to the Mediation Rules of the German institution of Arbitration e. V. (DIS) in effect on the date of the commencement of the mediation proceedings. Place of the mediation proceedings is *[......]*. The number of mediators is *[......]*. The language of the mediation proceeding is *[......]*. If the dispute has not been settled pursuant to the said rules within sixty (60) days following the filing of a request for mediation or within such other period as the Parties may agree in writing, either Party may submit the dispute for decision in accordance to Section 25.4.

25.4 For any dispute relating to the validity, performance, construction or interpretation of this Agreement, exclusive jurisdiction shall vest with the *[place of jurisdiction]* courts.

- **Variation 1:**
  [Arbitration Rules of the dt. Institution für Schiedsgerichtsbarkeit e. V. (DIS)]

  Any dispute relating to the validity, performance, construction or interpretation of this Agreement, which cannot be resolved amicably between the Parties, shall be submitted to arbitration in accordance with the Rules of the deutsche Institution für Schiedsgerichtsbarkeit e. V. (DIS). The decision of the arbitrators shall be final and binding upon the Parties and enforceable in any court of competent jurisdiction. Place of arbitration is [......]. The number of arbitrators is [......]. The language of the arbitration proceeding is [......].

- **Variation 2:**
  [Arbitration Rules of the International Chamber of Commerce (ICC)]

  Any dispute relating to the validity, performance, construction or interpretation of this Agreement which cannot be resolved amicably between the Parties shall be submitted to final and binding arbitration in accordance with the Rules of the International Chamber of Commerce ......

- **Variation 3:**
  [Arbitration Rules of the World Intellectual Property Organization (WIPO)]

  Any dispute relating to the validity, performance, construction or interpretation of this Agreement which cannot be resolved amicably between the Parties shall be submitted to final and binding arbitration in accordance with the arbitration rules of WIPO to be held in Geneva, Switzerland, ...

25.5 The parties are aware of the risk that one or more terms of this Agreement may be held to be void or invalid contrary to the present expectations of the parties. Also in this case, the parties wish to remove any doubt which may arise concerning the validity of this Agreement. Should one or more terms of this Agreement, including this provision, be or become wholly or partially void or invalid, or should this Agreement contain a gap, the Agreement shall, contrary to Sec. 139 German Civil Code, remain valid not only in case of doubt, but shall always remain valid. The parties undertake to replace any fully or partially invalid provision by such valid provisions coming closest to the envisaged commercial purpose of the fully or partially invalid provision.

25.6   This Agreement, together with all Exhibits attached hereto, constitutes the entire agreement between the Parties, and supersedes all prior oral and written agreements between the Parties with respect to the subject matter hereof. No modification or amendment of this Agreement shall be binding upon the Parties unless in writing; this shall also apply to any waiver of the written form requirement.

25.7   Neither party shall be liable for any failure to perform, or any delay in the performance of, any of its obligations under this Agreement to the extent that such party's performance is prevented by the occurrence of an event beyond the reasonable control of the Party whose performance is affected thereby (force majeure), including but not limited to war, fire, adverse weather conditions, strike, unavailability of supplies, acts of terrorism or acts of government agencies. In the event that a Party's performance is affected by the occurrence of any event of force majeure, that Party shall furnish immediate written notice thereof to the other Party hereto.

Exhibits:
Exhibit 1.7:   Description of Licensed Know How
Exhibit 1.8:   List of Licensed Patent Rights
Exhibit 4.1:   List of Option Rights
Exhibit 11.1: Development Plan
Exhibit 12.1: Quality Requirements
Exhibit 13.1: List of Materials
Exhibit 13.2: Supply Agreement
Exhibit 14.2: Trademark of Licensor

B. Vertragsmuster mit Erläuterungen

PATENT- UND KNOW-HOW-LIZENZVERTRAG

zwischen

......

(Firma, Rechtsform, Anschrift)

(nachfolgend „Lizenzgeber" genannt)

und

......

(Firma, Rechtsform, Anschrift)

(nachfolgend „Lizenznehmer" genannt)

Präambel

Der Lizenzgeber beschäftigt sich mit der *[Entwicklung, Herstellung und dem Vertrieb]* von *[......]* und ist Inhaber gewerblicher Schutzrechte und geheimen Know-hows betreffend *[......]*.
Der Lizenznehmer ist ein im Bereich *[......]* tätiges Unternehmen, das *[......]*, und ist daran interessiert, vom Lizenzgeber eine Lizenz an den vorgenannten gewerblichen Schutzrechten und dem Knowhow zu erwerben.
Dies vorausgeschickt, schließen Lizenzgeber und Lizenznehmer den folgenden Patent- und Know-how-Lizenzvertrag:

§ 1
Begriffsbestimmungen

Für Zwecke dieses Vertrages haben die folgenden Begriffe die nachfolgend bestimmte Bedeutung:
1.1   *„Anwendungsbereich"* bedeutet Entwicklung, Herstellung, Vermarktung, Verkauf und sonstige Nutzung der Vertragsprodukte für *[......]*.

1.2   *„Dritter"* ist jede natürliche oder juristische Person mit Ausnahme des Lizenzgebers, des Lizenznehmers und ihrer Verbundenen Unternehmen.

1.3   *„Entwicklungsdaten"* sind Berichte über *[Studien, Versuche etc.]* und alle sonstigen Unterlagen und Dokumente, die Daten beinhalten oder darstellen, die die Entwicklung, Zulassung und/oder die Verwendung der Vertragsprodukte im Anwendungsbereich betreffen.

1.4   *„Erstes Inverkehrbringen"* bedeutet für jedes Land innerhalb des Vertragsgebietes den ersten Verkauf eines Vertragsproduktes durch den Lizenznehmer, dessen Verbundene Unternehmen, Unterlizenznehmer oder Vertriebshändler zur kommerziellen Verwendung im Anwendungsbereich innerhalb des betreffenden Landes, nachdem alle erforderlichen Zulassungen erteilt worden sind.

1.5   *„Inkrafttreten"* dieses Vertrages ist das Datum, an welchem dieser Vertrag von den ordnungsgemäß autorisierten Repräsentanten beider Parteien unterzeichnet wird. Wird der Vertrag von den Parteien nicht am gleichen Tag unterzeichnet, so ist das spätere Datum maßgeblich.

1.6   *„Lenkungsausschuss"* ist das in § 9 beschriebene Entscheidungsgremium, das sich aus Vertretern beider Parteien zusammensetzt.

1.7   *„Lizenziertes Know-how"* ist das gesamte Know-how des Lizenzgebers betreffend die Vertragsprodukte, über das der Lizenzgeber bei Inkrafttreten des Vertrages verfügt. Das Lizenzierte Know-how umfasst alle Spezifikationen, technischen Daten und sonstige Informationen betreffend die Erfindungen, Entdeckungen, Entwicklungen, das Design, die Herstellung und Produkte, die Qualitätskontrolle und andere vertrauliche Ideen, gleich ob diese patentrechtlich, markenrechtlich, urheberrechtlich oder auf andere Weise geschützt werden können. Unbeschadet dieser umfassenden Definition ist das Lizenzierte Know-how in <u>Anlage 1.7</u> identifiziert.

* Variante (zugunsten des Lizenznehmers):
  „Lizenziertes Know-how" ist das gesamte Know-how des Lizenzgebers betreffend die Vertragsprodukte, über das der Lizenzgeber bei Inkrafttreten des Vertrages verfügt. Das Lizenzierte Know-how umfasst alle Spezifikationen, ... Unbeschadet der vorstehenden umfassenden Definition dieser Ziffer 1.7 ist das bei Inkrafttreten dieses Vertrages bestehende Lizenzierte Know-how in <u>Anlage 1.7</u> identifiziert.

1.8   „*Lizenzierte Patentrechte*" sind alle Patente, Patentanmel-
      dungen, Teilungen, ergänzende Schutzzertifikate, Ersatz, Er-
      neuerungen, Bestätigungen und Neuauflagen, die dem Li-
      zenzgeber gehören oder von ihm lizenziert wurden und die
      für die Entwicklung, Herstellung, Vermarktung, den Verkauf
      und die sonstige Nutzung der Vertragsprodukte notwendig
      oder nützlich sind. Unbeschadet der in dieser Ziffer 1.8 be-
      schriebenen umfassenden Definition sind die Lizenzierten Pa-
      tentrechte in Anlage 1.8 aufgeführt.

1.9   „*Lizenzierte Rechte*" sind das Lizenzierte Know-how und die
      Lizenzierten Patentrechte.

1.10 „*Nettoverkaufspreis*" ist der Betrag, der einem Dritten für
      den Erwerb des Vertragsprodukts von dem Lizenznehmer
      oder von einem Verbundenen Unternehmen, Unterlizenzneh-
      mer oder Vertriebshändler des Lizenznehmers in Rechnung
      gestellt wird, abzüglich der nachfolgenden Positionen, soweit
      ein solcher Abzug tatsächlich gewährt oder dem Vertrags-
      produkt vom Verkäufer unter Anwendung allgemein aner-
      kannter Buchhaltungsstandards gesondert zugeordnet wird:

      (i) Umsatz – und Verkaufssteuern, die vom Verkäufer abge-
          führt werden, Zölle und andere öffentliche Abgaben, die
          auf die Herstellung, den Import, die Nutzung oder den
          Verkauf der Vertragsprodukte erhoben werden;

      (ii) handelsübliche Mengen- und Barzahlungsnachlässe, die
           für den Kauf des Vertragsproduktes gewährt werden;

      (iii) Kundengutschriften für zurückgegebene Vertragspro-
            dukte oder für nachträgliche Preisreduzierungen betref-
            fend die Vertragsprodukte;

      (iv) Kosten des Transports und der Transportversicherung,
           wenn sie Bestandteil des dem Dritten in Rechnung gestell-
           ten Kaufpreises für ein Vertragsprodukt sind, vorausge-
           setzt, dass der Abzug nicht größer ist, als die Differenz
           zwischen dem Kaufpreis, der dem Dritten in Rechnung
           gestellt wird, und dem durchschnittlichen Kaufpreis, den
           Dritte ohne Transport- und Versicherungskosten im je-
           weiligen Land bezahlen.

      Der Nettoverkaufspreis wird für jedes Vertragsprodukt nur
      einmal berechnet, nämlich beim ersten Verkauf des betref-
      fenden Vertragsproduktes durch den Lizenznehmer, ein mit
      dem Lizenznehmer Verbundenes Unternehmen, einen Unter-
      lizenznehmer oder einen Vertriebshändler des Lizenznehmers
      an einen Dritten, der weder ein mit dem Lizenznehmer Ver-
      bundenes Unternehmen, ein Unterlizenznehmer oder ein Ver-
      triebshändler des Lizenznehmers ist.

Im Falle von Kombinationsprodukten, nämlich Vertragsprodukten, die andere geschützte Materialien oder Technologien beinhalten, für die der Lizenznehmer eine Lizenz von Dritten benötigt, reduziert sich der Nettoverkaufspreis entsprechend dem Faktor A/(A+B), wobei „A" der Nettoverkaufspreis bzw. der angemessene Marktpreis des Vertragsproduktes ohne Kombination und „B" der Nettoverkaufspreis bzw. der angemessene Marktpreis der zusätzlichen Produktes bzw. der Technologie in dem Kombinationsprodukt ist.

- Variante (zugunsten des Lizenznehmers):
  „Nettoverkaufspreis" ist der Betrag, den der Lizenznehmer, ein Verbundenes Unternehmen, Unterlizenznehmer oder Vertriebshändler des Lizenznehmers vereinnahmt,

Ergänzung (zugunsten des Lizenznehmers):
(v) Provisionen, die der Lizenznehmer für den Verkauf der Vertragsprodukte zu zahlen verpflichtet ist.

1.11 *„Partei(en)"* sind, je nach Sachzusammenhang, der Lizenzgeber oder der Lizenznehmer bzw. der Lizenzgeber und der Lizenznehmer.

1.12 *„Patentanspruch"* ist
(i) jeder Anspruch aus einem erteilten und nicht abgelaufenen Lizenzierten Patentrecht, welches nicht durch ein Gericht oder ein dazu berechtigtes Amt in einer Entscheidung, gegen die kein Rechtsmittel eingelegt wurde oder eingelegt werden kann, ganz oder teilweise widerrufen, zurückgenommen oder für nichtig erklärt wurde, und auf welches nicht durch Erklärung verzichtet wurde, oder
(ii) ein schwebender Anspruch aus einer anhängigen Patentanmeldung innerhalb der Lizenzierten Patentrechte. Ungeachtet der vorangehenden Klausel (i) gilt für den Fall, dass ein schwebender Anspruch aus einer anhängigen Patentanmeldung sich nicht innerhalb von fünf (5) Jahren nach dem frühesten Datum, ab dem die betreffende Patentanmeldung Priorität beansprucht, als berechtigter und einklagbarer Anspruch in einem erteilten Patent bestätigt, dass ein solcher schwebender Anspruch kein Patentanspruch ist, es sei denn, ein solcher schwebender Anspruch wird nachträglich als berechtigter und einklagbarer Anspruch in einem erteilten Patent bestätigt; in diesem Fall lebt dieser Patentanspruch wieder auf und gilt ab dem Datum der Erteilung des betreffenden Patents als Patentanspruch.

1.13 *„Verbesserungserfindungen"* sind alle die Vertragsprodukte betreffenden Erfindungen, Anpassungen und Ergänzungen zum Lizenzierten Know-how, die

(i) die Wirkung oder Effektivität der Vertragsprodukte verbessern;

(ii) Nebenwirkungen oder andere negative Folgewirkungen der Vertragsprodukte verringern; oder

(iii) bei der Herstellung und im Herstellungsverfahren der Vertragsprodukte die Kosten reduzieren und/oder die Effizienz oder Herstellung steigern.

1.14 *„Verbundene Unternehmen"* sind in Bezug auf jede Vertragspartei jede Person, jedes Unternehmen, Gesellschaft und jeder andere Zusammenschluss, (i) an der oder dem eine Partei mindestens fünfzig Prozent (50%) der stimmberechtigten Anteilte mittelbar oder unmittelbar besitzt, (ii) die oder das an einer Partei mindestens fünfzig Prozent (50%) der stimmberechtigten Anteile mittelbar oder unmittelbar besitzt; oder (iii) wenn mindestens fünfzig Prozent (50%) der stimmberechtigten Anteile durch eine Person, ein Unternehmen, eine Gesellschaft oder einen anderen Zusammenschluss mittelbar oder unmittelbar gehalten werden, die oder das wiederum mittelbar oder unmittelbar mindestens fünfzig Prozent (50%) der stimmberechtigten Anteile einer Partei besitzt.

1.15 *„Vertrag"* ist dieser Patent- und Know-how-Lizenzvertrag sowie alle Anlagen hierzu.

1.16 *„Vertragsgebiet"* sind alle Länder, in denen der Lizenznehmer die Lizenzierten Rechte nutzen darf, nämlich *[Liste der Länder]/[alle Länder und Territorien der Welt]*.

1.17 *„Vertragsprodukte"* sind die Produkte, für die der Lizenznehmer die Lizenzierten Rechte benutzen darf, nämlich *[......]*.

1.18 *„Vertrauliche Informationen"* sind das Lizenzierte Know-how sowie alles andere Know-how, alle Daten und Informationen der Parteien, einschließlich Entwicklungsdaten, die nicht allgemein bekannt sind, und die die Vertragsprodukte, den Anwendungsbereich, das Unternehmen, die Forschungs- und Entwicklungstätigkeiten und Ergebnisse, die finanziellen Verhältnisse, Vertragsbeziehungen oder den Geschäftsbetrieb der Parteien betreffen. Vertrauliche Informationen sind auch die Existenz und die Bedingungen dieses Vertrages.

1. Zweck der Begriffsbestimmungen

Aufgrund der Länge und Komplexität vieler Lizenzverträge ist es oft sinnvoll, bestimmte Begriffe vorab zu definieren. Dabei ist im Interesse der Übersichtlichkeit des Vertrages zu beachten, dass nur solche Begriffe definiert werden, die für das Verständnis des Vertrages wichtig sind und die im Vertrag an unterschiedlichen Stellen verwendet werden. Weiter empfiehlt es sich, die definierten Begriffe alphabetisch zu ordnen, um dem Leser das Auffinden definierter Begriffe zu erleichtern. Die definierten Begriffe müssen dann im gesamten Vertrag in der definierten Schreibweise verwendet werden, dabei sollte entweder nur der erste Buchstabe oder das ganze Wort einheitlich in Großbuchstaben geschrieben werden.

2. Anwendungsbereich (Ziffer 1.1)

Mit der Definition des Anwendungsbereichs werden die inhaltlichen Schranken der Lizenz bestimmt. Im Interesse beider Parteien ist es wichtig, eindeutig festzulegen, in welchem Bereich und welche Art von Produkten der Lizenznehmer aufgrund der Lizenz herstellen bzw. vertreiben darf.

3. Inkrafttreten (Ziffer 1.5)

Die Lizenz kann rückwirkend erteilt werden. Es mag daher sinnvoll sein, als Zeitpunkt des Inkrafttretens des Vertrages nicht den Tag der Unterzeichnung des Vertrages sondern einen anderen Zeitpunkt, zum Beispiel den ersten Januar des laufenden oder des nächsten Jahres zu wählen.

4. Lizenziertes Know-how (Ziffer 1.7)

Es ist notwendig, das Lizenzierte Know-how im Lizenzvertrag zu identifizieren. Die Identifikationspflicht ergibt sich bereits aus der

TT-GVO, wonach die Know-how-Lizenz nur dann freigestellt ist, wenn sich aus dem Vertrag ergibt, was Gegenstand der Know-how-Lizenz ist. Identifizierung bedeutet, dass das Know-how so beschrieben oder auf einem Träger festgehalten ist, dass überprüft werden kann, ob die Kriterien „geheim" und „wesentlich" erfüllt sind, und dass sichergestellt werden kann, dass der Lizenznehmer bei der Nutzung seiner eigenen Technologien nicht unangemessenen Beschränkungen unterworfen wird.

Die Art der Identifizierung ist den Parteien überlassen. In der Regel empfiehlt es sich, das Lizenzierte Know-how in einer Anlage zu beschreiben. Die Erstellung der Anlage bereitet erfahrungsgemäß in der Praxis keine großen Schwierigkeiten, auch wenn Lizenzgeber zunächst häufig die Erstellung einer solchen Anlage vermeiden wollen, weil sie Angst haben, geheimes Know-how preisgeben zu müssen und ihnen die Erstellung der Anlage mühsam erscheint. Ist das Lizenzierte Know-how in Handbüchern oder in sonstiger schriftlicher Form beschrieben, so reicht der Verweis auf die Handbücher oder sonstigen Dokumente aus. Besteht das Know-how in praktischen Kenntnissen der Mitarbeiter des Lizenzgebers, so ist es ausreichend, wenn das Know-how in der Anlage allgemein beschrieben wird und die Mitarbeiter aufgeführt werden, die an der Weitergabe des Know-hows an den Lizenznehmer mitwirken.[66]

5. Lizenzierte Patentrechte (Ziffer 1.8)

Klarzustellen ist, ob nur bestehende Patente oder ob auch künftige Patente, die der Lizenzgeber während der Laufzeit des Vertrages anmelden wird, Gegenstand der Lizenz sein sollen. Klarzustellen ist weiter, dass zu den Lizenzierten Patenten die gesamte Patentfamilie gehört, also von der Patentanmeldung über die nationalen Patente bis zu Teilungen und Ergänzungsschutzbescheinigungen (Supplementary Protection Certificates – SPCs).

6. Nettoverkaufspreis (Ziffer 1.10)

Die Ermittlung des Nettoverkaufspreises hat sich an zwei Kriterien zu orientieren: Zunächst haben die Parteien darauf zu achten, dass Lizenzgebühren nur auf die Anteile der Einnahmen abgeführt werden, welche sich auf das Vertragsprodukt direkt beziehen. Von diesen direkten Einnahmen sind in einem zweiten Schritt nur die Beträge zu berücksichtigen, die dem Lizenznehmer dauerhaft zufließen und nicht lediglich als Durchgangsposten vereinnahmt werden.

Indirekte Einnahmen aus dem Verkauf des Vertragsprodukts entstehen, wenn dem Kunden von dem Vertragsprodukt klar **trennbare Nebenleistungen** berechnet werden.[67] Dies ist der Fall bei Verpackungskosten, schließt man den wohl seltenen Fall aus, in welchem sich die Lizenz direkt auf eine Herstellungsstufe bei der Verpackung bezieht. Die Verpackung als notwendige Vorstufe des Transports betrifft jedes Produkt, unabhängig davon, ob es unter einer Lizenz gefertigt wird. Die Lizenz partizipiert nicht an der Werterhöhung des Vertragsprodukts, die durch die Anbringung eines Schutzes am Vertragsprodukt entsteht. Auch bei Transport- und Transportnebenkosten handelt es sich um trennbare Nebenleistungen, was schon dadurch verdeutlicht wird, dass diese Kosten auch beim Dritten entstehen können, je nach Absprache zwischen ihm und dem Lizenznehmer. Die Zufälligkeit, ob sich der Rechnungsbetrag aufgrund der Übernahme des Transports durch den Lizenznehmer erhöht, soll sich nicht auf die Höhe der Lizenzgebühren auswirken. Die **Abzugsfähigkeit** einzelner Posten sollte jedoch davon abhängig gemacht werden, dass eine gesonderte Ausweisung auf der Rechnung erfolgt.[68] Andernfalls bestünden für beide Parteien Unsicherheiten. Der Lizenzgeber könnte sich nicht darauf verlassen, dass der Lizenznehmer die Nebenkosten mit dem tatsächlichen Wert bemisst; und der Lizenznehmer wäre in gesteigertem Maße der Gefahr von Rechnungsprüfungen durch den Lizenzgeber ausgesetzt.

Abzugsfähig sollen auch bloße Durchgangsposten sein, wie all jene offen ausgewiesenen Rechnungsbestandteile, welche der Lizenznehmer als Steuern an die Finanzbehörden abzuführen hat.

Die Entscheidung, ob Sonder- oder Barzahlungsrabatte bei der Ermittlung des Nettoverkaufspreises einen reduzierenden Faktor darstellen, wird wohl vorwiegend durch die Stärke der Verhandlungspositionen der Parteien beeinflusst.[69] Der Lizenznehmer wird ein Interesse daran haben, nur reale Einnahmen zur Bestimmung der Höhe der Lizenzgebühren heranzuziehen. Andernfalls würde die Anrechnung von letztlich nicht vereinnahmten Beträgen dazu führen, dass der prozentuale Anteil der Lizenzgebühr am Preis des Vertragsprodukts erhöht würde. Auch darf es keinen Unterschied machen, ob der Endpreis von vornherein oder erst im Wege einer zügigen Zahlung der Ware auf ein niedrigeres Niveau festgesetzt wird. Aus Sicht des Lizenzgebers sollen Sonder- oder Barzahlungsrabatte bei der Ermittlung des Nettoverkaufspreises unberücksichtigt bleiben. Sie dienen ausschließlich dazu, die Zahlungseingänge beim Lizenznehmer zu beschleunigen und damit letztlich unter bewusster Inkaufnahme von geringeren Einnahmen zu einem geldwerten Vorteil beim Lizenznehmer führen, sei es durch Zinsersparnisse oder durch Reduzierung von Kosten, die im Mahnverfahren anfallen.

Klarzustellen ist auch, welcher Verkauf für die Ermittlung des Nettoverkaufspreises relevant ist. So kann ein Verkauf an ein mit dem Lizenznehmer Verbundenes Unternehmen, wenn steuerliche Grundsätze dem nicht entgegenstehen, zu einem erheblich niedrigeren Kaufpreis erfolgen, als gegenüber einem Unternehmen außerhalb des Unternehmensverbandes. Dieser niedrigere Kaufpreis kann daher nicht der Anknüpfungspunkt für die Ermittlung der Lizenzgebühr sein. Der Lizenzgeber muss vielmehr von dem im Zweifel höheren Kaufpreis profitieren, welchen das Verbundene Unternehmen mit einem Dritten realisiert und welcher dem Gesamtkonzern des Lizenznehmers zugute kommt.

Die Einbeziehung von **Handelszwischenstufen** über einen Vertragshändler oder einen Handelsvertreter[70] schmälert jeweils die Marge des Lizenznehmers. Im Falle der Einschaltung eines Vertragshändlers wird der Verkaufspreis, mit welchem das Vertragsprodukt an den Vertragshändler verkauft wird, geringer sein als bei einem Direktvertrieb an den Dritten. Sofern ein Handelsvertreter eingeschaltet ist, wird die Marge des Lizenznehmers dadurch geschmälert, dass er von den Einnahmen eine Provisionssumme abzweigen muss. Wirtschaftlich betrachtet besteht zwischen der Wahl, ob ein Vertragshändler oder ein Handelsvertreter eingeschaltet ist, kein Unterschied. Lediglich die Methode, die zwischengeschaltete Person an den Einnahmen teilhaben zu lassen, ist eine andere. Deshalb erscheint es *a priori* angebracht, den Vertragshändler und den Handelsvertreter bei der Bestimmung des Nettoverkaufspreises gleich zu behandeln.

Dies würde bei einer lizenzgeberfreundlichen Vertragsgestaltung dazu führen, dass **Provisionen,** die an Handelsvertreter gezahlt werden, nicht abzugsfähig sind; gleichzeitig muss der Nettoverkaufspreis, welcher von dem Vertragshändler erzielt wird, für die Berechnung der Lizenzgebühr ausschlaggebend sein. Umgekehrt wird ein Lizenznehmer eine Vertragsgestaltung anstreben, wonach die Lizenzgebühr an die erzielten Nettoverkaufspreise des Lizenznehmers bei Verkäufen an seine Vertragshändler anknüpft und Provisionen vom Nettoverkaufspreis abzugsfähig sind.

Die lizenzgeberfreundliche Variation kann dadurch untermauert werden, dass die Einschaltung eines Vertragshändlers/Handelsvertreters interne Vertriebskosten minimieren soll. Da die Parteien sich durch die Wahl einer umsatz- und nicht gewinnbezogenen Lizenzgebühr dafür entschieden haben, dass Aufwand bei der Ermittlung der Lizenzgebühr nicht abzugsfähig ist, wäre es systemwidrig, den Aufwand, nur weil er externalisiert wurde, wieder in die Berechnung einfließen zu lassen.

Für die lizenznehmerfreundliche Variante spricht, dass dem Lizenznehmer kartellrechtlich weitestgehend die Hände gebunden sind, Einfluss auf die Händlerpreise zu nehmen.[71] Der Lizenznehmer würde Lizenzgebühren in einer von ihm vorab nicht kalkulierbaren Höhe schulden. Darüber hinaus stößt die Erfassung von Händlerverkäufen durch die Parteien in Bezug auf Verkaufspreise, den Zeitpunkt des Verkaufs und die Berichtspflichten, die typischerweise nicht mit den umfangreichen Berichtspflichten des Lizenznehmers korrespondieren, auch faktisch sehr schnell an ihre Grenzen.

Die vorstehenden Gründe sind bei der Einschaltung eines Handelsvertreters irrelevant. Die Höhe der Provision eines Handelsvertreters ist von dem Lizenznehmer steuerbar; da es sich bei der Provision nur um einen möglichen Abzugsposten von den Nettoverkaufspreisen handelt, fällt auch das Monitoring eines Dritten (wie vorstehend des Vertragshändlers) weg.

Deshalb sieht das Vertragsmuster einen nur als lizenznehmerfreundliche Ergänzung zu verstehenden Abzug von Provisionen vom Nettoverkaufspreis vor.

Im Grundsatz gilt, dass das den Kunden des Lizenznehmers in Rechnung gestellte Produkt, in welches das Lizenzierte Schutzrecht eingeflossen ist und welches im Vertragsmuster als „Vertragsprodukt" bezeichnet wird, die Grundlage zur Bestimmung des Nettoverkaufspreises bildet. Dieser Grundsatz ist jedoch dann einer genaueren Prüfung zu unterziehen, wenn das Gesamtprodukt aus mehreren, selbständig verwertbaren Einzelteilen zusammengesetzt ist, wovon bei einigen dieser Bestandteile eine Lizenz erforderlich ist, bei anderen nicht.

Bei solchen **Kombinationsprodukten** ist es zwar grundsätzlich gestattet, eine Lizenzgebühr auf den Nettoverkaufspreis des Gesamtproduktes zu erheben,[72] allerdings ist darauf zu achten, im Wortlaut des Lizenzvertrages deutlich zu machen, dass sich die Lizenzzahlung nur auf die lizenzpflichtigen Bestandteile bezieht und deshalb eine prozentual geringere Lizenzgebühr angesetzt wird, als dies bei einem Vertrieb des lizenzgebührenpflichtigen Einzelteiles der Fall wäre.[73] Maßstab ist hierbei, dass, sollten lizenzpflichtige Einzelteile nicht nur als Bestandteil einer Gesamtheit, sondern auch einzeln zum Verkauf angeboten werden, die absolute Lizenzgebühr bei Vertrieb des Gesamtproduktes genauso hoch ausfällt, wie bei einem Einzelvertrieb.[74] Sollte der Lizenznehmer eine höhere Lizenzgebühr für das Gesamtprodukt zahlen müssen, würde sich die Lizenzzahlung konsequenter Weise auch auf ungeschützte Bestandteile des Gesamtprodukts beziehen. Dies würde eine nach Art. 82 EGV unzulässige Wettbewerbsbeschränkung darstellen. Die Anknüpfung der Lizenzgebühr an das Gesamtprodukt als Bezugsgröße findet seine Grenzen, wo das Vertragsprodukt wertmäßig nur einen geringen Bruchteil des Gesamtprodukts bildet, etwa das patentierte

Scheibenwischerblatt im Verhältnis zum Auto. In solchen Fällen bietet sich als Alternative die Vereinbarung einer Stücklizenz an, wobei in diesem Zusammenhang festgelegt werden sollte, ob Grundlage für die Entstehung des Lizenzanspruches die Herstellung des patentierten Einzelstücks, die Fertigstellung des Gesamtprodukts oder der Verkauf des Einzelstücks/des Gesamtprodukts sein soll.

7. Patentanspruch (Ziffer 1.12)

Die Definition eines Patentanspruchs ist sinnvoll, um im Einzelfall differenzieren zu können, ob das Vertragsprodukt im jeweiligen Land unter die Patentlizenz oder nur unter die Know-how-Lizenz fällt. Eine solche Differenzierung ist insbesondere dann wichtig, wenn für Vertragsprodukte, die unter die Patentlizenz fallen, höhere Lizenzgebühren zu zahlen sind, als für Vertragsprodukte, die nicht unter die Know-how-Lizenz fallen. Für Patentanmeldungen sieht die Definition des Patentanspruchs vor, dass der Patentanspruch entfällt, wenn er sich nicht nach fünf Jahren mit der Patenterteilung bestätigt. Die Frist von fünf Jahren mag im Einzelfall zu kurz sein, alternativ können im Interesse des Lizenzgebers auch sieben oder acht Jahre vereinbart werden.

8. Verbesserungserfindungen (Ziffer 1.13)

Verbesserungserfindungen sind Weiterentwicklungen der Lizenzierten Rechte, die die Funktionsweise oder die Herstellung der Vertragsprodukte verbessern können. In vielen Fällen ist es sinnvoll, dass sich die Parteien über Verbesserungserfindungen austauschen und sich gegenseitig gewisse Rechte an den Verbesserungserfindungen einräumen. Die Definition von Verbesserungserfindungen ist wichtig, um die Verbesserungserfindungen, an denen die andere Partei Rechte erwirbt, von anderen, parallelen Entwicklungen, an denen die andere Partei nicht beteiligt wird, abzugrenzen.[75]

9. Vertragsgebiet (Ziffer 1.16)

Vertragsgebiet im Sinne des Vertrages können einzelne Länder oder auch alle Länder weltweit, ohne territoriale Beschränkung sein. Bei der reinen Patentlizenz ist ohne ausdrückliche Vereinbarung über die räumliche Geltung in der Regel davon auszugehen, dass sich der

territoriale Geltungsbereich der Lizenzierten Patentrechte und der
Patentlizenz decken. Die Know-how-Lizenz ist dagegen nicht ohne
weiteres territorial begrenzt. Bei gemischten Patent- und Know-
how-Lizenzen ist es sogar üblich, dass für Vertragsgebiete, in denen
kein Patentschutz besteht, zumindest eine Know-how-Lizenz eingeräumt wird.

Bei der Bestimmung des Vertragsgebiets müssen auch kartell- und
vertriebsrechtliche Aspekte berücksichtigt werden. In der TT-GVO
gilt gemäß Art. 4 Abs. 1 lit. c der Grundsatz, dass jede geographi-
sche Aufteilung von Märkten oder Kunden zwischen konkurrierenden Unternehmen eine Kernbeschränkung darstellt. Die TT-GVO
sieht in Art. 4 Abs. 1 lit. c i) bis vii) allerdings einzelne Ausnahmen
von der Kernbeschränkung vor.

§ 2
Lizenzeinräumung

2.1   Der Lizenzgeber räumt dem Lizenznehmer hiermit das aus-
      schließliche Recht ein, die Lizenzierten Rechte für die Ent-
      wicklung, Herstellung, Vermarktung, den Verkauf und die
      sonstige Nutzung von Vertragsprodukten im Anwendungsbe-
      reich und im Vertragsgebiet nach Maßgabe der Bestimmun-
      gen und Beschränkungen dieses Vertrages zu nutzen.

• Variante 1:
2.1   Der Lizenzgeber räumt dem Lizenznehmer hiermit das nicht-
      ausschließliche Recht ein, die Lizenzierten Rechte für die
      Entwicklung, Herstellung, Vermarktung, den Verkauf und
      die sonstige Nutzung von Vertragsprodukten im Anwen-
      dungsbereich und im Vertragsgebiet nach Maßgabe der Be-
      stimmungen und Beschränkungen dieses Vertrages zu nutzen.

• Variante 2:
2.1   Der Lizenzgeber erteilt dem Lizenznehmer eine alleinige Li-
      zenz (d.h., der Lizenzgeber wird eine entsprechende Lizenz
      keinem Dritten einräumen, der Lizenzgeber behält sich und
      seinen Verbundenen Unternehmen jedoch das Recht vor, die
      Lizenzierten Rechte selbst im Anwendungsbereich und im
      Vertragsgebiet zu nutzen), die Lizenzierten Rechte für die
      Entwicklung, Herstellung, Vermarktung, den Verkauf und
      die sonstige Nutzung von Vertragsprodukten im Anwen-
      dungsbereich und im Vertragsgebiet nach Maßgabe der Be-
      stimmungen und Beschränkungen dieses Vertrages zu nutzen.

1. Gegenstand der Lizenz

Gegenstand der Lizenz ist die Teilhabe an oder Überlassung der dem Patent- bzw. Know-how-Inhaber zustehenden Rechte. Dies kann durch jeweils verschieden ausgestaltete Lizenzarten geschehen.

Die **Entwicklungslizenz** beinhaltet das Recht des Lizenznehmers, das Vertragsprodukt auf eigene Kosten selbst zu entwickeln. Der Lizenzgeber überträgt dem Lizenznehmer dabei die Berechtigung, den Gegenstand der Lizenz selbst weiterzuentwickeln. Gebräuchlich ist diese Form der Lizenz, wenn dem Lizenzgeber die finanziellen Mittel bis zur Produktionsreife des Erzeugnisses fehlen und er sich deshalb eines finanziell potenten Lizenznehmers bedient, oder wenn die Lizenz für einen besonderen Anwendungsbereich gewährt wird, in dem der Lizenzgeber nicht tätig ist.

Die Einräumung einer ausdrücklichen Entwicklungslizenz wird bei Lizenzverträgen häufig vergessen, weil der Lizenznehmer davon ausgeht, dass er jedenfalls – also auch ohne diesbezügliche Lizenz – die Technologie weiterentwickeln darf. Dies ist nicht zutreffend. Die Weiterentwicklung einer patentierten Erfindung, die einen geschützten Erfindungsgedanken benutzt, ist in der Regel als Patentverletzung einzustufen, weil in ihrer Ausführung von der Lehre des älteren Patents Gebrauch gemacht wird.[76] Etwas anderes gilt nur im Rahmen des „Versuchsprivilegs" nach § 11 Nr. 2 PatG. Danach ist der Versuch betreffend den Gegenstand der patentierten Erfindung zulässig, um die Wirksamkeit, Verwendbarkeit und Weiterentwicklungsmöglichkeiten einer Erfindung zu prüfen. Unzulässig sind allerdings Versuche, die keinerlei Bezug zur technischen Lehre des Patents aufweisen, sowie der Einsatz einer Erfindung als Hilfsmittel und die Nutzung, um andere abhängige Erfindungen zu entwickeln und wirtschaftlich zu verwerten.[77]

Bei der **Herstellungslizenz** wird dem Lizenznehmer das Recht eingeräumt, das Vertragsprodukt selbst zu produzieren.

Die Herstellungslizenz ist zu unterscheiden von der bloßen Lohnfertigung, für die der Lohnfertiger keine eigene Lizenz benötigt. Zur Abgrenzung bedarf es einer Gesamtwürdigung des Vertrages.[78] Lohnfertigung liegt vor, wenn das Herstellungsinteresse wirtschaftlich beim Auftraggeber und nicht beim Hersteller liegt. Der Lohnhersteller wird typischerweise nach Aufwand bezahlt und nicht auf der Grundlage von Nettoverkaufspreisen. Dem Lohnhersteller wird kein positives Nutzungsrecht an den Vertragsprodukten eingeräumt. Der Auftraggeber lässt den Patentgegenstand vielmehr in fremden Produktionsstätten für sich herstellen.[79]

Die Herstellungslizenz wird unter Umständen bewusst nicht erteilt, wenn der Lizenzgeber den Lizenznehmer mit Vertragsprodukten oder Vorprodukten beliefern will, um sich neben den Lizenzgebühren über den Verkauf eine weitere Einnahmequelle zu sichern.

Typischer Bestandteil der **Vertriebslizenz** ist das Recht zum Vertrieb des Vertragsprodukts. Zum Vertrieb gehört das Anbieten und das Inverkehrbringen des Produktes.

Vertriebspartner des Lizenznehmers, die die vom Lizenznehmer hergestellten Vertragsprodukte vertreiben, benötigen in der Regel keine Lizenz. Dies gilt schon aufgrund der so genannten Erschöpfung der Patentrechte. Erschöpfung tritt ein, wenn der Patentinhaber oder der Lizenznehmer die Produkte in den Verkehr gebracht hat. Der Rechtsinhaber hat dann nicht mehr das Recht, Dritten den weiteren Vertrieb der mit seiner Zustimmung in Verkehr gebrachten Vertragsprodukte zu untersagen.[80] Etwas anderes gilt nur, wenn der Vertriebspartner eigene Benutzungshandlungen vornimmt, z. B. die Produkte selbst verpackt und in eigener Regie vertreibt. Er benötigt dazu eine Unterlizenz. Das ist auch dann der Fall, wenn der Dritte ein mit dem Lizenznehmer verbundenes Konzernunternehmen ist.

Entscheidend für die Abgrenzung von Vertriebslizenz und lizenzfreiem Händlervertrieb ist weiter, wie schon bei der Abgrenzung von Herstellungslizenz und lizenzfreier Lohnherstellung, wer verkauft. Verkauft der Lizenznehmer an den Vertriebshändler, so bedarf es keiner gesonderten Vertriebslizenz für den Händler. Erfolgt dagegen der erste Verkauf durch den Empfänger des Vertragsproduktes, durch einen Vertriebshändler, der in die Vertriebsstruktur des Lizenznehmers eingebunden ist, so bedarf dieser einer Lizenz.[81]

2. Begriff der Ausschließlichkeit

Zu unterscheiden ist zwischen der ausschließlichen Lizenz (Ziffer 2.1 des Mustervertrages), der alleinigen Lizenz (Variante 2 des Mustervertrages) und der nicht-ausschließlichen Lizenz (Variante 1 des Mustervertrages). Weiter kann die Ausschließlichkeit inhaltlich und territorial, in den Grenzen des kartellrechtlich Zulässigen, beliebig beschränkt werden.

Merkmal der **ausschließlichen Lizenz** ist, dass neben dem Lizenznehmer weder der Lizenzgeber noch ein Dritter zur Nutzung der Lizenzierten Patentrechte und des Lizenzierten Know-hows im Anwendungsbereich und im Vertragsgebiet berechtigt ist. Der ausschließliche Lizenznehmer hat eigene Verbietungsrechte, ein eigenes Klagerecht gegen Verletzer und auch gegen den Lizenzgeber. Der Charakter als dingliches Recht hat auch zur Folge, dass jede weitere Verfügung des Lizenzgebers über das Lizenzrecht absolut unwirksam ist. Da er das Patentrecht weggegeben hat, kann er hierüber nicht erneut verfügen.[82]

Der Begriff der **alleinigen Lizenz** bzw. der „sole license" im Englischen, wird üblicherweise so verstanden, dass der Lizenzgeber sich verpflichtet, keinem Dritten eine entsprechende Lizenz zu erteilen, dass der Lizenzgeber und seine Verbundenen Unternehmen jedoch berechtigt sind, die Lizenzierten Rechte selbst zu nutzen. Da es sich bei der „sole license" jedoch nicht um einen feststehenden Begriff handelt, sollte im Vertragstext erklärt werden, was unter der „sole license" zu verstehen ist. Eine solche Erklärung findet sich in der Variante 2 zu Ziffer 2.1 des Vertragsmusters.

Mit der **nicht-ausschließlichen Lizenz** erhält der Lizenznehmer lediglich ein gewöhnliches schuldrechtliches Benutzungsrecht.[83] Der Lizenzgeber kann beliebig viele weitere Lizenzen betreffend den Lizenzgegenstand erteilen und die Lizenzierten Rechte auch selbst unbeschränkt nutzen. Anders als der ausschließliche Lizenznehmer ist der nicht-ausschließliche Lizenznehmer nicht befugt, gegen Dritte, die die Lizenzierten Rechte verletzen, aus eigenem Recht vorzugehen.[84] Für den nicht-ausschließlichen Lizenznehmer empfiehlt es sich daher, vertraglich sicherzustellen, dass die Lizenzierten Rechte verteidigt werden, und sich gegebenenfalls eine Ermächtigung einräumen zu lassen, um selbst im Wege der Prozessstandschaft gegen Rechtsverletzer vorgehen zu können.[85]

Bei der Lizenz sind beliebig viele Gestaltungsmöglichkeiten zur **inhaltlichen und territorialen Ausschließlichkeit** denkbar. So kann beispielsweise vereinbart werden, dass der Lizenzgeber lediglich eine weitere Lizenz an einen Lizenznehmer in Europa für das Vertragsgebiet von Europa erteilen darf und dass der Lizenzgeber selbst die Lizenz nur für ein bestimmtes Produkt in Japan nutzen darf.

3. Sachliche, örtliche und zeitliche Nutzungsbeschränkungen

Nutzungsbeschränkungen in Lizenzverträgen sind regelmäßig auf ihre kartellrechtliche Wirksamkeit zu überprüfen. Grundsätzlich gilt, dass Nutzungsbeschränkungen zulässig sind, solange sie sich im Rahmen des Schutzrechtes bewegen. Unzulässig sind dagegen Beschränkungen, die der Lizenzgeber aufgrund seines Schutzrechtes ohne Lizenzvertrag nicht erreichen könnte. So sind beispielsweise Nutzungsbeschränkungen, die nach dem Wegfall der Lizenzierten Rechte fort gelten sollen, oder die Produkte betreffen, die von den Lizenzierten Rechten nicht umfasst sind, kartellrechtlich unzulässig.

Grundsätzlich sind Regelungen in Lizenzverträgen, die bestimmte Märkte oder Kunden zuweisen, nach der TT-GVO nicht freigestellt, da sie geeignet sind, den Wettbewerb zu beschränken.[86] Nicht unter die Kernbeschränkungen des Artikel 4 der TT-GVO fallen und damit zulässig sind nach Artikel 4 lit. c) Ziffer i) und Ziffer ii) Nutzungsbeschränkungen auf bestimmte **technische Anwendungsbereiche** (sog. „field of use") oder betreffend bestimmte Produktmärkte. Dies gilt zum Beispiel für eine Indikation im Bereich der Pharmazie oder einen Maschinentyp im Bereich der Mechanik. Solchen Vereinbarungen wird ein wettbewerbsfördernder Effekt bescheinigt, da sie einen Anreiz bieten, in die lizenzierte Technologie zu investieren und diese weiterzuentwickeln, und es gerade kleineren Firmen ermöglicht wird, sich auf bestimmte Gebiete zu spezialisieren, die gar nicht in der Lage wären, den gesamten Bereich der Lizenz abzudecken.[87]

Zulässig ist auch die Beschränkung, nur für den Eigenbedarf herzustellen (vgl. Artikel 4 Absatz 1 lit. c) Ziffer vi) TT-GVO). Der Lizenznehmer muss lediglich berechtigt sein, die Bauteile als Ersatzteile für seine eigenen Produkte zu verkaufen und Dritte zu beliefern, die Kundendienste für diese Produkte anbieten.[88]

Schließlich sind Vereinbarungen freigestellt, die den Lizenznehmer lediglich berechtigen, für bestimmte Kunden zu produzieren, um diesen Kunden eine alternative Bezugsquelle (so genannte „second source") zu verschaffen.[89]

Die vorstehend beschriebenen Nutzungsbeschränkungen sind jedenfalls freigestellt, solange die jeweils anwendbaren Marktanteilsschwellen[90] nicht überschritten sind und der Lizenznehmer in der Nutzung seiner eigenen Technologie nicht eingeschränkt wird.[91]

Laut Kommission soll bei Vereinbarungen zwischen Wettbewerbern eine Kernbeschränkung im Sinne von Art. 4 Abs. 1 TT-GVO gegeben sein, wenn diese sich in einer wechselseitigen Vereinbarung darauf verständigen, nicht in bestimmten geographischen Gebieten zu produzieren oder in bestimmten geographischen Gebieten, die der anderen Partei vorbehalten sind, keine aktiven und/oder passiven Verkäufe zu tätigen.[92] Art. 4 Abs. 1 lit. c i bis vii) TT-GVO sieht allerdings sieben Ausnahmeregelungen vor. Greift eine dieser Ausnahmen, stellt die Markt- und Kundenaufteilung keine Kernbeschränkung dar.

Im Hinblick auf örtliche Nutzungsbeschränkungen zwischen Wettbewerbern ist vor allem die Ausnahmeregelung in Artikel 4

Abs. 1 lit. c) Ziffer iii) TT-GVO von Bedeutung, wonach keine Kernbeschränkung vorliegt, wenn dem Lizenznehmer bestimmte Vertragsgebiete exklusiv zugewiesen werden und er sich verpflichtet, von aktiven Verkäufen in das Exklusivgebiet oder die Exklusivkundengruppe anderer Lizenznehmer oder des Lizenzgebers Abstand zu nehmen. Ein Verbot passiver Verkäufe ist zwischen Wettbewerbern nicht freigestellt.

In Vereinbarungen zwischen Nicht-Wettbewerbern sind neben dem Verbot aktiver Verkäufe auch Beschränkungen von passiven Verkäufen in das Exklusivgebiet oder die Exklusivkundengruppe des Lizenznehmers während eines Zeitraums von zwei Jahren ab dem ersten Inverkehrbringen des Vertragsproduktes freigestellt (Artikel 4 Abs. 2 lit. b) Ziff. ii) TT-GVO). Grund für diese Regelung ist, dass der Lizenznehmer häufig umfangreiche Investitionen in Produktionsanlagen und Werbung tätigen muss, um ein neues Verkaufsgebiet zu erschließen, Investitionen, die er ohne einen befristeten Schutz auch vor passiven Verkäufen anderer Lizenznehmer nicht machen würde.[93] Beschränkungen des passiven Verkaufs nach Ablauf der zwei Jahre werden als Kernbeschränkungen eingestuft und werden generell von Artikel 81 Abs. 1 des EGV erfasst.

Grundsätzlich steht es den Vertragsparteien frei, im Rahmen der kartellrechtlichen Grenzen die **Dauer des Lizenzvertrages** frei zu vereinbaren. Erfolgt keine schriftliche Fixierung der Dauer, so gilt bei Patenlizenzen im Zweifel der Lizenzvertrag für die Laufzeit der Patente vereinbart.[94] Die gesetzliche Patentdauer besteht gem. § 16 Abs. 1 Satz 1 PatG bzw. Art. 63 Abs. 1 EPÜ ab der Patentanmeldung für einen Zeitraum von 20 Jahren. Voraussetzung dafür ist, dass die nach § 17 PatG anfallenden Jahresgebühren gezahlt werden. Da die Wirkung des Patentrechts nach § 58 Abs. 1 S. 3 PatG bzw. Art. 97 Abs. 4 EPÜ erst mit der Veröffentlichung der Erteilung im Patentblatt eintreten, ist die effektive Schutzdauer des Patentes jedoch geringer. Bei mehreren Schutzrechten mit unterschiedlichen Laufzeiten ist eine Vereinbarung zwischen den Vertragspartnern möglich, welche besagt, dass das am längsten laufende, vertragswesentliche bzw. notwendige Schutzrecht das Vertragsende bestimmt.[95]

§ 3
Unterlizenzen

3.1   Der Lizenznehmer ist nicht berechtigt, Unterlizenzen an Dritte zu erteilen.

- Variante 1:
  Der Lizenznehmer ist berechtigt, nach vorheriger schriftlicher Zustimmung des Lizenzgebers Unterlizenzen an Dritte zu erteilen. Die schriftliche Zustimmung darf nur aus wichtigem Grund verweigert werden.

- Variante 2:
  Der Lizenznehmer ist berechtigt, alle Rechte aus diesem Vertrag an ein Verbundenes Unternehmen und in Bezug auf die Vermarktung und den Verkauf der Vertragsprodukte an jeden Dritten unterzulizenzieren.

3.2   Ist der Lizenznehmer zur Erteilung von Unterlizenzen berechtigt, so wird er dem Unterlizenznehmer Verpflichtungen auferlegen, die den Verpflichtungen des Lizenznehmers aus diesem Vertrag entsprechen, und er wird sicherstellen, dass der Unterlizenznehmer alle Berichts-, Buchführungs- und Geheimhaltungsverpflichtungen einhält. Der Lizenznehmer wird den Lizenzgeber über den Abschluss eines Lizenzvertrages unverzüglich informieren.

Ergänzung (im Interesse des Lizenzgebers):
...... und dem Lizenzgeber eine Kopie des Unterlizenzvertrages überlassen.

3.3   Das Recht zur Unterlizenzvergabe umfasst das Recht, den Unterlizenznehmer zur Vergabe von Unterunterlizenzen zu berechtigen.

Inhalt der Erläuterungen zu § 3:

1. Bedeutung von Unterlizenzen
2. Weitergabeverpflichtung
3. Unterunterlizenzen, Übertragung von Unterlizenzen
4. Bestand von Unterlizenzen bei Wegfall der Hauptlizenz
5. Unberechtigte Erteilung von Unterlizenzen

1. Bedeutung von Unterlizenzen

Das Recht des Lizenznehmers, Unterlizenzen einzuräumen, kann sehr unterschiedlich ausgestaltet werden. Ob und in welchem Umfang Unterlizenzen eingeräumt werden dürfen, wird von kommerziellen Erwägungen bestimmt. Ein Lizenznehmer, der lediglich die weitere Entwicklung übernimmt, um das Produkt in einem fortgeschrittenen Stadium wieder auszulizenzieren – wie dies beispielsweise bei Biotechnologie-Unternehmen der Fall sein kann – ist darauf angewiesen, Unterlizenzen und das Recht zur Vergabe von Unterunterlizenzen einräumen zu können. Ist der Lizenznehmer dagegen ein Industrieunternehmen, das das Produkt selbst auf den Markt bringen und vertreiben möchte, spielt das Recht zur Unterlizenzvergabe für den Lizenznehmer eine weniger entscheidende Rolle. In diesem Fall mag es so sein, dass der Lizenzgeber gerade den Lizenznehmer ausgesucht hat, weil er den Lizenznehmer für den geeigneten Partner hält, um die Produkte im Vertragsgebiet auf den Markt zu bringen. Der Lizenzgeber möchte nicht, dass der Lizenznehmer seine Verantwortung zur Ausübung der Lizenz an einen Dritten überträgt. Häufig will der Lizenzgeber auch verhindern, dass ein direkter Wettbewerber in den Besitz einer Lizenz an seinen Patenten und seinem Know-how kommt. Für solche Fälle bietet sich an, dass der Vertrag einen Zustimmungsvorbehalt vorsieht. Danach kann die Zustimmung aus wichtigem Grund vom Lizenzgeber verweigert werden, wobei ausdrücklich geregelt werden kann, dass die Unterlizenzierung an Wettbewerber – oder sogar an einzeln benannte Wettbewerber – einen wichtigen Grund darstellt, die Zustimmung zu verweigern.

2. Weitergabeverpflichtung

Ist der Lizenznehmer – mit oder ohne Zustimmung – zur Unterlizenzvergabe berechtigt, so sollte eine so genannte Weitergabeverpflichtung vereinbart sein, die es dem Lizenznehmer als Unterlizenzgeber auferlegt, Unterlizenzverträge nur zu solchen Bedingungen einzuräumen, die den Bedingungen des Hauptlizenzvertrages entsprechen. Dies gilt vor allem für die Berichts- und Prüfungspflichten, da der Lizenzgeber auch die Bücher des Unterlizenznehmers einsehen und prüfen können muss, um die Richtigkeit der Lizenzgebührabrechnung festzustellen, und für die Geheimhaltungsverpflichtung.

3. Unterunterlizenzen, Übertragung von Unterlizenzen

Fraglich ist, ob ohne eine ausdrückliche vertragliche Regelung von einer Berechtigung des Unterlizenznehmers ausgegangen werden kann, selbst Unterunterlizenzen zu erteilen. Bei einer ausschließlichen Lizenz des Unterlizenznehmers wird – wie bei der ausschließlichen Lizenz des Lizenznehmers – im Zweifel ein konkludent erteiltes Recht des Unterlizenznehmers bejaht.[96] Nach anderen Rechtsordnungen wird eine solche Vermutung der Berechtigung zur Unterunterlizenzvergabe dagegen nicht angenommen. Wegen der bestehenden Unsicherheit ist dringend zu empfehlen, nicht nur das Recht zur Unterlizenzvergabe, sondern auch das Recht zur Unterunterlizenzvergabe ausdrücklich zu regeln.

4. Bestand von Unterlizenzen bei Wegfall der Hauptlizenz

Der Unterlizenznehmer leitet seine Nutzungsrechte von der Lizenz des Hauptlizenznehmers ab. Endet der Vertrag zwischen dem Lizenzgeber und dem Lizenznehmer, etwa weil der Lizenzgeber aus wichtigem Grund kündigt, so entfällt damit nach ganz herrschender Auffassung die Grundlage der Unterlizenz.[97] In der Literatur wird zum Teil die Auffassung vertreten, dass bei Wegfall der Hauptlizenz lediglich ein bereicherungsrechtlicher Anspruch des Hauptlizenzgebers auf Rückübertragung der Rechte des Unterlizenznehmers besteht. Begründet wird dies mit dem im bürgerlichen Recht geltenden Abstraktionsprinzip, wonach das auf Einräumung oder Übertragung von Nutzungsrechten gerichtete Verfügungsgeschäft abstrakter Natur und vom Gültigbleiben des Schuldvertrages losgelöst ist.[98]

Für den Unterlizenznehmer bedeutet die Kündigung der Hauptlizenz ein unkalkulierbares Risiko. Um dieses Risiko auszuschließen, ist es sinnvoll, zu vereinbaren, dass der Lizenzgeber im Falle der Kündigung der Hauptlizenz die Lizenz direkt dem Unterlizenznehmer einräumt.[99]

5. Unberechtigte Erteilung von Unterlizenzen

Da es keinen gutgläubigen Erwerb von Rechten gibt, kann der Lizenznehmer ohne Zustimmung des Lizenzgebers keine Unterlizenzen erteilen; eine entsprechende Vereinbarung zwischen dem Lizenznehmer und einem Dritten geht ins Leere. In diesem Fall bestehen lediglich schuldrechtliche Schadensersatzansprüche des Dritten gegen den Lizenznehmer, weil dieser dem Dritten nicht die versprochenen Rechte einräumen konnte.

§ 4
Option/Vorlizenzrecht

[Option]
4.1 Mit Inkrafttreten dieses Vertrages erteilt der Lizenzgeber dem Lizenznehmer, und der Lizenznehmer akzeptiert eine exklusive Option für die Dauer von *[...... (......) Monaten]* („Optionsfrist") auf Erwerb einer exklusiven Lizenz zur Nutzung der in <u>Anlage 4.1</u> gelisteten Patentrechte und des dort genannten Know-hows („Optionsrechte"). Wird die Option ausgeübt, so gelten für die Lizenz die Bedingungen dieses Vertrages und die in Anlage 4.1 genannten zusätzlichen Lizenzgebühren.

4.2 Der Lizenznehmer wird die Option schriftlich gegenüber dem Lizenzgeber ausüben. Mit Zugang der schriftlichen Nachricht des Lizenznehmers, dass er die Option ausübt, wird die Lizenz an den Optionsrechten wirksam.

Ergänzung (im Interesse des Lizenznehmers):
4.3 Der Lizenzgeber gewährt dem Lizenznehmer für die Dauer der Optionsfrist eine nicht-ausschließliche Lizenz zur Nutzung der Optionsrechte im Anwendungsbereich und im Vertragsgebiet, um dem Lizenznehmer die Möglichkeit der Prüfung und Evaluierung der Optionsrechte für seine Zwecke zu ermöglichen.

4.4 Für die exklusive Option, die der Lizenzgeber dem Lizenznehmer nach vorstehender Ziffer 4.1 gewährt, *[und für die nicht-ausschließliche Lizenz nach Ziffer 4.3]* zahlt der Lizenznehmer an den Lizenzgeber innerhalb von dreißig (30) Tagen nach dem Inkrafttreten dieses Vertrages *[Euro [......] (......)]*.

4.5 Übt der Lizenznehmer die Option auf Erwerb einer exklusiven Lizenz nicht innerhalb der Optionsfrist aus, so erlischt die Option bei Ende der Optionsfrist.

Ergänzung (im Interesse des Lizenznehmers):
4.6 Übt der Lizenznehmer die Option gemäß dieser Ziffer 4 aus, so *[ist die Optionsgebühr/sind fünfzig Prozent (50%) der Optionsgebühr]* gemäß Ziffer 4.4 mit den *[Vorauszahlungen/Meilensteinzahlungen/Lizenzgebühren]* in nachstehender Ziffer 7 zu verrechnen.

[Vorlizenzrecht]

4.1 Mit Inkrafttreten dieses Vertrages und für die Dauer von *[...... (......) Monaten]* erhält der Lizenznehmer ein Vorlizenzrecht auf Erwerb einer exklusiven Lizenz an den in <u>Anlage 4.1</u> gelisteten Patentrechten und dem dort genannten Know-how („Vorlizenzrechte"). Der Lizenzgeber wird dem Lizenznehmer das Vorlizenzrecht anbieten, wenn er beabsichtigt, einzelne oder alle Vorlizenzrechte an einen Dritten zu lizenzieren.

4.2 Damit der Lizenznehmer sein Recht auf Vorlizenz ausüben kann, wird der Lizenzgeber dem Lizenznehmer alle Daten und alle sonstigen Informationen zur Verfügung stellen, die der Lizenznehmer nach Treu und Glauben benötigt, um zu prüfen, ob er daran interessiert ist, sein Vorlizenzrecht nach dieser Ziffer 4 auszuüben, und die der Lizenzgeber auch einem potenziellen Dritten Lizenznehmer zur Verfügung stellt. Der Lizenznehmer wird den Lizenzgeber innerhalb von sechzig (60) Tagen nach Erhalt der Daten und Informationen informieren, ob er daran interessiert ist, sein Vorlizenzrecht auszuüben. Informiert der Lizenznehmer den Lizenzgeber rechtzeitig von seinem Interesse, so wird der Lizenzgeber dem Lizenznehmer schriftlich angemessene Konditionen für den Erwerb einer exklusiven Lizenz an den Vorlizenzrechten anbieten. Der Lizenzgeber und der Lizenznehmer werden nach Treu und Glauben die Konditionen einer exklusiven Lizenz an den Vorlizenzrechten innerhalb von neunzig (90) Tagen, nachdem der Lizenznehmer den Lizenzgeber über sein Interesse an den Vorlizenzrechten informiert hat, verhandeln.

4.3 Informiert der Lizenznehmer den Lizenzgeber nicht rechtzeitig von seinem Interesse an den Vorlizenzrechten oder einigen sich der Lizenzgeber und der Lizenznehmer nicht innerhalb von einhundertfünfzig (150) Tagen, nachdem der Lizenznehmer die Daten und Informationen erhalten hat, so ist der Lizenzgeber frei, einen Lizenzvertrag mit einem Dritten zu Bedingungen abzuschließen, die insgesamt nicht günstiger sein dürfen, als die Bedingungen, die der Lizenzgeber dem Lizenznehmer verbindlich angeboten hat.

Inhalt der Erläuterungen zu § 4:

1. Allgemeines
2. Optionsgebühr
3. Bedingungen bei Optionsausübung
4. Vorlizenzrecht

1. Allgemeines

Der Lizenzerteilung wird häufig eine Option vorgeschaltet. Mit der Option erwirbt der potenzielle Lizenznehmer das Recht, innerhalb der Optionsfrist eine Lizenz zu erwerben. Der Lizenzgeber verzichtet darauf, während der Optionsfrist einem Dritten eine Lizenz einzuräumen. Typische Fälle einer Option sind beispielsweise Forschungs- und Entwicklungsvorhaben. Der potenzielle Lizenznehmer testet zunächst die Technologie des Lizenzgebers und prüft, ob die Technologie für ihn von Interesse ist. Mittels der Option hat der potenzielle Lizenznehmer die Sicherheit, dass er die Lizenz auch tatsächlich erhält, wenn das Forschungs- und Entwicklungsvorhaben erfolgreich ist.

Das vorliegende Vertragsmuster sieht vor, dass der Lizenznehmer neben der Lizenz an den Lizenzierten Rechten eine Option für eine andere Gruppe von Rechten, hier als Optionsrechte bezeichnet, erwirbt. Das Vertragsmuster kann mit wenig Aufwand so umgearbeitet werden, dass die Option vorab und ohne eine parallele Lizenz erteilt wird.

Ziffer 4.3 sieht vor, dass der Lizenznehmer die Optionsrechte während der Optionsfrist für Entwicklungszwecke nutzen darf. Häufig kann der Lizenznehmer erst nachdem er die Optionsrechte für seine Zwecke geprüft und erste Entwicklungen durchgeführt hat, entscheiden, ob er die Optionsrechte für seine Zwecke nutzen kann. Wichtig für den Lizenzgeber ist allerdings sicherzustellen, dass der Lizenznehmer die Entwicklungslizenz nicht nutzt, um abhängige Schutzrechte anzumelden, die der Lizenznehmer dem Lizenzgeber später entgegenhalten kann, wenn er die Option nicht ausgeübt hat und der Lizenzgeber oder ein Dritter die Entwicklung weiterführt.

2. Optionsgebühr

Für die Option zahlt der potenzielle Lizenznehmer typischerweise eine Optionsgebühr, die Ausgleich für den Verzicht des Lizenzgebers ist, die Rechte während der Optionsfrist an einen Dritten zu lizenzieren, und die dem Lizenznehmer Zeit gibt, zu überlegen, ob er tatsächlich an der Lizenz interessiert ist.[100] Viele Verträge sehen vor, dass die Optionsgebühr ganz oder teilweise mit Lizenzgebühren verrechnet werden kann, wenn der Lizenznehmer die Option ausübt.

Die Option und die Höhe der Optionsgebühr können auch zeitlich gestaffelt werden. Der Vertrag kann beispielsweise vorsehen, dass der Lizenznehmer die Optionsfrist zweimal um jeweils sechs Monate verlängern kann, und für jede Verlängerung eine weitere Optionsgebühr zu zahlen hat.

3. Bedingungen bei Optionsausübung

Idealerweise vereinbaren der potenzielle Lizenzgeber und der potenzielle Lizenznehmer bereits mit dem Optionsvertrag die Bedingungen des Lizenzvertrages. Dem Optionsvertrag sollte ein ausverhandelter Lizenzvertrag beigefügt sein, der mit der Erklärung des Lizenznehmers, dass er die Option ausübt, wirksam wird und der gegenstandslos wird, wenn die Option nicht innerhalb der Optionsfrist ausgeübt wurde. Im Vertragsmuster müssen in einer solchen Anlage nur die finanziellen Konditionen der weiteren Lizenz geregelt sein, da im Übrigen auf die Bedingungen der originären Lizenz verwiesen wird. In der Praxis sieht man leider häufig eine „Option", die die Konditionen der Lizenz, insbesondere die Lizenzgebühren noch offen lässt, und daher besser als ein erstes Recht zur Verhandlung (Right of First Negotiation) bezeichnet werden sollte. Der Lizenznehmer ist bei Optionsausübung – also in einem Zeitpunkt, in dem der Lizenzgeber das Interesse des Lizenznehmers an der Lizenz kennt – oft in einer schlechteren Verhandlungsposition, als bei Optionserteilung. Gleichzeitig ist es für den Lizenzgeber ungünstig, wenn er sich gegenüber dem Lizenznehmer verpflichten muss, keinem Dritten eine Lizenz einzuräumen, aber nicht weiß, welche Lizenzgebühren er später erzielen kann. Auch wenn die Verhandlung eines Lizenzvertrages mühsam ist, während sich die Option schnell vereinbaren lässt, empfiehlt es sich dringend, diese Verhandlungen rechtzeitig zu führen.

4. Vorlizenzrecht

Ist der Lizenzgeber Inhaber von gewerblichen Schutzrechten, die bei Vertragsabschluss (noch) nicht Vertragsgegenstand werden sollen, für die sich der Lizenznehmer jedoch vorbehalten möchte, diese zu einem späteren Zeitpunkt zu erwerben, kommt neben der Option auch ein Vorlizenzrecht in Betracht. Mit dem Vorlizenzrecht erhält der Lizenznehmer Sicherheit, dass kein Dritter Rechte erwirbt, die er selbst gerne erwerben möchte. Vorteil des Vorlizenzrechts gegenüber der Option ist auch, dass die Konditionen der Ausübung des Vorlizenzrechts bei Unterzeichnung des Hauptlizenzvertrages noch nicht ausverhandelt sein müssen. Für das Vorlizenzrecht ist vielmehr der Marktwert der zu lizenzierenden Rechte zum jeweiligen Zeitpunkt maßgeblich. Der Lizenzgeber verpflichtet sich nämlich, die Rechte nicht zu günstigeren Bedingungen auszulizenzieren, als er sie dem Lizenznehmer angeboten hat.

Das Vorlizenzrecht wird typischerweise auch für einen längeren Zeitraum eingeräumt, als die Option, ggf. sogar zeitlich unbeschränkt, da es den Lizenzgeber nicht blockiert.

Nachteil des Vorlizenzrechts für den Lizenzgeber ist, dass er bei Verhandlungen mit Dritten eingeschränkt ist. Er muss jedenfalls die Frist des Vorlizenzrechts – im Vertragsmuster 150 Tage – abwarten, bis er mit einem Dritten einen Lizenzvertrag abschließen kann. Um sich nicht nach den Grundsätzen der culpa in contrahendo gegenüber dem Dritten haftbar zu machen, sollte der Lizenzgeber den Dritten auch informieren, dass ein Lizenzvertrag nur unter dem Vorbehalt zustande kommen kann, dass der erste Lizenznehmer sein Vorlizenzrecht nicht ausübt. Wichtig für den Lizenzgeber ist, dass er nach der vertraglichen Regelung berechtigt ist, bereits während der Frist des Vorlizenzrechts mit Dritten zu verhandeln, und dass er mit den Verhandlungen nicht erst beginnen darf, nachdem der Lizenznehmer mitgeteilt hat, dass er an einer Lizenz nicht interessiert ist.

Eine weitere Alternative, die sich in Lizenzverträgen findet, ist das „Right of First Negotiation". Der Lizenzgeber verpflichtet sich danach, den Lizenznehmer zu informieren, wenn er beabsichtigt, bestimmte Rechte auszulizenzieren, und mit dem Lizenznehmer nach den Grundsätzen von Treu und Glauben über den Erwerb einer Lizenz zu verhandeln. Weitere Verpflichtungen zulasten des Lizenzgebers enthält das „Right of First Negotiation" dagegen nicht, insbesondere verbietet das „Right of First Negotiation" dem Lizenzgeber nicht, mit einem Dritten zu Konditionen abzuschließen, die für den Dritten günstiger sind, als die Konditionen, die der Lizenznehmer angeboten hat.

§ 5
Übergabe des Lizenzierten Know-hows

5.1 Unverzüglich nach dem Inkrafttreten des Vertrages wird der Lizenzgeber dem Lizenznehmer ein Datenpaket zur Verfügung stellen, das das gesamte Lizenzierte Know-how beinhaltet.

Ergänzung (im Interesse des Lizenznehmers):
5.2 Nach Inkrafttreten des Vertrages und während der Laufzeit des Vertrages wird der Lizenzgeber dem Lizenznehmer un-

verzüglich das gesamte weitere Lizenzierte Know-how zur Verfügung stellen, das dem Lizenzgeber bekannt wird.

5.3 Falls der Lizenznehmer Grund zu der Annahme hat, dass das Lizenzierte Know-how in dem Datenpaket, das der Lizenzgeber übergeben hat, unvollständig ist, wird der Lizenznehmer dies dem Lizenzgeber schriftlich mitteilen und der Lizenzgeber wird sich nach Kräften bemühen, innerhalb von dreißig (30) Tagen nach Zugang der Mitteilung des Lizenznehmers ergänzende Unterlagen zum Lizenzierten Know-how zur Verfügung zu stellen.

Ergänzung (im Interesse des Lizenznehmers):

5.4 Auf Wunsch des Lizenznehmers, wird ein Mitarbeiter des Lizenzgebers, der mit dem Lizenzierten Know-how vertraut ist, dem Lizenznehmer für Fragen betreffend das Lizenzierte Know-how zur Verfügung stehen und den Lizenznehmer bei der Umsetzung des Lizenzierten Know-hows in angemessener Weise unterstützen. Die Verpflichtung zur Unterstützung beschränkt sich auf *[fünf (5) Arbeitstage]* innerhalb eines Zeitraumes von *[zwei (2) Jahren]* nach dem Inkrafttreten des Vertrages. Der Lizenzgeber wird ein schriftliches Protokoll erstellen, in dem die Informationen und Unterlagen, die dem Lizenznehmer übergeben wurden, aufgelistet sind, und das Protokoll ist vom Lizenznehmer freizugeben.

Inhalt der Erläuterungen zu § 5:

Das lizenzierte Know-how muss dem Lizenznehmer in der Regel erst mitgeteilt werden, wenn er das Recht zur Nutzung erworben hat. Hat der Lizenznehmer schon im Rahmen einer Prüfung vor Abschluss des Patent- und Know-how-Lizenzvertrages Zugang zu dem Lizenzierten Know-how erhalten, so muss das Lizenzierte Knowhow möglicherweise ergänzt werden, um dem Lizenznehmer die Umsetzung des Know-hows für Zwecke des Vertrages zu ermöglichen.

Je nachdem, ob nur das bei Inkrafttreten des Vertrages vorhandene Know-how lizenziert wird, oder ob Gegenstand des Vertrages auch Know-how ist, das der Lizenzgeber während der Laufzeit des Vertrages entwickelt, besteht die Verpflichtung zur Übergabe des Vertrages einmal oder fortlaufend während des Vertrages.

Die Unterstützungsverpflichtung kann auch Gegenstand einer separaten Regelung zur Zusammenarbeit der Parteien zur Entwicklung des Vertragesproduktes sein. Bei einer zeitlich aufwendigen Unterstützungsverpflichtung oder wenn der zeitliche Aufwand nicht abzusehen ist, sollte eine Aufwandsentschädigung, etwa auf Grundlage so genannter FTE (full time equivalent)-Sätze vereinbart werden.

§ 6
Rechte an Verbesserungen [, Austausch von Entwicklungsdaten]

6.1 Der Lizenzgeber ist Inhaber aller von ihm entwickelten Verbesserungserfindungen und der Lizenznehmer erwirbt mit Ausnahme der nachfolgend genannten Befugnisse keinerlei Rechte und Lizenzen an den Verbesserungserfindungen.

6.2 Falls der Lizenzgeber bzw. ein Verbundenes Unternehmen während der Laufzeit dieses Vertrages Verbesserungserfindungen in Bezug auf die Nutzung der Vertragsprodukte im Anwendungsbereich macht, wird der Lizenzgeber den Lizenznehmer von den Verbesserungserfindungen rechtzeitig schriftlich informieren und dem Lizenznehmer ein Datenpaket zur Verfügung stellen, das nach Auffassung des Lizenzgebers alle Informationen, das Know-how und andere Daten enthält, die der Lizenznehmer benötigt, um die Verbesserungserfindungen für die Entwicklung, Herstellung, die Vermarktung, den Verkauf und/oder die Nutzung der Vertragsprodukte im Anwendungsbereich einsetzen zu können. Der Lizenzgeber räumt hiermit dem Lizenznehmer die nichtausschließliche, nach Maßgabe von Ziffer 24.6 zeitlich unbeschränkte, kostenfreie Lizenz ein, die Verbesserungserfindungen und alle Informationen, das Know-how und andere Daten, die sich auf die Verbesserungserfindungen beziehen und die dem Lizenznehmer vom Lizenzgeber zur Verfügung gestellt wurden, zu nutzen, um die Vertragsprodukte im Anwendungsbereich und im Vertragsgebiet und nach Maßgabe der Beschränkungen in den vorstehenden Ziffern 2 und 3 entwickeln, herstellen, vermarkten, verkaufen und auf sonstige Weise nutzen zu können. Für Verbesserungserfindungen von anderen Lizenznehmern des Lizenzgebers gilt diese Ziffer 6.2 entsprechend, soweit der Lizenzgeber berechtigt ist, an diesen Verbesserungserfindungen Unterlizenzen zu erteilen.

• Variante:
6.2 ...... Der Lizenzgeber räumt hiermit dem Lizenznehmer eine nicht-ausschließliche und kostenfreie Lizenz ein, während der Laufzeit dieses Vertrages die Verbesserungserfindungen ......

Der Lizenznehmer ist berechtigt, die nicht-ausschließliche Lizenz an Verbesserungserfindungen nach Beendigung dieses Vertrages gegen Zahlung einer angemessenen Lizenzgebühr zu verlängern.

6.3 Der Lizenznehmer ist Inhaber aller von ihm entwickelten Verbesserungserfindungen und der Lizenzgeber erwirbt mit Ausnahme der nachfolgend genannten Befugnisse keinerlei Rechte und Lizenzen an den Verbesserungserfindungen.

6.4 Falls der Lizenznehmer, seine Verbundenen Unternehmen oder Unterlizenznehmer während der Laufzeit dieses Vertrages Verbesserungserfindungen in Bezug auf die Nutzung der Vertragsprodukte im Anwendungsbereich machen, wird der Lizenznehmer den Lizenzgeber von den Verbesserungserfindungen rechtzeitig schriftlich informieren und dem Lizenzgeber ein Datenpaket zur Verfügung stellen, das nach Auffassung des Lizenznehmers alle Informationen, das Know-how und andere Daten enthält, die der Lizenzgeber benötigt, um die Verbesserungserfindungen für die Entwicklung, Herstellung, Vermarktung, den Verkauf und/oder die sonstige Nutzung von Produkten unbeschadet der Lizenzen des Lizenznehmers nach diesem Vertrag einsetzen zu können. Der Lizenznehmer räumt hiermit dem Lizenzgeber die nicht-ausschließliche, nach Maßgabe von Ziffer 24.7 zeitlich unbeschränkte, kostenfreie Lizenz ein, die Verbesserungserfindungen und alle Informationen, das Know-how und andere Daten, die sich auf die Verbesserungserfindungen beziehen und die dem Lizenzgeber vom Lizenznehmer zur Verfügung gestellt wurden, zu nutzen und unterzulizenzieren, um Produkte (i) im Anwendungsbereich und außerhalb des Vertragsgebietes bzw. (ii) außerhalb des Anwendungsbereiches entwickeln, herstellen, vermarkten, verkaufen und auf sonstige Weise nutzen zu können.

• Variante:
6.4 ...... Der Lizenznehmer räumt hiermit dem Lizenzgeber die nicht-ausschließliche und kostenfreie Lizenz ein, während der Laufzeit dieses Vertrages die Verbesserungserfindungen ...... Der Lizenzgeber ist berechtigt, die nicht-ausschließliche Lizenz an Verbesserungserfindungen nach Beendigung dieses Vertrages gegen Zahlung einer angemessenen Lizenzgebühr zu verlängern.

Ergänzung:
6.5 Die Parteien werden untereinander alle Entwicklungsdaten, beispielsweise Studienberichte, Herstellungsdokumentatio-

nen, Prüfberichte, Zulassungsunterlagen, austauschen, die sie
oder ihre jeweiligen Lizenznehmer bzw. Unterlizenznehmer
generieren. Jede Partei und ihre jeweiligen Lizenznehmer und
Unterlizenznehmer sind berechtigt, die Entwicklungsdaten,
die ihnen nach dieser Ziffer 6.5 zur Verfügung gestellt werden, gemäß den jeweiligen Lizenzen an Verbesserungserfindungen der anderen Partei gemäß Ziffern 6.2 und 6.4 kostenfrei zu nutzen. Die Entwicklungsdaten stellen Vertrauliche
Informationen der jeweiligen Partei, die die Entwicklungsdaten generiert hat, dar.

1. Allgemeines

Ist davon auszugehen, dass weitere Entwicklungen an dem Vertragsprodukt vorgenommen werden, und handelt es sich nicht um
eine einmalige und gewissermaßen in sich abgeschlossene Entwicklung, die bereits serienreif vorliegt und voll funktionsfähig ist, sollte
in dem Vertrag geregelt werden, welche Verpflichtungen für die
Vertragparteien entstehen, wenn sie zukünftig solche Erfindungen
machen oder entsprechendes Know-how erlangen. Ohne eine da-
hingehende Vertragsabsprache sind die Parteien nicht verpflichtet,
Verbesserungen der jeweils anderen Partei mitzuteilen oder gar zur
Verfügung zu stellen.[101]
    Da Verbesserungserfindungen für beide Parteien sehr wertvoll
sein können, mag es sich empfehlen, Verbesserungen und Weiterentwicklungen gegenseitig auszutauschen und sich gegenseitige
Lizenzen einzuräumen, wobei in der Regel sinnvoll ist, zu vereinbaren, dass der Lizenzgeber die Verbesserungserfindungen des Lizenznehmer nur außerhalb des Lizenzierten Vertragsgebietes bzw.
außerhalb des Lizenzierten Anwendungsbereiches nutzen darf, während dem Lizenznehmer ein Recht zur Nutzung der Verbesserungserfindungen des Lizenzgebers nur für Zwecke und im Rahmen
der Lizenz vorbestehender Patentrechte und Know-hows zustehen
soll.

2. Verbesserungserfindungen des Lizenzgebers

Im Rahmen eines Technologietransfers, bei dem der Lizenzgeber berechtigt bleibt, die Lizenzierten Rechte selbst weiterzuentwickeln, wird der Lizenznehmer darauf bestehen, dass künftige Verbesserungen und Weiterentwicklungen des Lizenzgebers betreffend die Lizenzierten Rechte in die Lizenz mit einbezogen werden. Anderenfalls müsste der Lizenznehmer befürchten, dass der Lizenzgeber – der mit der Lizenzierten Technologie besser vertraut ist, als der Lizenznehmer – nach Abschluss des Vertrages eine Weiterentwicklung vornimmt, und die den Lizenzierten Rechten zugrunde liegende Technologie so veraltet.

In Betracht kommt, die künftigen Verbesserungserfindungen und Weiterentwicklungen bereits zum Gegenstand der Lizenz zu machen, indem sie unter den Begriff der „Lizenzierten Patentrechte" bzw. des „Lizenzierten Know-hows" fallen.[102] Zu beachten ist hier lediglich, dass nur solche Verbesserungserfindungen und Weiterentwicklungen zu einer Verlängerung der Lizenz führen dürfen, die für die Lizenz wesentlich sind.[103]

Alternativ kann – wie in Ziffer 6 des Vertragsmusters – vereinbart werden, dass der Lizenzgeber dem Lizenznehmer, der Inhaber einer exklusiven Lizenz an der vorbestehenden Technologie ist, lediglich eine nicht-exklusive Lizenz an den Verbesserungserfindungen und Weiterentwicklungen einräumt. Damit hat der Lizenznehmer die Möglichkeit, von Verbesserungen zu profitieren, und der Lizenzgeber kann die Verbesserungserfindungen ohne Belastung mit einer exklusiven Lizenz weiter benutzen.

Weiter kann die Lizenz an Verbesserungserfindungen zeitlich beschränkt werden, etwa auf Verbesserungen und Weiterentwicklungen, die während der ersten fünf Jahre nach dem Inkrafttreten des Vertrages entstehen.

Die Lizenz an Verbesserungserfindungen hat keinen Einfluss auf die Laufzeit des Vertrages und die Dauer der Zahlungsverpflichtung, was allerdings zur Folge haben kann, dass der Lizenzgeber dem Lizenznehmer bei Auslaufen der Lizenz, wenn also die Basispatente ausgelaufen sind, die noch laufenden Patente an den Verbesserungen und Weiterentwicklungen entgegenhalten könnte. Hier kommt in Betracht zu vereinbaren, dass die Lizenz zur Nutzung von Verbesserungen und Weiterentwicklungen nach Vertragsbeendigung fortbesteht, *wenn die Beendigung des Vertrages nicht von dem Lizenznehmer der Verbesserungen und Weiterentwicklungen verschuldet wurde.*[104] Alternativ kann dem Lizenznehmer eine Option eingeräumt werden, an diesen Verbesserungen und

Weiterentwicklungen nach Ende des Vertrages eine Lizenz zu erwerben.

3. Verbesserungserfindungen des Lizenznehmers

Für den Lizenzgeber sind Verbesserungserfindungen des Lizenznehmers insbesondere dann von großem Interesse, wenn der Lizenznehmer Rechte nur für einzelne Vertragsgebiete oder einzelne Anwendungsbereiche erworben hat und andere Vertragsgebiete bzw. Anwendungsbereiche vom Lizenzgeber selbst betreut bzw. an Dritte lizenziert werden. Verbesserungserfindungen, die der Lizenznehmer beispielsweise für das Vertragsgebiet der USA entwickelt, können auch für Europa und andere Länder relevant sein und den Wert des Paketes, das der Lizenzgeber für andere Vertragsgebiete anbieten kann, erhöhen.

4. Exklusive oder nicht-exklusive Lizenz an Verbesserungserfindungen

Die Lizenz an Verbesserungserfindungen wird typischerweise in beiden Richtungen auf nicht-exklusiver Basis gewährt. Gegenstand der originären Lizenz sind die Erfindungen bei Inkrafttreten des Vertrages, für Erfindungen, die später getätigt werden, soll für den Lizenznehmer nur sichergestellt werden, dass ihm Weiterentwicklungen nicht entgegengehalten werden können (so genannter „freedom to operate"), für den Lizenzgeber ist wichtig, dass er den Anschluss an Weiterentwicklungen seiner Technologie nicht verliert. In Betracht kommen allerdings auch exklusive Lizenzen. Für die Lizenz des Lizenzgebers an den Lizenznehmer wird dies in der Regel schon über die Hauptlizenz geregelt, die sich dann nicht nur auf bestehende Patente und bestehendes Know-how, sondern auch auf bestimmte künftige Patente und künftiges Know-how bezieht.

Bei der Lizenz des Lizenznehmers an den Lizenzgeber sind die kartellrechtlichen Schranken des Artikel 5 (1) b) der TT-GVO zu beachten. Danach ist eine exklusive Rücklizenz, die der Lizenznehmer dem Lizenzgeber einräumt, nur dann freigestellt, wenn es sich um nicht abtrennbare Verbesserungen der Lizenzierten Rechte handelt, also um Verbesserungen, die nur aufgrund der lizenzierten Technologie genutzt werden können, bei Patenten insbesondere abhängige Patente.

5. Nutzung der Verbesserungserfindungen nach Vertragsbeendigung

Es mag gute Gründe geben, die Lizenz an Verbesserungserfindungen nach Vertragsbeendigung nicht kostenfrei fortlaufen zu lassen. Möglicherweise gelingt einer Partei gegen Ende der Vertragslaufzeit ein wesentlicher Entwicklungssprung, den sie bei einer zeitlich unbeschränkten Lizenz der anderen Partei kostenfrei zur Verfügung stellen müsste. Ein Kompromiss kann hier eine Regelung sein, wonach die Parteien jeweils eine Option erwerben, die Verbesserungserfindungen nach Vertragsbeendigung gegen Zahlung einer angemessenen Lizenzgebühr weiter nutzen zu können. Problematisch ist hier, wie bei jeder Option, bei der die Vertragsbedingungen noch nicht genau bestimmt sind,[105] dass der Inhaber der Verbesserungserfindungen es in der Hand hat, mittels hoher Forderungen die Weiternutzung der Verbesserungserfindungen praktisch unmöglich zu machen. Gleichzeitig ist es fast unmöglich, bei Vertragsabschluss bereits eine angemessene Lizenzgebühr für die Verbesserungserfindungen zu vereinbaren, da der Wert der künftigen Verbesserungserfindungen nicht ermittelbar ist.

§ 7
Vergütung

[Umsatzunabhängige Vergütung]

7.1 Für die in diesem Vertrag eingeräumten Rechte zahlt der Lizenznehmer an den Lizenzgeber innerhalb von *[dreißig (30) Tagen]* nach Vertragsschluss eine nicht rückzahlbare und nicht anrechenbare Vorauszahlung in Höhe von *[Euro ......* *(€ ......)]*.

7.2 Weiter leistet der Lizenznehmer an den Lizenzgeber die folgenden nicht rückzahlbaren und nicht anrechenbaren Meilensteinzahlungen:

(i) bei Erreichen von *[......: Euro ...... (€ ......)]*;
(ii) bei Erreichen von *[......: Euro ...... (€ ......)]*;
(iii) bei Erreichen von *[......: Euro ...... (€ ......)]*.

Die Meilensteinzahlungen sind innerhalb von dreißig (30) Tagen, nachdem der jeweilige Meilenstein erreicht wurde, zur Zahlung fällig.

[Alternativ oder kumulativ: Umsatzabhängige Vergütung]

7.3 Für die in diesem Vertrag eingeräumten Rechte zahlt der Lizenznehmer dem Lizenzgeber weiter eine umsatzabhängige

Lizenzgebühr in Höhe von *[...... Prozent (......%)]* des Nettoverkaufspreises der Vertragsprodukte.

- **Variante:**
  Für die in diesem Vertrag eingeräumten Rechte zahlt der Lizenznehmer dem Lizenzgeber weiter eine Lizenzgebühr, die sich in jedem Kalenderjahr nach der Höhe der gesamten in dem jeweiligen Jahr erzielten Nettoverkaufspreise während der Laufzeit dieses Vertrages bemisst:

Jährliche Nettoverkaufspreise	Lizenzgebühr
bis *[EUR ......]*	*[......]%*
zwischen *[EUR ...... und EUR ......]*	*[......]%*
zwischen *[EUR ...... und EUR ......]*	*[......]%*
über *[EUR ......]*	*[......]%*

Ergänzung (im Interesse des Lizenznehmers):
Die Lizenzgebühren dieser Ziffer 7.3 finden Anwendung, solange das jeweilige Vertragsprodukt unter einen Patentanspruch im jeweiligen Land im Vertragsgebiet fällt. Sobald ein Vertragsprodukt nicht mehr unter einen Patentanspruch fällt, ermäßigt sich für den Verkauf von Vertragsprodukten in dem jeweiligen Land die Lizenzgebühr *[um fünfzig Prozent (50%)]*.
Sobald ein Vertragsprodukt nicht mehr unter einen Patentanspruch im jeweiligen Land im Vertragsgebiet fällt und wenn das Lizenzierte Know-how allgemein bekannt wird, entfällt die Verpflichtung zur Zahlung von Lizenzgebühren für den Verkauf von Vertragsprodukten in dem jeweiligen Land, es sei denn das Offenkundigwerden des Lizenzierten Know-hows ist vom Lizenznehmer zu vertreten.

Ergänzung (im Interesse des Lizenzgebers):
7.4   Weiter hat der Lizenznehmer an den Lizenzgeber kalenderhalbjährlich die folgenden, auf die Lizenzgebühren nach Ziffer 7.3 anrechenbaren Mindestlizenzgebühren zu zahlen:

(i) *[Euro ...... (€ ......)]* im ersten (1.) und im zweiten (2.) Kalenderhalbjahr nach Vertragsschluss;

(ii) *[Euro ...... (€ ......)]* im dritten (3.) und im vierten (4.) Kalenderhalbjahr nach Vertragsschluss;

(iii) *[Euro ...... (€ ......)]* im fünften (5.) und in jedem folgenden Kalenderhalbjahr nach Vertragsschluss und solange ein Vertragsprodukte noch unter einen Patentan-spruch *[in der Europäischen Union, in den USA oder in Japan fällt]*.

Im Kalenderhalbjahr, in dem der Vertrag zu laufen beginnt, und im Kalenderhalbjahr, in dem der Vertrag endet, ist die Mindestlizenzgebühr pro rata temporis zu berechnen.

Ergänzung (im Interesse des Lizenzgebers):

7.5   Im Falle von Unterlizenzen hat der Lizenznehmer an den Li-zenzgeber eine Beteiligung in Höhe von *[...... Prozent (......%)]* auf alle Zahlungen, die er vom Unterlizenznehmer für die Gewährung der Unterlizenz erhält, zu zahlen, jedoch nur soweit die Zahlungen des Unterlizenznehmers mögliche entsprechende Zahlungen, die der Lizenznehmer an den Li-zenzgeber leistet, übersteigen. Dies heißt beispielsweise, dass wenn der Lizenznehmer eine Vorauszahlung in Höhe von *[€ ......]* an den Lizenzgeber zahlt und vom Lizenznehmer eine Vorauszahlung in Höhe von *[€ ......]* erhält, der Li-zenznehmer an den Lizenzgeber *[......%]* der Differenz die-ser beiden Beträge zu zahlen hat.

Ergänzung bei nicht-ausschließlichen Lizenzen (im Interesse des Li-zenznehmers):

[Meistbegünstigung]

7.6   Schließt der Lizenzgeber einen Lizenzvertrag mit einem Drit-ten, in dem er dem Dritten das Recht einräumt, die Lizenzier-ten Rechte für die Entwicklung, Herstellung, Vermarktung, den Verkauf und die sonstige Nutzung von Vertragsproduk-ten im Vertragsgebiet zu nutzen, und vereinbart er hierfür mit dem Dritten Lizenzgebühren, die insgesamt niedriger sind, als die Zahlungsverpflichtungen dieses Vertrages, ent-hält der Lizenzvertrag aber im Übrigen im Wesentlichen die gleichen Bedingungen wie dieser Vertrag, so wird der Lizenz-geber dies dem Lizenznehmer mitteilen. Der Lizenznehmer ist berechtigt, vom Lizenzgeber innerhalb von drei (3) Monaten nach Zugang der Mitteilung des Lizenzgebers zu verlangen, dass die Bedingungen dieses Vertrages in angemessener Weise nachverhandelt werden, um zu einer Vereinbarung zu kom-men, die Bedingungen entsprechend den Bedingungen des Vertrages mit dem Dritten enthält.

- Variante (im Interesse des Lizenznehmers):
  ...... Der Lizenznehmer ist berechtigt, vom Lizenzgeber in-nerhalb von drei (3) Monaten nach Zugang der Mitteilung des Lizenzgebers zu verlangen, dass die niedrigeren Zahlun-

gen bzw. sonstige günstigere Vertragsbedingungen, die mit dem Dritten vereinbart wurden, auch für diesen Vertrag gelten, und dieser Vertrag wird automatisch angepasst, um dem Lizenznehmer den Vorteil der niedrigeren Zahlungen bzw. der günstigeren Vertragsbedingungen zu gewähren, jedoch nur so lange und nur nach Maßgabe der Bedingungen, unter denen die niedrigeren Zahlungen für den Dritten gelten. Der Lizenznehmer ist nicht berechtigt, die Erstattung von bereits gezahlten oder vor Abschluss des Lizenzvertrages mit dem Dritten fällig gewordenen Lizenzgebühren zu verlangen.

1. Umsatzunabhängige Vergütung

Mit der Vereinbarung einer umsatzunabhängigen Vergütung geht das Risiko der Verwertbarkeit der Schutzrechte und des Know-hows teilweise auf den Lizenznehmer über,[106] da das Wesensmerkmal solcher Vergütungen darin liegt, dass dem Lizenzgeber unabhängig vom Erfolg des Vertragsprodukts eine Geldleistung zufließen soll. Als umsatzunabhängige Vergütungen steht den Parteien die Vereinbarung von Mindestlizenzen, Vorauszahlungen und Pauschalvergütungen offen.

Die Vereinbarung einer Mindestlizenz bietet sich vor allem an, wenn dem Lizenznehmer Exklusivität gewährt wird, da der Lizenzgeber innerhalb des Rahmens der Exklusivität auf zusätzliche Einnahmequellen verzichtet und dem Lizenznehmer über das Nutzungsrecht hinaus die Vergünstigung der Ausschließlichkeit einräumt.

Vorauszahlungen und Pauschalvergütungen spielen in zwei Fällen eine Rolle. Zum einen hat der Lizenzgeber hierüber die Möglichkeit, sich seine Entwicklungs- oder Anmeldekosten zumindest teilweise erstatten zu lassen. Weiterhin sind Regelungen dieser Art dann sinnvoll, wenn die Bedeutung des übertragenen Know-hows im Vergleich zu den Lizenzierten Patentrechten erheblich ist. Da bloßes Know-how dem Inhaber im Gegensatz zu Patentrechten keine absolute Rechtsposition verschafft, kann der Lizenzgeber seinen Wissensvorsprung jederzeit dadurch verlieren, dass der Lizenznehmer dieses Wissen (vertragswidrig) Dritten gegenüber offen legt.

Das durch die Preisgabe des Know-hows gegenüber dem Lizenz-nehmer eingegangene erhöhte Risiko rechtfertigt eine Kompensa-tion vorab im Wege der Vorauszahlung oder Pauschalvergütung.

2. Umsatzabhängige Vergütung

Die Parteien haben, wenn sie sich für eine periodisch wiederkehren-de Vergütungsvereinbarung entscheiden, welche vom Verkaufser-folg des Vertragsprodukts abhängen soll, im Wesentlichen drei An-knüpfungsmöglichkeiten.[107] Sie können sich für eine Umsatzlizenz oder eine Stücklizenz entscheiden. Eine weitere Möglichkeit bietet die Gewinnlizenz, die jedoch in den meisten Fällen nicht empfeh-lenswert ist: Zunächst wird ein Lizenznehmer in den meisten Fällen nicht bereit sein, seine Gewinnmargen offen zu legen. Weiterhin er-geben sich in der unternehmerischen Praxis Schwierigkeiten bei der Festlegung eines Umlageschlüssels für Gemeinkosten,[108] sofern der Lizenznehmer neben dem Vertragsprodukt auch andere Produkte herstellt. Damit verbunden ist für beide Parteien eine erhebliche Rechtsunsicherheit,[109] welche mit anderen Vertragsgestaltungen vermieden werden kann.

Eine Stücklizenz eignet sich eher für Verträge mit kurzer Lauf-zeit,[110] da sie in der Regel keine Inflationssicherheit bietet. Preis-gleitklauseln in Lizenzverträgen bleiben auch nach Wegfall des § 3 Währungsgesetz im Zuge der Euro-Einführung nur in engen Gren-zen genehmigungsfähig.[111]

Auch der Umsatz als Anknüpfungspunkt für die Lizenzzahlung ist betriebswirtschaftlich keine eindeutig definierte Größe, bietet je-doch, verglichen mit der Gewinn- und Stücklizenz, Vorteile. Im Ge-gensatz zur Stücklizenz ist die umsatzbezogene Lizenz weitgehend inflationsunabhängig. Anders als bei der Gewinnlizenz kann bei ei-ner Umsatzlizenz, welche lediglich an die Einnahmen anknüpft, die mit dem Vertragsprodukt erzielt werden, die unsichere Ermittlung des zurechenbaren Aufwandes, insbesondere die Festlegung eines Gemeinkostenschlüssels, unterbleiben.

In speziell gelagerten Fällen können sich für die Parteien Misch-formen als Bezugsgröße anbieten, etwa mit der Zulassung der Ab-zugsfähigkeit von Ausgaben bestimmter Art. Zu denken sei etwa an die Abzugsfähigkeit von bestimmten Werbekampagnen oder eindeu-tig dem Vertragsprodukt zurechnungsfähigem sonstigem Marketing-aufwand bei der Einführung einer neuen Technologie. Der Lizenz-geber sollte hier allerdings auf klare Kostendokumentation achten, sowie auf die Festlegung einer Aufwandsobergrenze.

Die Schwierigkeit bei der Ermittlung der **objektiv angemessenen Lizenzgebühr** ist es, sowohl den Interessen des Lizenzgebers als auch denen des Lizenznehmers gleichermaßen Rechnung zu tragen, wobei viele der in den amtlichen Richtlinien[112] und der Literatur genannten Bewertungskriterien prognostischer Natur sind und die Bewertung deshalb zwangsläufig mit erheblichen Ungenauigkeiten belasten.

Als Grundsatz kann festgehalten werden, dass die Lizenzgebühren dem Lizenzgeber mindestens eine Kompensation für seine Entwicklungs- und sonstigen Kosten, etwa für die Anmeldung der Lizenzierten Schutzrechte, bieten sollten.[113] Zum anderen müssen auch dem Lizenznehmer nach Abzug der Lizenzgebühren Einnahmen verbleiben, welche ihm erlauben, seine zur Implementierung und Herstellung des Vertragsprodukts notwendigen Kosten zu amortisieren. Unter die Implementierung fallen Investitionen zur Anschaffung von Anlagen und Geräten, der Einkauf von zusätzlichem Know-how und der Aufwand zur Entwicklung des Vertragsprodukts zur Marktreife.

Um den Parteien die Bewertung zu erleichtern, haben sich branchenübliche durchschnittliche Lizenzsätze entwickelt, die erste Anhaltspunkte geben können.[114] Die pauschale Anwendung dieser Lizenzsätze auf einen Lizenzvertrag ist hingegen nicht empfehlenswert, da, neben der Möglichkeit, dass sich branchenübliche Lizenzsätze im Laufe der Jahre ändern können, die Umstände des Einzelfalles eine eventuell erhebliche Abweichung von den üblichen Sätzen sowohl nach oben als auch nach unten rechtfertigen können.[115] Auch sind die angegebenen Lizenzsätze aufgrund der zurückhaltenden Rechtsprechungspraxis zur Ermittlung des Schadensersatzes im Wege der Lizenzanalogie bei Patentverletzungsfällen tendenziell zu niedrig.[116]

Die Umstände, welche die branchenübliche Lizenzgebühr beeinflussen können, lassen sich in vier Kategorien unterteilen:

Technische Kriterien für die Bemessung der Lizenzgebühr sind zunächst schutzrechtsspezifische Verbesserungen des Herstellungsprozesses. Bewertungsrelevant kann hierbei werden, inwieweit eine neue Herstellungsmethode Kosteneinsparungen bei der Produktion zulässt,[117] etwa weil die Menge der Ausschussprodukte abnimmt oder weil der Produktionsprozess insgesamt schneller oder weniger störanfällig wird. Auch produktspezifische Kriterien, wie etwa verbesserte Produkteigenschaften, können eine Abweichung in der Bewertung auslösen.[118]

Eng mit den technischen Kriterien verwandt sind die **Schutzrechtskriterien**, die dem Lizenzierten Schutzrecht immanenten Eigenschaften selbst, so etwa welchen Abstand das Schutzrecht zum

Stand der Technik bzw. einem Vorgängerprodukt hat.[119] Auch der
Schutzumfang des Lizenzierten Schutzrechts und dessen mögliche
Abhängigkeit von anderen Schutzrechten[120] ist bewertungsrelevant,
da eine an einen anderen Lizenzgeber zu zahlende Lizenzgebühr zu
einer Verringerung des Lizenzsatzes in dem aktuellen Lizenzvertrag
führen wird. Weiterhin sollte bei der Bewertung die Prognose Berücksichtigung finden, wie hoch das Anfechtungsrisiko oder das
Risiko einer Nichtigkeitsklage gegen das Lizenzierte Schutzrecht
ist.[121]

Bei den **Marktkriterien** wird einerseits zwischen den Marktzutrittsschranken und andererseits dem zu erwartenden Erfolg des
Vertragsprodukts eine Abwägung stattfinden müssen.

Marktzutrittsschranken können zunächst aufgrund allgemein be-
stehender Kriterien ermittelt werden, wie beispielsweise der allgemeinen Wettbewerbssituation[122] in der entsprechenden Branche. Sie
können jedoch auch in der Person des Lizenznehmers selbst begründet sein, etwa aufgrund seiner aktuellen Positionierung am
Markt mit vergleichbaren Produkten, bereits etablierten Marketing-
strukturen oder einem mehr oder minder vorhandenen Kunden-
stamm für das Vertragsprodukt.

Der zu erwartende Erfolg des Vertragsprodukts lässt sich über eine Kombination der allgemeinen Marktentwicklung der letzten Jahre bei vergleichbaren Produkten und der durch die Lizenzierten
Schutzrechte ermöglichten Verbesserungen im Vergleich zu bereits
vorhandenen Produkten prognostizieren.

Wesentlicher Maßstab zur Rechtfertigung einer Abweichung von
der branchenüblichen Bewertung werden auch die **Vertragskrite-
rien**, nämlich der Lizenzvertrag selbst sein. Eine ausschließliche Lizenz ist aufgrund der exklusiven Marktposition erheblich mehr
wert, als eine nicht-ausschließliche Lizenz und wird konsequenter-
weise auch höhere Lizenzsätze zur Folge haben.[123] Auch die Bemes-
sungsgrundlage einer umsatzabhängigen Lizenzzahlung wird eine
Rolle spielen: je mehr abzugsfähige Posten bei der Ermittlung der
Bezugsgröße anerkannt werden, umso höher wird als Ausgleich der
Lizenzsatz bemessen werden müssen. Die Laufzeit des Vertrages
wird die Höhe der Lizenzgebühr je nach den Umständen des Einzelfalls in beide Richtungen beeinflussen können. Zunächst hat der Lizenznehmer bei einer langen Laufzeit des Vertrages die Möglichkeit,
vor allem im Zusammenhang mit einer ausschließlichen Lizenz seine Marktposition ungestört ausbauen und festigen zu können. Andererseits geschieht es gerade in dynamischen Märkten nicht selten,
dass Schutzrechte bereits vor Ende der Schutzfrist von dem Stand
der Technik eingeholt werden oder Erfindungen gemacht werden,
welche ein vergleichbares Ergebnis unter Umgehung der Lizenzier-

ten Schutzrechte erzielen. Bei langer Vertragslaufzeit und Vereinbarung einer Stücklizenz haben die Parteien die Möglichkeit, eine geschätzte Inflationsentwicklung bis zum Ende der Laufzeit mit einer anfänglich höheren Stücklizenz zu kompensieren.

Um dem Lizenznehmer Anreize zu bieten, das Vertragsprodukt optimal zu vermarkten, können die Parteien so genannte **Staffelgebühren** vereinbaren, wonach sich die Lizenzgebühr bei steigender Jahresmenge stufenweise reduziert. Bei der Wahl dieses Konzepts sollte im Interesse beider Parteien zunächst die angemessene Lizenzgebühr ohne Staffelvereinbarung definiert werden. In einem nächsten Schritt sollte die Jahresmenge festgelegt werden, ab welcher sich die Gebühren, verglichen mit der pauschalen Lizenz, zugunsten des Lizenznehmers entwickeln sollen. Anhand dieser beiden Größen wird eine beiderseits zufriedenstellende Staffelvereinbarung getroffen werden können.

In bestimmten Situationen können die Parteien auch eine Staffelgebühr vereinbaren, wonach sich die Lizenzgebühr bei fortschreitender Vertragslaufzeit ändert. Dies hat den Vorteil, eine bereits bei Vertragsschluss absehbare Änderung der Situation, welche im Laufe des Vertrages eintreten wird und welche Einfluss auf die Lizenzzahlung hat, im Vertrag selbst abzubilden. So werden die Parteien, sollte der Lizenznehmer anfänglich erhebliche Aufwendungen für die Platzierung des Vertragsprodukts am Markt tätigen müssen, die Lizenzgebühren in den ersten Jahren geringer halten, um sie später zu steigern. Umgekehrt werden die Lizenzierten Rechte in einem dynamischen Markt, in welchem eine rasante technische Entwicklung zu erwarten ist, eine schnellere Abwertung als gewöhnlich erfahren. Diesem kann durch die Vereinbarung einer im Laufe der Jahre abnehmenden Staffelgebühr Rechnung getragen werden.

Der Vertragstext knüpft mit der Definition des Nettoverkaufspreises in Ziffer 1.10 die **Entstehung eines Lizenzanspruchs** bei einer Umsatzlizenz an die Rechnungsstellung durch den Lizenznehmer. Ziffer 7.3 dient der Sicherstellung, dass der Lizenzanspruch bei Ausfall der Forderung auf Zahlung des Vertragsprodukts nicht wieder erlischt.[124] Das Risiko des Forderungsausfalls liegt damit in doppelter Hinsicht beim Lizenznehmer, zunächst bei der Forderung als solcher, sowie auch bei der Zahlung der Lizenzgebühren. Dies ist insoweit gerechtfertigt, als es nicht interessengerecht scheint, dem Lizenzgeber das Risiko der Bonität von Dritten aufzubürden, auf deren Auswahl er keinen Einfluss hat.[125] Auch ein rückwirkender Preisnachlass sowie die komplette Rückerstattung des Kaufpreises wegen eines Mangels des Vertragsprodukts sollen nicht zu Lasten des Lizenzgebers gehen, der selbst keinen Einfluss auf die Qualität der Fertigung hat. Andererseits soll eine Ersatzlieferung nicht zu doppelten Lizenzeinnahmen führen; dies kann indes nur dann eintreten, wenn der Kaufpreis für die mangelhafte Ware vom Lizenznehmer im Vorfeld rückerstattet wurde.

Bei der Vereinbarung einer Stücklizenz, welche unabhängig vom Nettoverkaufspreis ermittelt werden kann, hat der Lizenzgeber die Möglichkeit, den Lizenzanspruch bereits an die Herstellung zu knüpfen und damit nochmals erheblich vorzuverlagern. Der offensichtliche Vorteil der zeitigen Einnahme von Lizenzgebühren für den Lizenzgeber korrespondiert mit dem Vorteil des Lizenznehmers, die hergestellten Produkte auch nach Vertragsende vertreiben zu können, ohne hiermit Schutzrechte des Lizenzgebers zu verletzen.

Grundsätzlich hat der Lizenznehmer hingegen das Interesse, den Anspruch auf Lizenzzahlung zu einem möglichst späten Zeitpunkt entstehen zu lassen, etwa mit Zahlung des Kaufpreises des Vertragsprodukts durch die Abnehmer (vgl. Variation zu Ziffer 1.10 des Vertragsmusters), um das Risiko eines Forderungsausfalls nicht tragen zu müssen. Zusätzlich kann sich, neben der verbesserten Liquiditätssituation, ein positiver Zinseffekt daraus ergeben, dass sich die Fälligkeit von Lizenzzahlungen in einen anderen Abrechnungszeitraum verlagert.

Das Gesetz knüpft die Verjährung unter anderem an die Entstehung des Lizenzanspruchs. Gemäß §§ 195, 199 Abs. 1 Nr. 1 BGB beginnt die Anspruchsverjährungsfrist von drei Jahren bei Lizenzgebühren am Ende des Jahres der Entstehung. Bei einer wie im Vertragsmuster vorgeschlagenen Anspruchsentstehung zum Ende eines jeden Kalenderhalbjahres fällt für die zweite Kalenderhälfte die Entstehung des Anspruchs mit dem Beginn der Verjährung zusammen.

Eine wichtige Frage für den Lizenznehmer, die auch im Lizenzvertrag berücksichtigt werden sollte, ist weiterhin, wie es sich auf den Lizenzvertrag, insbesondere auf die Höhe der vereinbarten Lizenzgebühren auswirkt, wenn während der Dauer der Vertragslaufzeit einzelne der Lizenzierten Patentrechte wegen Zeitablaufs wegfallen oder das Lizenzierte Know-how offenkundig wird.

Beruht der **Wegfall der Lizenzierten Rechte** auf dem Versäumnis des Lizenzgebers, die Jahresgebühren zu entrichten, ist ein Verstoß gegen eine Hauptleistungspflicht des Lizenzgebers gegeben, der zu Schadensersatzansprüchen führen kann.[126] Fällt ein Vertragsschutzrecht aber weg, weil seine Laufzeit wegen Zeitablaufs beendet wurde und eine Verlängerung nicht möglich ist, ist der Wegfall nicht durch ein Verhalten des Lizenzgebers bedingt. Gewährleistungs- und Schadensersatzansprüche des Lizenznehmers scheiden in diesem Fall schon deswegen aus, weil der Lizenznehmer das Lizenzierte Patentrecht und seine Schutzdauer kannte. Insbesondere dann, wenn es sich bei dem auslaufenden Patent um ein vertragswesentliches Patent handelt, sollte zu Gunsten des Lizenznehmers aber eine **Anpassung der Lizenzgebühren** vereinbart werden. Es bietet sich in diesem Zusammenhang an, den Wegfall einzelner, wichtiger Patente prozentual zu bewerten, und damit eine entsprechende etwaige Anpassung der Lizenzgebühren bereits im Vorfeld festzulegen.[127]

In **kartellrechtlicher Hinsicht** problematisch war bis zum Inkrafttreten der TT-GVO (neu) der Fall, dass außer dem auslaufenden Lizenzierten Patentrecht kein weiteres Vertragsschutzrecht gegeben ist, mit der Folge, dass Lizenzgebühren für nicht (mehr) existierende Lizenzierte Rechte gezahlt werden. Da der Lizenzgeber neben den Patentrechten oftmals Know-how lizenziert oder Beratungsleistungen erbringt, die für die Herstellung der Vertragsprodukte durch den Lizenznehmer erforderlich sind, stellt das nationale Kartellrecht für die Frage der unzulässigen Wettbewerbsbeschränkung darauf ab, ob die weitergezahlten Gebühren etwa als Honorierung der Know-how-Lizenz für die Leistungen des Lizenzgebers dienen. Sind die Gebühren ohne Erlangung einer Gegenleistung zu zahlen, ist eine unzulässige Wettbewerbsbeschränkung gegeben. Auch die TT-GVO (alt) setzte für die Zahlung einer Lizenzgebühr für die Vertragslaufzeit grundsätzlich die Existenz der Lizenzierten Rechte voraus. Etwas anderes galt nur dann, wenn die Parteien eine Zahlungserleichterung vereinbart haben, die zur Folge hat, dass sich die Pflicht zur Zahlung von Lizenzgebühren über die Dauer der Laufzeit der Schutzrechte hinauszog.[128] Bei dem Offenkundigwerden von Know-how war die Pflicht zur Weiterzahlung der Lizenzgebühren in kartellrechtlicher Hinsicht problematisch, wenn die Offenkundigkeit von dem Lizenzgeber herbeigeführt wurde. Gemäß Art. 2 Abs. 1 Ziff. 7 lit. a TT-GVO (alt) sollte in diesem Fall keine Freistellung gegeben sein.

Die TT-GVO (neu) enthält keine ausdrückliche Regelung bezüglich der Auswirkung des Wegfalls von Lizenzierten Rechten auf die Lizenzgebührenpflicht. Der diesbezügliche Standpunkt der Kommission, der einen regelrechten Bruch zu der TT-GVO (alt) darstellt, ergibt sich indes aus den TT-Leitlinien. Hiernach sollen die Parteien in der Regel ohne Verstoß gegen Artikel 81 Absatz 1 vereinbaren können, die Lizenzgebührenpflicht über die Schutzfrist der Lizenzierten Schutzrechte hinaus auszudehnen. Wenn diese Rechte erloschen seien, könnten Dritte die betreffende Technologie rechtmäßig nutzen und mit den Vertragsparteien konkurrieren. Ein solcher tatsächlicher oder potenzieller Wettbewerb genüge in der Regel, damit die betreffende Lizenzgebühr keine spürbaren wettbewerbsschädlichen Wirkungen hat.[129]

3. Meistbegünstigungsklausel

In nicht-ausschließlichen Lizenzverträgen kann zugunsten des Lizenznehmers eine Meistbegünstigungsklausel vereinbart werden. Danach verpflichtet sich der Lizenzgeber, die Konditionen, die er mit dem Lizenznehmer vereinbart hat, nachzuverhandeln, wenn er mit einem Dritten, der eine entsprechende nicht-ausschließliche Lizenz erwirbt, insgesamt Bedingungen vereinbart hat, die günstiger sind, als die Bedingungen des Vertrages.

Zu differenzieren ist zwischen so genannten echten und unechten Meistbegünstigungsklauseln. Nach echten Meistbegünstigungsklauseln verpflichtet sich der Lizenzgeber, anderen Lizenznehmern keine günstigeren Lizenzgebühren zu gewähren. In unechten Meistbegünstigungsklauseln dagegen, wie sie auch der Klauselvorschlag vorsieht, verpflichtet sich der Lizenzgeber, dem Lizenznehmer die jeweils günstigsten Lizenzgebühren zu gewähren, die er von anderen Lizenznehmern verlangt, anstatt zuzusagen, dass er mit anderen Lizenznehmern keine günstigeren Lizenzgebühren vereinbart.

Die der Meistbegünstigungsklausel zugrunde liegende Verpflichtung zur Gleichbehandlung wird aus dem Grundsatz von Treu und Glauben nach § 242 BGB abgeleitet. Ein Lizenznehmer soll darauf vertrauen können, dass er nicht schlechter gestellt wird, als zeitlich nachfolgende Lizenznehmer.[130] Der Lizenznehmer will ausschließen, dass Wettbewerber auf den ihm lizenzierten Markt kommen, die die Vertragsprodukte günstiger anbieten können, weil sie niedrigere Lizenzgebühren an den Lizenzgeber zahlen müssen.

Die Vereinbarung einer Meistbegünstigungsklausel ist allerdings nur sinnvoll, wenn damit zu rechnen ist, dass der Lizenzgeber eine Mehrzahl inhaltlich gleicher Lizenzverträge abschließt. Sind die Lizenzverträge nämlich nicht miteinander zu vergleichen, etwa weil der eine Lizenznehmer zwar weniger Lizenzgebühren zahlt, dafür aber dem Lizenzgeber eine Lizenz an eigenen Entwicklungen einräumt oder Vorprodukte beim Lizenzgeber bezieht, so kann die Meistbegünstigungsklausel zu einer Belastung des Vertragsverhältnisses werden.

Ob Meistbegünstigungsklauseln geeignet sind, den Wettbewerb zu beschränken, ist in der Literatur nicht unumstritten.[131] Für das europäische **Kartellrecht** trifft die TT-GVO (alt) eine Aussage zur Zulässigkeit von Meistbegünstigungsklauseln zulasten des Lizenzgebers. Nach der alten TT-GVO galten Meistbegünstigungsklauseln zulasten des Lizenzgebers als unbedenkliche „weiße Klauseln", die in der Regel nicht wettbewerbsbeschränkend sind.[132] Die neue TT-GVO adressiert Meistbegünstigungsklauseln nicht. Käme man zu dem Ergebnis, dass Meistbegünstigungsklauseln zulasten des Lizenzgebers unter Art. 81 Abs. 1 EGV fallen, etwa weil sie jegliche Besserstellung Dritter verbieten und so den technologieinternen Wettbewerb behindern, so wären diese Klauseln als Preisbindung und damit als Kernbeschränkung einzustufen. Von einer derartigen Kehrtwendung der Kommission in der Bewertung von Meistbegünstigungsklauseln zulasten des Lizenzgebers in Technologietransfer-Vereinbarungen, die noch „weiße Klauseln" nach der VO Nr. 240/96 waren, ohne jede Begründung, kann nicht ausgegangen werden.

Seit Inkrafttreten der 7. GWB-Novelle werden Meistbegünstigungsklauseln nach deutschem Kartellrecht wie nach europäischem Kartellrecht behandelt und sind regelmäßig mangels wettbewerbsbeschränkender Wirkung zulässig.[133]

§ 8
Zahlungsbedingungen

8.1   Die Zahlung der Lizenzgebühren erfolgt in Euro zuzüglich der hierauf entfallenden Umsatzsteuer in der jeweils geltenden Höhe auf das Konto des Lizenzgebers bei der *[Bank, Kontonummer, BLZ]* unter Angabe des Verwendungszwecks.

- Variante, wenn Lizenznehmer im Inland, Lizenzgeber im Ausland ansässig ist:
  Die Lizenzgebühren verstehen sich als Nettobeträge, d.h. exklusive ggf. anfallender Umsatzsteuer. Der Lizenznehmer wird Schuldner der auf die Lizenzgebühren anfallenden Umsatzsteuer. Er hat diese im Rahmen des Reverse-Charge Verfahrens selbst zu berechnen, seinem zuständigen Finanzamt anzumelden (§ 13 b UStG) und an dieses abzuführen.

8.2   Von den Zahlungen gemäß § 7 darf der Lizenznehmer Steuern und sonstige Abgaben, welche unter den Steuergesetzen von *[......]* erhoben werden, nur dann einbehalten und an das für ihn zuständige Finanzamt abführen, wenn nachfolgende Voraussetzungen erfüllt sind:

(i)   es handelt sich um eine Einkommensteuer und keine Verbrauchsteuer oder Umsatzsteuer (Aufzählung nicht abschließend);

(ii) gesetzlicher Steuerschuldner der Einkommensteuern ist der Lizenzgeber;

(iii) der Lizenznehmer ist rechtlich verpflichtet, die Steuer von den Zahlungen an den Lizenzgeber einzubehalten und an die Steuerbehörden abzuführen; und

Ergänzung (im Interesse des Lizenzgebers):
   (iv) der Lizenzgeber ist zur Erstattung der einbehaltenen
        Steuern aufgrund eines geltenden Doppelsteuerabkom-
        mens berechtigt.
   Alle sonstigen vom Lizenznehmer abzuführenden Steuern
   oder Abgaben werden von diesem getragen.

8.3   Die umsatzabhängigen Lizenzgebühren nach Ziffer 7.3 und
      die Beteiligungszahlung nach Ziffer 7.5 sind innerhalb von
      dreißig (30) Tagen nach Ende eines jeden Kalenderhalbjahres
      fällig und zahlbar. Dabei werden die Lizenzgebühren gemäß
      Ziffer 7.3 für den jeweiligen Abrechnungszeitraum auf die
      Mindestlizenzgebühren gemäß Ziffer 7.4 angerechnet. Gleich-
      zeitig wird der Lizenznehmer dem Lizenzgeber eine Abrech-
      nung vorlegen, aus welcher die Nettoverkaufspreise und die
      Zahlungen vom Unterlizenznehmer hervorgehen.

Ergänzung (im Interesse des Lizenzgebers):
8.4   Der Lizenznehmer darf etwaige Ansprüche gegen den Lizenz-
      geber nur dann gegen Ansprüche des Lizenzgebers auf Li-
      zenzgebühren nach Ziffer 7 aufrechnen, wenn die Ansprüche
      des Lizenznehmers anerkannt oder rechtskräftig festgestellt
      sind.

Ergänzung (im Interesse des Lizenzgebers):
8.5   Nach Eintritt der Fälligkeit ist jeder Betrag mit einem Zins-
      satz in Höhe von acht (8) Prozentpunkten über dem jeweils
      geltenden Basiszinssatz zu verzinsen.

8.6   Der Lizenznehmer wird über alle Daten, welche zur Feststel-
      lung der Richtigkeit und Vollständigkeit der Abrechnung er-
      forderlich sind, Buch führen. Der Lizenzgeber ist nach ange-
      messener Vorankündigung berechtigt, diese Bücher einmal
      jährlich zu den allgemeinen Geschäftszeiten des Lizenzneh-
      mers für das jeweils abgelaufene Kalenderjahr von einem un-
      abhängigen und zur Verschwiegenheit verpflichteten Wirt-
      schaftsprüfer überprüfen zu lassen. Der Lizenznehmer wird
      die Kosten des Wirtschaftsprüfers übernehmen, wenn sich
      zwischen der Abrechnung des Lizenznehmers und der des
      Wirtschaftsprüfers eine Differenz von *[fünf Prozent (5%)]*
      oder mehr zulasten des Lizenzgebers ergibt. Differenzbe-
      träge sind sofort fällig und zahlbar.

8.7   Lizenzgebühren, welche in einer anderen Währung als in
      Euro anfallen, werden nach dem von der Europäischen Zent-
      ralbank nachmittags veröffentlichten, zum letzten Geschäfts-
      tag des jeweiligen Abrechnungszeitraumes gültigen Wechsel-
      kurs (z.B. unter http://www.ecb.int) umgerechnet.

1. Verzinsung bei Verzug

Ist der Lizenznehmer Kaufmann im Sinne des Handelsgesetzbuches, so hat der Lizenzgeber einen gesetzlichen Zinsanspruch in Höhe von 5% ab Fälligkeit gemäß §§ 352, 353 S. 1 HGB. Erst ab Verzugseintritt gemäß § 286 BGB kann der Lizenzgeber Zinsen in Höhe von acht Prozentpunkten über dem Basiszinssatz verlangen (§ 288 Abs. 2 BGB).

Der Vertragsentwurf sieht die Vorverlagerung dieses erhöhten Zinssatzes auf den Tag der Fälligkeit vor. Zwar fällt bei der Zahlung von Lizenzgebühren der Verzug in der Regel mit der Fälligkeit zusammen (§ 286 Abs. 2 Nr. 1 BGB); die vorgeschlagene Vertragsklausel hat jedoch für den Lizenzgeber den Vorteil, dass dem Lizenznehmer der Einwand fehlenden Verschuldens abgeschnitten wird, welcher den Verzugseintritt und damit auch den Anspruch auf die erhöhten Zinsen nach BGB zeitlich nach hinten verschiebt.

2. Versteuerung von Lizenzeinnahmen, Quellensteuer

• **Inländische Sachverhalte:** <u>Besteuerung beim Lizenzgeber:</u> Vereinnahmte Lizenzgebühren unterliegen als Einkünfte grundsätzlich der Ertragsbesteuerung. Handelt es sich bei dem Empfänger der Lizenzzahlung um eine einkommensteuerpflichtige Person, d. h. natürliche Person und/oder Personengesellschaft, so unterliegen ihre Einkünfte der Einkommensteuer. Abhängig davon, aus welcher grundsätzlichen Tätigkeitssphäre die Lizenz stammt, können Einkünfte aus Vermietung und Verpachtung gemäß § 21 Abs. 1 Nr. 3 EStG, Einkünfte aus selbständiger Arbeit gemäß § 18 EStG oder, wenn die Lizenzierung aus einem gewerblichen Betriebsvermögen stammt, Einkünfte aus Gewerbebetrieb i. S. d. § 15 EStG vorliegen. Einkünfte aus Vermietung und Verpachtung können nur dann vorliegen, wenn der zur Nutzung überlassene Gegenstand aus einem nicht betrieblich verhafteten Vermögen stammt, d. h., wenn die Lizenzierung aus dem Privatvermögen erfolgt.

<u>Besteuerung beim Lizenznehmer:</u> Bei dem Lizenznehmer stellen die Ausgaben grundsätzlich (steuerlich abzugsfähige) Betriebsausgaben dar.

- **Grenzüberschreitende Sachverhalte:** Werden Lizenzzahlungen grenzüberschreitend geleistet, so tritt häufig das Problem auf, dass mehrere Staaten ein Besteuerungsrecht für die erhaltenen Lizenzzahlungen beanspruchen. Diese latente Doppelbesteuerung ist dadurch begründet, dass die meisten Staaten, so auch die Bundesrepublik, von einem Konzept umfassender Besteuerung ausgehen. Hat eine natürliche Person einen Wohnsitz (§ 8 AO) oder ihren gewöhnlichen Aufenthalt (§ 9 AO), bzw. eine Gesellschaft ihren Sitz (§ 10 AO) oder den Ort der Geschäftsleitung (§ 11 AO) im Inland, so unterliegen sie mit ihrem gesamten Welteinkommen der dortigen (inländischen) Besteuerung (sog. Welteinkommensprinzip[134]). Im Falle eines doppelten Wohnsitzes oder einem Auseinanderfallen von Sitz und Geschäftsleitung entstehen Qualifikationsprobleme, welcher Staat das Welteinkommen besteuern kann. Zur Vermeidung daraus folgender Qualifikationsprobleme enthalten die meisten Doppelbesteuerungsabkommen (DBA) eine Regelung, wonach bei doppeltem Wohnsitz der örtliche Schwerpunkt der Lebensinteressen zur unbeschränkten Steuerpflicht führt.[135]

Ein weiterer Konflikt entsteht dadurch, dass die meisten Staaten auf Lizenzgebühren, die in das Ausland entrichtet werden, eine Quellensteuer erheben, wenn die Lizenzgebühr von einem inländischen Schuldner entrichtet wird. Durch diese Quellenbesteuerung soll die Teilhabe des ausländischen Lizenzgebers an der wirtschaftlichen Leistungsfähigkeit des Quellenstaates sichergestellt werden.

Die parallele Anwendung beider Prinzipien kann zu einer Doppelbesteuerung führen, wenn Zahlungen aus einem Land (dort steuerliche Erfassung über das Quellenprinzip) an einen in einem anderen Land unbeschränkt Steuerpflichtigen fließen (dort steuerliche Erfassung nach dem Welteinkommensprinzip). Diese Problematik ist auf bilateraler Ebene durch den Abschluss von Doppelbesteuerungsabkommen im Wesentlichen gelöst worden. Wesen eines DBA ist es, bei einer Doppelbesteuerungssituation das Besteuerungsrecht lediglich einem Staat zuzuweisen bzw. durch Mechanismen der völligen oder teilweisen Steuerfreistellung und/oder Steueranrechnung die Auswirkungen der Doppelbesteuerung zu vermindern. Wesentlicher Regelungsgehalt jedes DBA ist dabei die Aufstellung eines sachgerechten, auf Gegenseitigkeit gestellten Systems von Steuerverzichten. Auf der Ebene der EU ist insbesondere durch für alle Mitgliedstaaten geltende Richtlinien, z.B. zur Besteuerung von Lizenzgebühren oder Dividenden zwischen verbundenen Unternehmen, eine für alle Mitgliedstaaten einheitliche Regelung erzielt worden.

Auf europäischer Ebene hat der Rat am 6. März 2003 eine Richtlinie betreffend Zahlungen von Lizenzgebühren zwischen verbundenen Untenehmen verschiedener Mitgliedstaaten erlassen,[136] die durch Einfügung des § 50g EStG in nationales Recht umgesetzt wurde. § 50g EStG sieht vor, dass bei Zins- und Lizenzzahlungen an ein in einem anderen Mitgliedstaat ansässiges Unternehmen eine vollständige Befreiung von der Besteuerung erfolgt, wenn die beteiligten Unternehmen verbundene Unternehmen sind, das heißt eine Beteiligung von mindestens fünfundzwanzig Prozent vorliegt.

Lizenzgeber im Ausland: Die Lizenzeinnahmen werden von einem ausländischen Lizenzgeber vereinnahmt. Dieser unterliegt grundsätzlich als Steuerausländer nicht der deutschen Besteuerung, es sei denn es handelt sich um inländische Einkünfte i.S.d. § 49 EStG, die der beschränkten Steuerpflicht unterliegen.[137] Von besonderer Bedeutung im Bereich der Lizenzverträge ist § 49 Abs. 1 Nr. 6 EStG. Danach werden Einkünfte aus der zeitlich begrenzten Vermietung oder Verpachtung von Rechten dann der deutschen Besteuerung unterworfen, wenn
– die Rechte in ein inländisches Register eingetragen sind oder
– in einer inländischen Betriebsstätte oder einer in anderen Einrichtung verwertet werden.

Für die zeitliche Begrenzung der Gebrauchsüberlassung ist es ausreichend, wenn im Vertrag überhaupt eine zeitliche Begrenzung vorgesehen ist, ein genaues Ende der Überlassung muss nicht vereinbart sein.[138]

Lizenzzahlungen an einen ausländischen Lizenzgeber werden als inländische Einkünfte angesehen, wenn sie einer vom Lizenzgeber im Inland betriebenen Betriebsstätte oder einem ständigen Vertreter zugerechnet werden, § 49 Abs. 1 Nr. 2 EStG. Nach § 12 AO ist Betriebsstätte jede feste Geschäftseinrichtung oder Anlage, die der Tätigkeit eines Unternehmens dient. Grundsätzlich ist bei der reinen Lizenzvergabe in ein anderes Land zwar nicht von der Begründung einer dortigen Betriebsstätte auszugehen. Allerdings interpretiert der BFH den Begriff der Betriebsstätte sehr extensiv. Eine Gefahr besteht immer dann, wenn der Lizenzgeber etwa durch Lieferungen, insbesondere Werklieferungen ins Inland (Mit-)Verfügungsmacht über eine inländische Geschäftseinrichtung erhält. Außerdem muss stets die Vertreterbetriebsstätte beachtet werden.

Unterliegen die Lizenzeinnahmen der beschränkten Steuerpflicht in Deutschland, weil sie inländische Einkünfte i.S.d. § 49 Abs. 4

Nr. 6 EStG (also ohne Zurechnung einer Betriebsstätte etc.) darstellen, so wird die Steuer im Wege des Steuerabzugs erhoben.[139] Das bedeutet, dass der inländische Lizenznehmer verpflichtet ist, eine Quellensteuer von 20% (zzgl. Solidaritätszuschlag) von der zu zahlenden Vergütung für den Lizenzgeber einzubehalten und an die deutschen Finanzbehörden abzuführen. Die Verrechnung des Quellenabzugs erfolgt grundsätzlich auf Brutto-Basis. Nach § 50a Abs. 5 haftet der Lizenznehmer als Steuerschuldner für die Einbehaltung und Abführung der Quellensteuer. In vielen DBAs Deutschlands ist die Regelung des § 50a EStG der Weise eingeschränkt, dass das Besteuerungsrecht dem Wohnsitzstaat des Lizenzgebers zugewiesen wird.

Ein Doppelsteuerabkommen geht gem. § 2 AO dem EStG vor. Dennoch ist das Doppelsteuerabkommen nicht unmittelbar zur Entlastung des inländischen Lizenznehmers anwendbar (§ 50 Abs. 1). Das DBA ist erst dann anwendbar, wenn das Bundeszentralamt für Steuern dem Gläubiger aufgrund eines auf von ihm amtlich vorgeschriebenen Vordruck erstellten Antrags dessen Geltung im konkreten Fall bescheinigt. Die Geltung des DBA kann bereits bescheinigt werden, bevor die ersten Lizenzzahlungen fällig werden (Freistellungsverfahren). Ist es jedoch bereits zu Lizenzzahlungen unter Einbehalt von Quellensteuer gekommen, dann kann die Geltung des DBA im Wege eines Erstattungverfahrens geltend gemacht werden.

Das Bundeszentralamt für Steuern prüft nicht nur die Regelung des geltend gemachten DBA; das Amt prüft auch die subjektive Berechtigung des Gläubigers im Hinblick auf das geltend gemachte DBA. Sollte der Gläubiger in seinem Heimatland mit unzureichender wirtschaftlicher Substanz ausgestattet sein (Schubladengesellschaft), dann greift das Amt auf den hinter dem Gläubiger stehenden Gesellschafter zurück und prüft dessen DBA-Berechtigung, so eine solche besteht. Der gleiche Prüfvorgang gilt im Falle der Berufung auf die EU Richtlinien.

<u>Lizenznehmer im Ausland</u>: Schließt ein Steuerinländer einen Lizenzvertrag mit einem ausländischen Lizenznehmer, so unterliegen die Lizenzeinnahmen aufgrund des Wohnsitzstaatsprinzips (Welteinkommen) der inländischen Besteuerung. Etwas anderes kann dann gelten, wenn die Lizenz zwar rechtlich dem inländischen Unternehmen zuzuordnen ist, sie wirtschaftlich jedoch zu einer ausländischen Betriebsstätte gehört. Art. 23 A des DBA-Musterabkommens der OECD sieht hier vor, dass eine Doppelbesteuerung durch Freistellung der auf die ausländische Betriebsstätte zuzurechnenden Einkünfte vermieden werden soll. In diesem Fall werden die Lizenzeinnahmen der Betriebsstätte zugeordnet und von der deutschen Besteuerung befreit.

Einige Doppelbesteuerungsabkommen sehen vor, dass dem Herkunftsstaat des Lizenznehmers ein Besteuerungsrecht verbleiben kann. Dieses Besteuerungsrecht wird in Form einer Quellensteuer (Einbehalt von den geleisteten Zahlungen) erhoben, wobei hier auf die zu zahlenden Brutto-Beträge meist ein Einbehalt von 5 bis 15% erhoben wird. Weist ein DBA dem Quellenstaat ein Besteuerungsrecht zu oder fehlt es gänzlich an einem DBA mit dem betroffenen Staat, besteht für den deutschen Lizenzgeber die Möglichkeit, die Mehrbelastung in Deutschland auf seine eigene Einkommen- bzw. Körperschaftsteuerpflicht anrechnen zu lassen (§ 26 Abs. 1 KStG, § 34c Abs. 1 EStG). Voraussetzung für eine solche Anrechnung auf die deutsche Einkommensbesteuerung ist jedoch, dass die einbehaltene ausländische Steuer einen vergleichbaren Regelungsinhalt hat. Übersteigt die im Ausland einbehaltene Quellensteuer die in Deutschland auf die Lizenzzahlungen zu erbringende Steuer, so kann die im Ausland gezahlte Mehrbelastung nicht als anrechenbarer Überhang berücksichtigt werden.[140] Alternativ zur Anrechnung kann die ausländische Besteuerung bei der Ermittlung der Gesamtbezüge abgezogen werden.[141] Voraussetzung hierfür ist, dass ein formeller Antrag gestellt wird. Das bestehende Wahlrecht zwischen Anrechnung und Abzug kann dabei nur einheitlich für die gesamten Einkünfte aus einem Quellenstaat geltend gemacht werden.[142]

Die Regelung in Ziffer 8.2 des Vertragsmusters stellt zugunsten des Lizenzgebers sicher, dass der Lizenznehmer die Quellensteuer nur dann einbehält, wenn die Voraussetzungen für eine Erstattung der Quellensteuer vorliegen.

<u>Beide Vertragsparteien im Ausland</u>: Auch ein Sachverhalt ohne Beteiligung eines Inländers kann einen deutschen Steuertatbestand erfüllen, nämlich wenn die Lizenzierten Patentrechte in Deutschland registriert sind oder wenn die Lizenz in einer inländischen Betriebsstätte genutzt wird, § 49 Abs. 1 Nr. 6 EStG. Die Erhebung der geschuldeten Steuer erfolgt im Wege des Steuerabzugs, d.h. der Lizenznehmer muss die vom Lizenzgeber geschuldete Steuer einbehalten und abführen, § 50a Abs. 4 Satz 1 Nr. 3 EStG. Die Steuer beträgt gemäß Satz 2 20% des Bruttobetrags.

• **Lizenzierung zwischen nahe stehenden Personen:** <u>Inländischer Sachverhalt</u>: Handelt es sich bei den Lizenzzahlungen um Zahlungen zwischen Verbundenen Unternehmen oder um Zahlungen zwischen der Gesellschaft und ihren Gesellschaftern, so kann sich das Problem der verdeckten Gewinnausschüttung stellen.[143] Der BFH versteht unter einer verdeckten Gewinnausschüttung eine Vermögensminderung oder verhinderte Vermögensmehrung bei der Gesellschaft, welche durch das Gesellschaftsverhältnis verursacht wurde, sich auf die Höhe des Einkommens auswirkt und nicht im Zusammenhang mit einer den gesellschaftsrechtlichen Vorschriften entsprechenden Gewinnausschüttung steht.[144] Die Feststellung einer verdeckten Gewinnausschüttung führt zu einer Anpassung des steuerpflichtigen Ergebnisses und zugleich zu einer Dividendenausschüttung ggf. mit Quellensteuerabzug.

Es ist daher bei der Bemessung der Lizenzzahlungen zwischen verbundenen Unternehmen bzw. Gesellschaft und ihren Gesellschaftern darauf zu achten, dass die vereinbarte Höhe der Zahlungen nicht außerhalb des Rahmens liegt, welcher auch zwischen fremden Dritten eingehalten würde. Das Bundesamt für Finanzen führt eine so genannte Lizenzkartei, in welcher Unterlagen für den Fremdvergleich gesammelt werden. Die dabei ermittelten Rahmensätze geben in der Mehrzahl der Fälle jedoch nur einen Anhaltspunkt für die Angemessenheit der Lizenzgebühr. Im Einzelfall ist es dem Unternehmen durchaus möglich, zu begründen, warum eine Lizenzgebühr, die die vorgegebene Bandbreite überschreitet, dennoch angemessen ist. Die Angemessenheit sollte bei der Gestaltung der Lizenzkonditionen von Anfang an berücksichtigt werden, weil eine nachträgliche Änderung des Vertrages nicht zu einer Beseitigung einer einmal entstandenen Gewinnausschüttung führen kann.[145] Eine Rückzahlung würde als (verdeckte) Einlage qualifiziert.

Liegen zwischen den verbundenen Parteien mehrere Geschäfte vor, so besteht die Möglichkeit, einen Vorteilsausgleich vorzunehmen. Dies bedeutet, dass die in einem Teil des Geschäfts hingenommenen Nachteile durch Vorteile in einem anderen Teil des Gesamtgeschäfts ausgeglichen werden. Die Anerkennung einer solchen Konstruktion setzt jedoch voraus, dass die Rechtsgeschäfte ein einheitliches Geschäft darstellen und die Gesellschaft die Leistung im Hinblick auf die Gegenleistung gewährt.[146] Zur Dokumentation einer solchen Motivation sollten ausdrückliche Regelungen in den zugrunde liegenden Verträgen getroffen werden.

<u>Grenzüberschreitender Sachverhalt</u>: Bei Lizenzzahlungen an ausländische Verbundene Unternehmen besteht die Gefahr einer Gewinnverlagerung, die mit der verdeckten Gewinnausschüttung im nationalen Kontext vergleichbar ist. Durch die Gestaltung konzerninterner Verrechnungspreise wird versucht, den Konzerngesellschaften, welche aus bestimmten Gründen besser für eine Gewinnvereinnahmung geeignet sind, etwa weil Verlustvorträge bestehen oder die Besteuerung im Ausland niedriger ist, Gewinne zuzuweisen. Zu beachten ist hier das Außensteuergesetz. Nach § 1 AStG muss auch bei grenzüberschreitenden Geschäftsbeziehungen zwi-

schen nahe stehenden Personen das Prinzip des Fremdvergleichs (arm's length principle) eingehalten werden. Halten die vereinbarten Lizenzkonditionen innerhalb des Konzerns dem Fremdvergleich nicht stand, kommt es wie bei der verdeckten Gewinnausschüttung zu einer Gewinnkorrektur. Hierbei wird beispielsweise einem inländischen Lizenznehmer bei überhöhten vereinbarten Lizenzgebühren ein Teil dieser Lizenzgebühren nicht als Betriebsausgabe anerkannt und somit sein steuerpflichtiger Gewinn im Inland erhöht.

Bei grenzüberschreitenden Sachverhalten zwischen verbundenen Unternehmen ist der inländische Steuerpflichtige je nach Höhe seines Umsatzes mit den ausländischen Gruppenunternehmen, verpflichtet, eine umfangreiche Verrechungsdokumentation zu erstellen und die Angemessenheit der Verrechnungspreise – und damit insbesondere von Lizenzzahlungen – durch Untersuchungen nachzuweisen. Bei Verletzung dieser Dokumentationspflicht kann die deutsche Finanzleitung zu nachteiligen Schätzungen schreiten und zusätzlich Strafen verhängen.

3. Umsatzsteuer

Die Erteilung von Lizenzen an gewerblichen Schutzrechten und an Know-how unterliegt grundsätzlich der Umsatzbesteuerung in der Europäischen Union.[147]

Die Lizenz wird an dem Ort der Umsatzbesteuerung unterworfen, an dem der Lizenznehmer seinen Sitz hat, sofern sich dieser als umsatzsteuerlicher Unternehmer qualifiziert. Hat jedoch der Lizenznehmer eine Betriebstätte[148] in einem anderen Land und wird die Leistung in Form der Erteilung einer Lizenz an diese Betriebsstätte erbracht, so ist für die Besteuerung der Ort der Betriebsstätte maßgebend. Die Lizenz wird an die Betriebsstätte erbracht, wenn sie überwiegend von der Betriebsstätte genutzt wird bzw. ihr zugute kommt. Unerheblich ist, ob die Betriebsstätte oder der Lizenznehmer die Lizenzgebühren entrichtet. Unerheblich ist auch, wo das lizenzierte Patent registriert ist.

Die nachfolgenden Fallalternativen sollen das Besteuerungsprinzip verdeutlichen:

- **Lizenzgeber und Lizenznehmer im Inland:** Die Lizenz unterliegt der deutschen Umsatzsteuer. Für den Vorsteuerabzug beim Lizenznehmer benötigt dieser eine Rechnung, die den Anforderungen des § 14 Abs. 4 UStG entspricht, also beispielsweise die Steuernummer des Lizenzgebers, das Nettoentgelt, den anzuwendenden Steuersatz sowie den auf die Lizenzgebühr entfallenden Steuerbetrag ausweist. Der Lizenzgeber ist gesetzlich verpflichtet, derartige Rechnungen an den Lizenznehmer auszustellen.

- **Lizenzgeber im Ausland:** Erteilt ein ausländischer Lizenzgeber einem in Deutschland ansässigen Lizenznehmer eine Lizenz, unterliegt die Lizenz grundsätzlich der deutschen Umsatzbesteuerung. Der ausländische Lizenzgeber erbringt damit eine Leistung, die der deutschen Umsatzbesteuerung unterliegt.
  Nach der 6. EG-Richtlinie und nach § 13a Abs. 1 Nr. 1 UStG ist grundsätzlich der leistende Unternehmer Steuerschuldner. Damit wäre aber der ausländische Lizenzgeber Steuerschuldner der deutschen Umsatzsteuer. Es kann daher bei im Ausland ansässigen Leistungserbringern zu einer Umkehrung der Steuerschuldnerschaft kommen, so dass anstelle des Leistungserbringers der Leistungsempfänger, also der Lizenznehmer, Steuerschuldner wird (sog. Reverse-Charge-Prinzip, § 13 b UStG). Die Rechnung des ausländischen Lizenzgebers darf dann die deutsche Umsatzsteuer nicht ausweisen, vielmehr muss auf der Rechnung bzw. im Lizenzvertrag der Hinweis aufgenommen werden, dass der Leistungsempfänger (der inländische Lizenznehmer) die deutsche Umsatzsteuer schuldet. Eine entsprechende Regelung enthält die Variation zu Ziffer 8.1 des Vertragsmusters. Weist der ausländische Lizenzgeber dennoch Umsatzsteuer gesondert aus, schuldet er die ausgewiesene Umsatzsteuer wegen des gesonderten Ausweises. Der inländische Lizenznehmer läuft dann Gefahr, dass ihm ein entsprechender Vorsteuerabzug nicht gewährt wird, da die Steuer vom ausländischen Lizenzgeber eigentlich nicht geschuldet wird.
- **Lizenznehmer im Ausland:** Erteilt ein in Deutschland ansässiger Lizenzgeber einem im Ausland ansässigen Lizenznehmer eine Lizenz, so unterliegt die Lizenz nicht der deutschen Umsatzsteuer. Das gleiche gilt, wenn ein deutscher Lizenznehmer Unterlizenzen an im Ausland ansässige Unterlizenznehmer erteilt. Etwas anderes gilt, wenn die Lizenz einer im Inland belegenen Betriebsstätte des ausländischen Lizenznehmers erteilt wird.

4. Zölle

Waren unterliegen bei ihrem Import in das Zollgebiet der Europäischen Union der Erhebung von Zollabgaben. Lizenzen an gewerblichen Schutzrechten sind dagegen nicht Gegenstand einer Zollerhebung. Eine Verzollung kommt allenfalls in Betracht, wenn die immateriellen Wirtschaftsgüter bereits im maßgebenden Zeitpunkt in den eingeführten Waren verkörpert oder in einer Weise mit dem Erwerb der eingeführten Waren verknüpft sind, dass sie einen notwendigen Teil des Kaufgeschäftes über die Waren darstellen. Bei der

Verkörperung des immateriellen Wirtschaftsgutes in der eingeführten Ware wird der Wert des immateriellen Wirtschaftsgutes bereits im Kaufpreis enthalten sein. Wird das immaterielle Wirtschaftgut in Form einer Lizenzgebühr jedoch gesondert berechnet, kann die Lizenzgebühr den Zollwert der Waren erhöhen. Dieser Aspekt wird beim Abschluss von Lizenzverträgen häufig übersehen.

Die Voraussetzungen, unter denen Lizenzgebühren den Zollwert erhöhen, ergibt sich aus Art. 32 Abs. 1 Buchst. c der Verordnung (EWG) Nr. 2913/92 des Rates vom 12. 10. 1992.[149] Grundlage für die Zollwertbemessung importierter Waren ist zunächst deren Transaktionswert, in der Regel der Kaufpreis der Ware. Lizenzgebühren sind hinzuzurechnen, wenn sich die Lizenzgebühr auf die importierte Ware bezieht und die Zahlung der Lizenzgebühr unmittelbar oder mittelbar eine Bedingung des dem Import zugrunde liegenden Kaufgeschäftes darstellt. Eine solche Bedingung liegt vor, wenn die Zahlung der Lizenzgebühr ein Teil der Gegenleistung dafür ist, dass der Käufer die Verfügung über die Ware erlangt. Kann der Käufer/Lizenznehmer über die importierte Ware verfügen, obwohl er Lizenzgebühren nicht entrichtet, stellt die Zahlung der Lizenzgebühren keine Bedingung des Kaufgeschäftes dar.[150]

5. Abrechnungszeitraum und Fälligkeit

Die Wahl des Abrechnungszeitraums orientiert sich am wirtschaftlichen Interesse der Parteien. Spielt die Lizenz eine eher untergeordnete Rolle und sind die zu erwartenden Lizenzgebühren gering, werden auch längere Abrechnungszeiträume ausreichen. Bei erheblichem Lizenzaufkommen sollten entsprechend kürzere Abrechnungszeiträume gewählt werden, womit allerdings der administrative Aufwand für die Parteien ansteigt.[151] Weiterhin sollten die Parteien berücksichtigen, dass die positiven Zinseffekte beim Lizenznehmer umso größer sind, je länger die Abrechnungszeiträume gewählt werden. Die Parteien können dieses Ungleichgewicht etwa durch eine Vorauszahlungspflicht für Mindestlizenzgebühren auf den entsprechenden Zeitraum ausgleichen. In der Regel sollten die Parteien bei der Gestaltung der Klausel zu Mindestlizenzgebühren zur Erleichterung der Zahlungsabläufe darauf achten, die Entstehung des Zahlungsanspruches auf die Mindestlizenzgebühr mit demjenigen der umsatz- bzw. stückabhängigen Lizenzgebühr zu synchronisieren.

Die in dem Abrechnungszeitraum entstandenen Lizenzgebühren[152] sowie die Abrechnung hierüber werden laut Vertragsmuster erst nach einer weiteren Frist von einem Monat fällig. Dadurch

wird dem Lizenznehmer Zeit gegeben, die Abrechnung korrekt vor-
zubereiten.

6. Buchführungspflicht

Die Pflicht des Lizenznehmers zur Rechnungslegung ist eine mit seiner Lizenzzahlungspflicht korrespondierende Nebenpflicht und ergibt sich analog aus § 666 BGB.[153] Der Umfang dieser Pflicht ist in
§ 259 BGB geregelt und muss so weit gehen, dass es dem Lizenzgeber ermöglicht wird, die Entstehung und Höhe der Lizenzzahlungen
in allen Punkten nachvollziehen zu können.[154]

Die Offenlegung ist demnach je nach Ausgestaltung des Vertrages
zur Entstehung und Anknüpfung der Lizenzzahlung unterschiedlich.
Bei einer Lizenzzahlung, welche an den Umsatz und die Rechnungsstellung der Vertragsprodukte knüpft, muss der Lizenznehmer dem
Lizenzgeber deshalb die Rechnungsbeträge aller Rechnungen offen
legen, welche er seinen Kunden im Abrechnungszeitraum ausgestellt
hat. Bei einer Stücklizenz mit der Anknüpfung der Lizenzzahlungspflicht an die Herstellung des Vertragsprodukts beschränkt sich der
Umfang der Offenlegung auf die Dokumentation der Herstellung.
Eine Offenlegung etwa der Namen der Kunden ist für die Ermittlung der Lizenzhöhe bei keiner der im Vertragsmuster vorgeschlagenen Abrechnungsmethode relevant. Deshalb hat der Lizenzgeber,
abgesehen von möglichen wettbewerbsrechtlichen Schwierigkeiten,
auch im Rahmen der Offenlegungspflicht keinen Anspruch auf
Namensnennung der Kunden.[155]

Mangels vertraglicher Abrede hat der Lizenzgeber keinen Anspruch auf direkte Einsicht in die Bücher des Lizenznehmers.[156] Das
Gesetz gewährt dem Lizenzgeber in § 259 BGB allein die Möglichkeit der Auskunft und Abgabe einer eidesstattlichen Versicherung
durch den Lizenznehmer. Das Vertragsmuster sieht deshalb ein Ein-
sichtsrecht in die Bücher des Lizenznehmers vor. Sowohl um kartellrechtlichen Bedenken vorzubeugen als auch im Wettbewerbs-
interesse des Lizenznehmers sollte eine Buchprüfung durch einen
neutralen Wirtschaftsprüfer erfolgen. Falls die Parteien keine anderweitige Abrede getroffen haben, trägt der beauftragende Lizenzgeber immer die Kosten des Prüfungsverfahrens. Eine abweichende
Regelung rechtfertigt sich dann, wenn sich im Nachhinein heraus-
stellt, dass die Buchprüfung aufgrund eines zugunsten des Lizenzgebers abweichenden Ergebnisses des Wirtschaftsprüfers gerechtfertigt
war.

7. Verpflichtung von Verbundenen Unternehmen und Unterlizenznehmern

Die sich bereits aus dem Gesetz ergebenden Rechnungslegungspflichten des Lizenznehmers gelten parallel für Unterlizenznehmer.[157] Auch Verbundene Unternehmen sind hierzu verpflichtet, soweit die Parteien eine Umsatzlizenz vereinbart haben, bei welcher Verkäufe von Vertragsprodukten durch Verbundene Unternehmen als relevante Bezugsgröße definiert sind. Aber auch für alle über die Rechnungslegung hinausgehenden Pflichten, wie der Offenlegungspflicht, gilt das Gleiche wie für den Hauptlizenznehmer. Deshalb sieht das Vertragsmuster eine Erstreckung der vertraglichen Pflichten des Hauptlizenznehmers auch auf den Unterlizenznehmer vor.

8. Umrechnung auf Euro

Die Umrechnung einer Fremdwährung auf den Euro spielt nur bei Vereinbarung einer Umsatzlizenz und nur dann eine Rolle, wenn Rechnungen des Lizenznehmers an die Käufer des Vertragsprodukts in einer Fremdwährung ausgestellt werden. Die Vertragsklausel dient zwei Zielen: Zunächst legen die Parteien die Umrechnungsmethode verbindlich fest, zum anderen wird eine mangels vertraglicher Regelung zu entrichtende Lizenzgebühr in der entsprechenden Fremdwährung unterbunden.[158]

§ 9
Lenkungsausschuss

9.1 Der Lenkungsausschuss überwacht die Forschung, Entwicklung und Vermarktung des Vertragsproduktes einschließlich des Einkaufs von Vorprodukten und stellt den Erfolg der Zusammenarbeit zwischen Lizenzgeber und Lizenznehmer sicher. Die Aufgaben des Lenkungsausschusses umfassen unter anderem:
  (i) die Erstellung und Überprüfung des Entwicklungsplans,
  (ii) Änderungen und Aktualisierungen des Entwicklungsplans,
  (iii) die Prüfung, Zuordnung und Genehmigung von Entwicklungsaktivitäten und -berichten,
  (iv) die Überprüfung des Entwicklungserfolges anhand des Entwicklungsplans,

(v) die Erstellung und Prüfung eines Marketingplans,

(vi) Änderungen und Aktualisierungen des Marketingplans,

(vii) die Entwicklung von Strategien und Zeitplänen für die Einreichung von Anträgen bei Zulassungsbehörden etc., und

(viii) die Abstimmung der Anmeldung von Patenten und anderen gewerblichen Schutzrechten an gemeinsamen Erfindungen und Verbesserungen.

(ix) ......

Der Lenkungsausschuss kann Unterkomitees einrichten, die beispielsweise für die Entwicklung, das Marketing, die Anmeldung von gewerblichen Schutzrechten, die Zulassungen und/oder die Herstellung von Vertragsprodukten zuständig sind.

9.2   Der Lenkungsausschuss setzt sich aus einer gleichen Anzahl (bis zu drei (3) pro Partei) von Vertretern des Lizenzgebers und Vertretern des Lizenznehmers zusammen. Die Vertreter im Lenkungsausschuss sollen die erforderliche Erfahrung, Expertise und Seniorität besitzen, um alle strategischen Fragen, mit denen sich der Lenkungsausschuss gemäß Ziffer 9.1 befasst, zu adressieren. Jede Partei darf Gäste zu den jeweiligen Sitzungen einladen, um spezielle technische oder kommerzielle Themen zu besprechen. Jährlich soll ein Vorsitzender des Lenkungsausschusses ernannt werden, wobei der *[Lizenznehmer]* den ersten Vorsitzenden benennt. Jährlich soll weiter ein Sekretär des Lenkungsausschusses ernannt werden, wobei der *[Lizenzgeber]* den ersten Sekretär benennt. Der Sekretär ist verantwortlich für die Terminierung der *[vierteljährlichen]* Treffen, die Verteilung von Unterlagen vor den Treffen und die Erstellung von Protokollen im Anschluss an die Treffen. Der Sekretär ist auch ermächtigt, außerordentliche Treffen auf Anfrage eines Mitglieds im Lenkungsausschuss einzuberufen. Die Partei, die ein außerordentliches Treffen wünscht, wird diesbezügliche Informationen und eine Tagesordnung für ein solches Treffen an die andere Partei und an jedes Mitglied im Lenkungsausschuss senden.

9.3   Der Lenkungsausschuss trifft sich zum ersten Mal innerhalb von *[dreißig (30)]* Tagen nach Inkrafttreten des Vertrages und danach soweit notwendig, um die ihm gesetzten Aufgaben zu erfüllen, mindestens jedoch *[kalendervierteljährlich]*. Die Treffen des Lenkungsausschusses können über Telekonferenz, Videokonferenz oder persönlich stattfinden, wobei mindestens *[zwei (2)]* Treffen im Jahr persönliche Treffen sein sollen. Jede Partei darf eine außerordentliche Sitzung des Lenkungsausschusses bis zu *[zwei (2)]* Mal im Kalenderjahr mit einer *[fünfzehntägigen (15)]* Frist einberufen. Die Treffen finden abwechselnd am Sitz der Parteien statt, soweit nicht anderweitig vereinbart. Jede Partei hat nur eine (1) Stimme. Jede Partei trägt ihre eigenen Kosten in Verbindung mit der Arbeit des Lenkungsausschusses.

9.4 Alle Entscheidungen des Lenkungsausschusses sollen in treuem Glauben und im Interesse des Vertrages getroffen werden, Entscheidungen müssen einstimmig erfolgen. Ist der Lenkungsausschuss nicht in der Lage, eine Entscheidung zu treffen, nachdem die Mitglieder nach treuem Glauben und in einer kommerziell vernünftigen Weise versucht haben, Einigung zu erzielen, so kann jede Partei verlangen, dass der Dissens in einem persönlichen Treffen zwischen dem Vorstandsvorsitzenden des Lizenznehmers (oder einem entsprechenden Vertreter des Lizenznehmers) und dem Vorstandsvorsitzenden des Lizenzgebers (oder einem entsprechenden Vertreter des Lizenzgebers), das innerhalb von *[vierzehn (14)]* Tagen nach dem Verlangen stattzufinden hat, gelöst wird. Falls diese Personen ebenfalls nicht in der Lage sind, den Dissens innerhalb weiterer *[vierzehn (14)]* Tage nach einem solchen persönlichen Treffen zu klären, so ist die Stimme des Lizenzgebers unter angemessener Berücksichtigung der Interessen des Lizenznehmers verbindlich. Die verbindliche Stimme des Lizenznehmers darf nicht zu einer finanziellen Belastung des Lizenzgebers führen. Daher soll die Stimme immer mit einem angemessenen Vorschlag der jeweiligen Partei zum Ausgleich einer möglichen Belastung verbunden sein. Weiter berechtigt die Verletzung einer Vertragsverpflichtung durch den Lizenznehmer den Lizenzgeber nicht zur Kündigung des Vertrages aus wichtigem Grund, wenn die jeweilige Verpflichtung, die der Lizenznehmer verletzt hat, gegen den Willen des Lizenzgebers durchgesetzt wurde.

9.5 Vor jedem *[vierteljährlichen]* Treffen des Lenkungsausschusses werden die Parteien schriftliche Kopien von allen Materialien, Entwicklungsdaten und sonstigen Informationen, die im Zusammenhang mit den jeweiligen Aktivitäten stehen, austauschen.

- Variante (Kurzform):
9.1 Der Lenkungsausschuss beaufsichtigt die Entwicklung des Vertragsproduktes und stellt den Erfolg der Zusammenarbeit sicher.

Der Lenkungsausschuss setzt sich aus *[zwei (2)]* Repräsentanten jeder Partei zusammen. Der Lenkungsausschuss trifft sich zum ersten Mal nicht später als *[dreißig (30)]* Tage nach Vertragsschluss und danach je nach Bedarf zur Erfüllung seiner Ziele, mindestens jedoch einmal *[kalendervierteljährlich]*. Lenkungsausschusssitzungen können auch per Telekonferenz oder Videokonferenz erfolgen. Jede Partei ist berechtigt, eine Sondersitzung des Lenkungsausschusses *[fünfzehn (15) Tage]* vor dem Sitzungstermin schriftlich einzuberufen. Der Ort der Sitzungen wechselt zwischen den Büros der Parteien. Vor jeder *[kalendervierteljährlichen]* Sitzung des Lenkungsausschusse tauschen die Parteien untereinander schriftlich sämtliche Kopien aller Materialien, Entwicklungsdaten und Informationen aus, die im Zusammenhang mit den jeweiligen Aktivitäten stehen.

Alle Entscheidungen des Lenkungsausschusses werden im Sinne dieses Vertrages nach bestem Wissen und Gewissen getroffen und haben einstimmig zu erfolgen. Sollte der Lenkungsausschuss nicht imstande sein, eine Entscheidung herbeizuführen, die auf einer wirtschaftlich sinnvollen Grundlage steht, soll eine Entscheidung in Übereinstimmung mit den in Ziffern 25.3 und 25.4 benannten Regelungen herbeigeführt werden.

Inhalt der Erläuterungen zu § 9:

1. Vorbemerkung   3. Entscheidungskompetenzen
2. Aufgaben des Lenkungsaus-
   schusses

1. Vorbemerkung

Bei Patent- und Know-how-Lizenzverträgen ist es häufig sinnvoll, einen Lenkungsausschuss einzusetzen, der die Entwicklung und gegebenenfalls auch die Vermarktung des Vertragsproduktes überwacht und bestimmte für den Fortgang der Entwicklung wichtige Entscheidungen trifft, wie beispielsweise Änderungen des im Lenkungsausschuss verabschiedeten Entwicklungsplans. Die Bedeutung des Lenkungsausschusses und des damit verbundenen **Alliance Managements** kann nicht überschätzt werden. So ist gerade bei langfristigen Kooperationen, die die gemeinsame Produktentwicklung zum Gegenstand haben, ein schlechtes Alliance Management der nach der mangelnden Eignung der Technologie am zweithäufigsten genannte Grund für ein Scheitern der Kooperation.

Aus Sicht des Lizenzgebers ist die Einsetzung eines Lenkungsausschusses sinnvoll, damit er sich einen Überblick über den Entwicklungsfortschritt verschaffen und schnellstmöglich eingreifen kann, falls der Lizenznehmer seinen Entwicklungs- und Vermarktungspflichten nicht vereinbarungsgemäß nachkommt. Der Lizenzgeber hat regelmäßig ein eigenes kommerzielles Interesse an dem Erfolg der Entwicklung und möchte daher Einfluss nehmen können.

Für den Lizenznehmer, der eine exklusive Lizenz erworben hat und sich als Herr über die Entwicklung des Vertragsproduktes versteht, mag es zunächst unangenehm sein, zu akzeptieren, dass der Lizenzgeber ein Mitsprache- und ein Mitentscheidungsrecht beansprucht. Im Ergebnis ist jedoch auch für den Lizenznehmer die weitere Einbindung des Lizenzgebers nützlich: Der Lizenzgeber ist häufig mit der lizenzierten Technologie besser vertraut als der Lizenznehmer und kann daher wertvolle Anregungen für die weitere Entwicklung des Vertragsproduktes geben. Wenn die Entwicklung nicht die geplanten Fortschritte macht, ist der Lizenzgeber aufgrund seiner Arbeit im Lenkungsausschuss frühzeitig informiert, kennt die Hintergründe und ist möglicherweise sogar am Entscheidungsprozess, der zur Verzögerung geführt hat, beteiligt gewesen, so dass nicht mit seinem Widerstand zu rechnen sein wird.

Eine kritische Regelung bei der Vereinbarung eines Lenkungsausschusses ist immer die Frage, ob und zu welchen Fragen der Lizenzgeber mitentscheiden kann oder ein Vetorecht hat und wie vorzugehen ist, wenn sich der Lizenzgeber und der Lizenznehmer im Lenkungsausschuss nicht einigen können. Hierzu finden sich in Patent- und Know-how-Lizenzverträgen häufig komplexe Regelungen, die Einstimmigkeit für bestimmte Entscheidungen und einen Eskalationsprozess mit einer „Casting Vote" des Lizenznehmers nach Durchlauf des Eskalationsprozesses vorsehen.

2. Aufgaben des Lenkungsausschusses

Wichtig ist es, die Aufgaben des Lenkungsausschusses zu präzisieren. So ist insbesondere zu regeln, ob der Lenkungsausschuss Änderungen des Entwicklungsplanes beschließen muss oder ob vom Lizenznehmer beschlossene Änderungen im Lenkungsausschuss nur vorgetragen werden. Entsprechendes gilt auch für Marketingpläne und IP Strategien.

Neben oder anstelle eines Lenkungsausschusses können auch weitere Komitees mit unterschiedlichen Zuständigkeiten und Kompetenzen eingesetzt werden, wie beispielsweise

– ein Entwicklungskomitee, das die weitere Entwicklung überwacht und steuert,
– ein Vermarktungskomitee, gegebenenfalls ein lokales und ein internationales Vermarktungskomitee, das entscheidet, wann und zu welchen Preisen die Vertragsprodukte auf den Markt gebracht werden,
– ein Intellectual Property-Komitee, das über die Anmeldung und Aufrechterhaltung von Patenten entscheidet,
– ein Zulassungskomitee, das für die Beantragung von Zulassungen und Zertifizierungen zuständig ist, und
– ein Einkaufskomitee, das für den Einkauf von Materialien und Vorprodukten zuständig ist.

3. Entscheidungskompetenzen

Dient der Lenkungsausschuss nicht nur dazu, den Lizenznehmer über Entwicklungen des Lizenzgebers zu informieren, sondern werden im Lenkungsausschuss auch Entscheidungen getroffen, wie zum Beispiel Änderungen des vereinbarten Entwicklungsplanes, so muss geregelt werden, welche Mehrheiten für Entscheidungen erforderlich sind und was gelten soll, wenn keine Mehrheiten erreicht werden können.

Da die Mitglieder im Lenkungsausschuss Vertreter der Parteien sind, empfiehlt es sich, zu regeln, dass die Vertreter des Lizenzgebers und die Vertreter des Lizenznehmers jeweils nur eine Stimme haben und die Entscheidungen einstimmig getroffen werden müssen. Alternativ kann auch vereinbart werden, dass Entscheidungen mit beispielsweise siebzig Prozent der anwesenden Stimmen und fünfzig Prozent aller Stimmen der Mitglieder des Lenkungsausschusses getroffen werden müssen.

Sind sich Lizenzgeber und Lizenznehmer nicht einig, so findet sich typischerweise nicht die für eine Entscheidung notwendige Mehrheit. In einem solchen Fall wird entweder zugunsten des Lizenzgebers vereinbart, dass die Stimme des Lizenzgebers entscheidet oder es wird zugunsten des Lizenznehmers vereinbart, dass die Entscheidung nach Durchlauf eines Eskalationsprozesses durch ein Gericht oder Schiedsgericht zu entscheiden ist. Für diesen Fall müssen dem Gericht Kriterien für die Entscheidung an die Hand gegeben werden, z. B. dass vereinbarte Fristen, innerhalb derer eine bestimmte Entwicklung abzuschließen war, verlängert werden können, wenn eine bestimmte Studie nicht die gewünschten Ergebnisse erzielt. Der Eskalationsprozess und auch die Einbindung eines Gerichts oder Schiedsgerichts dienen häufig dazu, Druck auf die Parteien auszuüben, sich zu einigen. Die Vertreter im Lenkungsausschuss werden typischerweise ungern den Vorstandvorsitzenden ihres Unternehmens einschalten, weil es ihnen nicht gelingt, sich mit dem Partner über die Ziele der Kooperation zu einigen.

§ 10
Unterstützungsverpflichtung, Informationsaustausch

10.1 Die Parteien werden sich bei der Durchführung dieses Vertrages gegenseitig unterstützen. Die Parteien werden sich gegenseitig über Entwicklungen, Probleme und technische bzw. wissenschaftliche Ergebnisse, die die Kooperation zwischen den Parteien betreffen könnte, informieren. Insbesondere wird der Lizenzgeber dem Lizenznehmer Kopien aller relevanten Patentunterlagen zu den Lizenzierten Patentrechten zur Verfügung stellen.

10.2 Sollten bei der Durchführung dieses Vertrages unvorhergesehene Schwierigkeiten auftreten, sind die Parteien verpflichtet, sich über solche Schwierigkeiten unverzüglich und vollständig schriftlich zu unterrichten.

Ergänzung (etwa im pharmazeutischen Bereich):

10.3 Die Parteien werden sich unverzüglich informieren, wenn sie Kenntnis von unerwünschten Nebenwirkungen der Vertragsprodukte erlangen. Die Parteien werden darüber hinaus ein System etablieren, welches den unverzüglichen Austausch über unerwünschte Nebenwirkungen bei der Anwendung der Vertragsprodukte ermöglicht.

Inhalt der Erläuterungen zu § 10:

1. Unterstützungsverpflichtung,   2. Gegenwirkungsanzeigen
   gegenseitige Information

1. Unterstützungsverpflichtung, gegenseitige Information

Beiden Parteien ist daran gelegen, das für sie bestmögliche Resultat aus dem Vertrag und der Kooperation mit der anderen Partei zu erzielen. Hierfür kann es in vielerlei Hinsicht förderlich, wenn nicht sogar unerlässlich sein, dass sich die Parteien bei der Durchführung des Vertrages gegenseitig unterstützen. Rechtsprechung und Literatur erkennen daher an, dass die Parteien eines Schuldverhältnisses im Rahmen einer Nebenpflicht nach den Grundsätzen von Treu und

Glauben zur gegenseitigen Unterstützung verpflichtet sind – jedoch nur insoweit, als keine zumindest gleichrangigen eigenen Interessen der jeweiligen Partei entgegen stehen.[159] Auf den Patentlizenzvertrag bezogen, hat der Bundesgerichtshof etwa entschieden, dass der Geber einer nicht-ausschließlichen Lizenz mit Meistbegünstigungsklausel regelmäßig auch ohne eine entsprechende vertragliche Regelung verpflichtet ist, den Lizenznehmer gegen fortgesetzte Verletzungshandlungen Dritter zu unterstützen.[160] Jenseits dieser speziellen Fallkonstellation können sich allerdings im Einzelnen Unklarheiten darüber ergeben, ob die Parteien verpflichtet sind, ihre eigenen Interessen zugunsten einer bestimmten Unterstützung des Vertragspartners zurückzustellen, namentlich, insoweit es um den Austausch von Informationen geht. Um solche Unklarheiten über das Bestehen einer Nebenpflicht von vornherein zu vermeiden, bietet es sich an, die wechselseitigen Pflichten entsprechend Ziffer 10.1 des Vertragsmusters ausdrücklich zu regeln.

Ferner liegt es im Interesse beider Parteien, über bestehende oder drohende Schwierigkeiten bei der Durchführung des Vertrages so schnell und so konkret wie möglich von der anderen Partei informiert zu werden. Auf diese Weise wird sichergestellt, dass die Parteien bereits im Vorfeld oder unverzüglich nach Auftreten der Schwierigkeiten gemeinsam eine konstruktive Lösung entwickeln können, die das Schadensrisiko abwendet oder jedenfalls mindert. Der Vertrag sollte aus diesem Grund eine gegenseitige Verpflichtung der Parteien vorsehen, die jeweils andere Partei unverzüglich über unvorhergesehene Schwierigkeiten in Kenntnis zu setzen. Um eine umfassende Dokumentation der aufgetretenen oder drohenden Hindernisse zu erhalten, sollte im Hinblick auf die Mitteilung der Schwierigkeiten ein Schriftformerfordernis vereinbart werden. Ziffer 10.2 enthält einen entsprechenden Formulierungsvorschlag.

2. Gegenwirkungsanzeigen

Im Bereich der pharmazeutischen Industrie werden Lizenzverträge oftmals mit dem Ziel der Entwicklung eines neuen pharmazeutischen Produkts oder Medizinproduktes geschlossen. Unerwünschte Nebenwirkungen eines solchen Produkts können binnen kurzer Zeit die Gesundheit und im Extremfall das Leben vieler Kunden des Lizenznehmers gefährden und bergen so auch ein erhebliches Haftungsrisiko für die Parteien des Lizenzvertrags. Infolge dieser besonderen Sensibilität des pharmazeutischen Bereichs besteht zwischen den Parteien des Pharma-Lizenzvertrages ein gesteigertes Bedürfnis nach schneller und umfassender wechselseitiger Information über Prob-

leme, die im Zusammenhang mit dem Vertragsprodukt auftreten.
Ziffer 10.3 sieht daher ausdrücklich vor, dass sich die Parteien
gegenseitig unverzüglich über das Auftreten unerwünschter Nebenwirkungen in Zusammenhang mit den Vertragsprodukten informieren.[161] Um ein reibungsloses Funktionieren des Informationsaustau-
sches zu gewährleisten, sollten sich die Parteien bereits zu Beginn
der Vertragsdurchführung über ein von beiden Seiten anzuwenden-
des Informationssystem verständigen. So können die Parteien etwa
jeweils einen Ansprechpartner für Gegenanzeigen benennen oder
den Lenkungsausschuss entsprechend instruieren. Die Aufnahme
von Ziffer 10.3 ist ebenfalls empfehlenswert bei Vertragsgegenstän-
den aus ähnlich sensiblen Bereichen wie der Pharmazie, namentlich
bei der Entwicklung neuer Lebensmittel oder sonstiger biologischer
Erfindungen.

§ 11
Ausübungspflicht, Wettbewerbsverbot

11.1 Der Lizenznehmer ist verpflichtet, die Lizenzierten Rechte
auszuüben und *[bestmögliche/angemessene/kaufmännisch
angemessene]* Anstrengungen zu unternehmen, die Vertragsprodukte zu entwickeln, herzustellen, zu vermarkten und zu
verkaufen. Zu den Ausübungspflichten gehört unter anderem
die Durchführung von geeigneten und angemessenen Werbemaßnahmen, insbesondere die Schaltung von Anzeigen
und Werbespots in einschlägigen Fachmedien und die regel-
mäßige Ausstellung der Vertragsprodukte auf relevanten
Fachmessen im Vertragsgebiet. Der Lizenznehmer wird für
die Werbemaßnahmen jährlich Kosten in Höhe von mindestens *[......%]* seines Jahresumsatzes ausgeben. Auf Verlangen
des Lizenzgebers wird der Lizenznehmer diesem die zur
Überprüfung der Werbemaßnahmen erforderlichen Unterlagen übergeben.

- Variante zu Ziffer 11.1:
  Der Lizenznehmer ist verpflichtet, die Lizenzierten Rechte
  auszuüben und *[bestmögliche/angemessene/kaufmännisch
  angemessene]* Anstrengungen zu unternehmen, die Vertragsprodukte zu entwickeln, herzustellen, zu vermarkten und zu
  verkaufen. Der Lizenznehmer ist insbesondere verpflichtet,
  die Vertragsprodukte auf eigene Kosten gemäß dem Entwicklungsplan in <u>Anlage 11.1</u> zu entwickeln. Abweichungen
  vom Entwicklungsplan bedürfen der Zustimmung des Len-

kungsausschusses. Die Nichteinhaltung des Entwicklungsplans berechtigt den Lizenzgeber zur außerordentlichen Kündigung nach Ziffer 23.3 dieses Vertrages. Zu den Ausübungspflichten gehört auch die Durchführung von geeigneten
Werbemaßnahmen ......

11.2 Der Lizenznehmer verpflichtet sich, *[ab Inkrafttreten]* und
für die Dauer des Vertrages jährlich folgende Mindestmengen
an den Vertragsprodukten zu verkaufen:

1. Kalenderjahr nach Inkrafttreten: *[...... Stück]*
2. Kalenderjahr: *[...... Stück]*
3. Kalenderjahr: *[...... Stück]*
4. Kalenderjahr: *[...... Stück]*
ab dem 5. Kalenderjahr *[......]*:   *[...... Stück]*

Die Einhaltung der in dieser Ziffer 11.2 festgelegten jährlichen Mindestmengen darf von dem Lizenzgeber zum Ende
eines jeden Kalenderjahres überprüft werden.

11.3 Weicht die Zahl der von dem Lizenznehmer verkauften
Menge an Vertragsprodukten um mehr als zehn Prozent
(10%) von der vereinbarten Mindestmenge in dem jeweiligen
Kalenderjahr ab, ist der Lizenzgeber berechtigt, den Vertrag
aus wichtigem Grund, gemäß Ziffer 23.2 zu kündigen.

- Variante 1 zu Ziffer 11.3:
  Weicht die Zahl der von dem Lizenznehmer verkauften
  Menge an Vertragsprodukten um mehr als zehn Prozent
  (10%) von der vereinbarten Mindestmenge in dem jeweiligen
  Kalenderjahr ab, ist der Lizenznehmer zunächst berechtigt,
  die zur Erreichung der Mindestmenge erforderliche Menge
  („Restmenge") auf das Folgejahr zu übertragen. Erreicht
  der Lizenznehmer im Folgejahr die Gesamtmindestmenge
  (Mindestmenge + Restmenge) abzüglich zehn Prozent (10%)
  nicht, ist der Lizenzgeber berechtigt, den Vertrag aus wichtigem Grund gemäß Ziffer 23.2 zu kündigen.

- Variante 2 zu Ziffer 11.3 (nur bei ausschließlichen Lizenzen):
  Weicht die Zahl der von dem Lizenznehmer verkauften
  Menge an Vertragsprodukten um mehr als zehn Prozent
  (10%) von der vereinbarten Mindestmenge in dem jeweiligen
  Kalenderjahr ab, ist der Lizenzgeber dazu berechtigt, die ausschließliche Lizenz mit einer Frist von drei (3) Monaten
  durch schriftliche Mitteilung in eine nicht-ausschließliche Lizenz umzuwandeln. Macht der Lizenzgeber von dem Um-
  wandlungsrecht Gebrauch, ist der Lizenznehmer nicht mehr

zur Zahlung der in Ziffer 7.7 festgesetzten Mindestlizenzgebühr verpflichtet.

11.4 Dem Lizenznehmer ist es untersagt, Produkte zu entwickeln, herzustellen, zu vermarkten und zu verkaufen, welche mit den Vertragsprodukten in Wettbewerb stehen, wenn die Entwicklung, Herstellung, die Vermarktung und der Verkauf solcher Konkurrenzprodukte unter Nutzung der Lizenzierten Rechte oder Vertraulicher Informationen erfolgt. Vorstehende Regelung soll den Lizenznehmer nicht darin beschränken,

(i) seine eigene Technologie zu verwerten, sofern er dabei nicht die Lizenzierten Rechte und/oder Vertrauliche Informationen des Lizenzgebers nutzt;

(ii) Forschungs- und Entwicklungsarbeiten durchzuführen, sofern die aus den Forschungs- und Entwicklungsarbeiten hervorgehenden Technologien und/oder Produkte keine Nutzung der Lizenzierten Rechte und/oder Vertraulichen Informationen beinhalten. *[Die Beweislast dafür, ob eine solche Nutzung gegeben ist, trägt der Lizenznehmer]*.

Inhalt der Erläuterungen zu § 11:

1. Bedeutung der Ausübungspflicht für den Lizenzgeber

Die Vereinbarung einer Ausübungspflicht des Lizenznehmers ist für den Lizenzgeber wichtig, da sie einerseits seiner wirtschaftlichen Absicherung dient, andererseits sicherstellen kann, dass die Entwicklung, Herstellung und Vermarktung der Vertragsprodukte von dem Lizenznehmer in dem von den Parteien gegebenenfalls vereinbarten Zeitplan durchgeführt wird. Eine besondere Funktion erfüllt die Ausübungspflicht bei der Einräumung ausschließlicher Lizenzen. Hat der Lizenzgeber durch die Einräumung einer ausschließlichen Lizenz auf die Möglichkeit verzichtet, das Lizenzierte Patent oder das Lizenzierte Know-how selbst oder durch Dritte zu verwerten, muss er sicherstellen, dass die ausschließliche Lizenz ihm einen angemessenen Erlös einbringt. Bei der regelmäßig vereinbarten umsatzabhängigen Lizenzgebühr hängt die Höhe der Lizenzeinnahmen untrennbar mit den von dem Lizenznehmer über den Verkauf der

Vertragsprodukte erzielten Umsätze ab. Solche Umsätze werden aber nur dann erzielt, wenn die Lizenzierten Rechte ausgeübt, d.h. wenn die Vertragsprodukte auf Basis der Lizenzierten Rechte von dem Lizenznehmer hergestellt und vertrieben werden. Um einen völligen Ausfall von Lizenzgebühren zu vermeiden, wird in Lizenzverträgen oftmals eine Mindestlizenzgebühr vereinbart.[162] Mit einer Mindestgebühr allein wird den Interessen des Lizenzgebers allerdings nicht immer genügend Rechnung getragen. Zum einen können die erwarteten umsatzbezogenen Lizenzgebühren die Mindestlizenzgebühr um ein Vielfaches[163] übersteigen. Zum anderen dient die Benutzung der Lizenzierten Rechte deren technischer Weiterentwicklung und Etablierung am Markt. Mit der Vereinbarung einer Ausübungspflicht wird zudem verhindert, dass der Lizenznehmer mit der ihm eingeräumten Lizenz nur die Verwertung der geschützten Technologie blockiert.[164] Eine Blockade der geschützten Technologie ist für den Lizenzgeber vor allem insofern ungünstig, als in diesem Fall das Risiko von Zwangslizenzen besteht. § 24 Abs. 4 PatG nennt als Grund für die Vergabe von Zwangslizenzen ausdrücklich den Nichtgebrauch des Patentes.

2. Vereinbarung der Ausübungspflicht

Wurde dem Lizenznehmer eine ausschließliche Lizenz eingeräumt, wird von der herrschenden Meinung angenommen, dass der Lizenznehmer wegen seiner faktischen Monopolstellung automatisch einer Ausübungspflicht unterliegt.[165] Dies soll insbesondere dann gelten, wenn statt einer Pauschalgebühr eine umsatz- oder stückzahlabhängige Lizenzgebühr vereinbart wurde. Haben sich die Parteien auf eine Mindestlizenzgebühr geeinigt, wird hierin zum Teil ein Indiz dafür gesehen, dass in diesem Fall gerade kein Ausübungszwang des Lizenznehmers gegeben sein soll.[166] Diese Auffassung übersieht allerdings, dass mit der Vereinbarung von Mindestlizenzgebühren und der Vereinbarung einer Ausübungspflicht nicht zwangsläufig dasselbe Ziel anvisiert wird. Auch bei Vereinbarung von Mindestlizenzgebühren sollte daher eine Ausübungsverpflichtung des Lizenznehmers in den Vertrag aufgenommen werden. Bei der Vereinbarung einer nicht-ausschließlichen Lizenz ist die Vereinbarung einer Ausübungspflicht ebenfalls zulässig.[167] Da ein Ausübungszwang hier mangels Monopolstellung des Lizenznehmers aber nicht in jedem Fall vermutet wird, empfiehlt sich hier in jedem Fall eine ausdrückliche Vereinbarung.[168]

Trotz ausdrücklicher Regelung in dem Lizenzvertrag kann die Ausübungspflicht im Einzelfall entfallen, wenn dem Lizenznehmer die Ausübung nicht zumutbar ist. Der Bundesgerichtshof hat zur Beschreibung der Zumutbarkeitsgrenze erklärt, dass der Lizenznehmer im Wege der Ausübungspflicht nicht dazu gezwungen werden dürfe, „mehr oder weniger unverkäuflichen Schrott" zu produzieren und „sehenden Auges dem Ruin entgegenzuwirtschaften".[169] Die Beweislast, dass die Herstellung und/oder der Vertrieb der Vertragsprodukte dem Lizenznehmer wirtschaftlich nicht zugemutet werden können, obliegt dem Lizenznehmer.[170]

3. Umfang der Ausübungspflicht

Zur Vermeidung von Streitigkeiten sollte unbedingt der Umfang der Ausübungspflicht vertraglich festgelegt werden. In der Regel umfasst die Ausübungspflicht sämtliche Bestandteile der Lizenzerteilung, d.h. die Entwicklung, Herstellung und den Vertrieb der Vertragsprodukte.[171] Bei der konkreten Ausgestaltung der Ausübungspflicht in dem Vertrag kommt es maßgeblich auf die Umstände des Einzelfalls an.

Ziffer 11 des Vertragsmusters sieht neben einer Mindestumsatzverpflichtung detaillierte Vermarktungspflichten des Lizenznehmers vor. Die Vereinbarung von Vermarktungspflichten ist vor allem dann von Bedeutung, wenn das auf Basis der Lizenzierten Rechte herzustellende Vertragsprodukt bereits produktionsreif ist, der Lizenznehmer also unmittelbar nach Vertragsschluss mit der Produktion und dem Vertrieb beginnen muss. Um sicherzustellen, dass der Vertrieb der Vertragsprodukte nicht an mangelnder Werbung oder dem Einsatz sonstiger Marketinginstrumente scheitert, ist es ratsam, in den Vertrag eine Verpflichtung zur Durchführung von Werbemaßnahmen aufzunehmen und auch Art und Umfang der Werbemaßnahmen, z.B. die Schaltung von Anzeigen oder die Ausstellung auf einschlägigen Fachmessen, zu beschreiben.[172] Die Parteien können überdies die Kosten festlegen, die der Lizenznehmer in die Werbung zu investieren hat. Eine entsprechende Formulierung ist in Ziffer 11.1 vorgesehen. Der Lizenznehmer sollte sich auf eine solche verbindliche Festlegung des Werbeetats aber nur dann einlassen, wenn er auch die mit dem Vertragsprodukt zu erzielenden Einnahmen einschätzen kann.

Empfehlen mag sich die Bezugnahme auf einen Entwicklungsplan (vgl. Variante zu Ziffer 11.1 des Vertragsmusters) und/oder Marketingplan, welcher ausdrücklich bestimmte Entwicklungs- und Vermarktungspflichten festlegt. Dies gilt insbesondere dann, wenn der Lizenzgeber eigene konkrete Vorstellungen darüber hat, wie die weitere Entwicklung und die Vermarktung des Vertragsproduktes erfolgen soll und sicherstellen möchte, dass der Lizenznehmer den gemeinsam festgelegten Plan einhält. Der Entwicklungsplan sollte von den Parteien vor Abschluss des Vertrages gemeinsam vereinbart werden. Er sollte spezifizieren, zu welchem Zeitpunkt der Lizenznehmer welche Entwicklungs- und Vermarktungsstufen (so genannte „Milestones") erreicht haben muss. Verständigen sich die Parteien auf einen Entwicklungsplan und/oder Marketingplan, so sollte über den Lenkungsausschuss die Möglichkeit geschaffen werden, diese Pläne zu aktualisieren und an veränderte Bedingungen anzupassen.[173]

4. Vereinbarung von Mindestmengen

Um eine kalkulierbare Höhe von Lizenzeinnahmen zu erzielen, empfiehlt es sich zudem, wie in Ziffer 11.2 des Vertragsmusters vorgesehen, von dem Lizenznehmer jährlich zu erzielende Mindestverkaufszahlen oder Mindestumsätze festzulegen. Ist es jedoch nicht möglich, bei Vertragsschluss die Menge der absetzbaren Vertragsprodukte realistisch einzuschätzen, etwa weil das Produkt noch nicht entwickelt ist und die Parteien noch keine Erfahrung mit der Herstellung und dem Vertrieb des Vertragsprodukts haben, sollte auf eine Mindestmengenregelung verzichtet werden.

5. Rechtsfolgen bei Verletzung der Ausübungspflicht und/oder Nichterfüllung der vereinbarten Mindestmengen

Bei der Ausübungspflicht handelt es sich um eine vertragliche Hauptpflicht. Kommt der Lizenznehmer dieser Pflicht nicht oder verspätet nach, kann ihm der Lizenzgeber gemäß § 626 BGB eine angemessene Frist setzen und erklären, dass er nach dem fruchtlosen Ablauf dieser Frist den Lizenzvertrag kündigt. Zusätzlich kann der Lizenzgeber gemäß § 325 BGB Schadensersatz wegen Nichterfüllung verlangen. Da das für die §§ 323, 325 BGB erforderliche Verschulden gemäß § 280 BGB vermutet wird, kann sich der Lizenznehmer in diesem Fall nur dahingehend entlasten, dass er den Verstoß gegen die Ausübungspflicht nicht zu vertreten hat. Bei den genannten Rechtsfolgen handelt es sich um die gesetzlichen Rechtsfolgen, so dass die Aufnahme einer diesbezüglichen Regelung in den Vertrag nicht erforderlich ist.

Die vertragliche Gestaltungsfreiheit lässt zusätzlich zu den gesetzlichen Rechtsfolgen auch die Aufnahme weiterer, auf den Lizenzvertrag zugeschnittener Rechtsfolgen zu. Dies ist insofern wichtig, als

der von §§ 323, 325 BGB erfasste Fall der vollständigen Nichterfüllung in der Regel selten ist. Oftmals wird der Lizenznehmer der
Ausübungspflicht nachkommen, aber die festgelegten Mindestmengen nicht erreichen. Ziffer 11.3 nebst Variationen 1 und 2 sehen für
diesen Fall verschiedene Regelungsalternativen vor:

Die Ausgangsregelung in Ziffer 11.3 berechtigt den Lizenzgeber
bei Unterschreitung der vereinbarten Mindestmenge zu einer Kündigung des Vertrages aus wichtigem Grund. Da ein wichtiger Grund
nach der Legaldefinition in § 314 BGB aber nur dann vorliegt,
wenn dem anderen Vertragsteil eine Fortsetzung des Vertragsverhältnisses nicht zuzumuten ist, kann es nicht ausreichen, wenn
lediglich ein unwesentlicher Verstoß gegen die Ausübungspflicht,
etwa in Form einer minimalen Unterschreitung der vereinbarten
Mindestmenge, gegeben ist. Die Kündigung aus wichtigem Grund
ist vielmehr in solchen Fällen angebracht, in denen die vereinbarte
Mindestmenge so drastisch unterschritten wird, dass ein Festhalten
an dem Vertrag für den Lizenzgeber wirtschaftlich unzumutbar
ist.[174] *Bartenbach/Gennen/Gaul* nennen als wichtigen Grund für eine Kündigung den Fall, dass die wirtschaftlichen Gegebenheiten bei
dem Lizenznehmer so schlecht sind, dass er das Vertragsprodukt
nicht fertigen und/oder vertreiben kann, seine Wettbewerber aber
hierzu in der Lage wären.[175] Diese Überlegung ist zutreffend, für die
Aufnahme in den Vertrag ist sie allerdings nicht konkret genug. In
der Ausgangsregelung ist für die Kündigung aus wichtigem Grund
daher ein Unterschreiten der Mindestmenge um mehr als 10%
vorgesehen. Je nach den Umständen des Einzelfalls kann diese Pro-
zentzahl nach oben oder unten verändert werden. Variation 1 zu
Ziffer 11.3 sieht eine für den Lizenznehmer deutlich günstigere
Kompromisslösung vor, da dem Lizenznehmer hier die Möglichkeit
gegeben wird, die nicht erreichte Menge im Folgejahr nachzuholen.
Erst wenn auch im Folgejahr die vereinbarte Menge von dem Lizenznehmer nicht erreicht wird, soll der Lizenzgeber hiernach berechtigt sein, den Vertrag zu kündigen. Ist dem Lizenznehmer
schließlich eine ausschließliche Lizenz eingeräumt worden, kann es
für beide Parteien sachgerecht sein, wenn anstelle einer Kündigung
des Vertrages nur die Ausschließlichkeit der Lizenz gekündigt wird
und sich die ausschließliche Lizenz in eine nicht-ausschließliche Lizenz umwandelt. In Variation 2 zu Ziffer 11.3 wird dem Lizenzgeber ein solches Recht zur Kündigung der Exklusivität eingeräumt,
dessen Ausübung er dem Lizenznehmer mit einer Dreimonatsfrist
schriftlich mitteilen muss. Die Dauer der Frist kann dabei auch kür-
zer oder länger sein. Wichtig ist, dass der Lizenzgeber den Lizenznehmer über seine Entscheidung frühzeitig informiert, so dass sich
der Lizenznehmer darauf einstellen kann.

Übt der Lizenznehmer seine Ausübungspflicht nicht oder wegen des Nichterreichens der Mindestmengen nur unzureichend aus, weil sich sein Unternehmen in der Insolvenz befindet, könnte die Kündigung aus wichtigem Grund allerdings gegen die Kündigungssperre des § 112 InsO verstoßen. Nach dem Wortlaut des § 112 Nr. 2 InsO sind Kündigungen nach dem Antrag auf Eröffnung des Insolvenzverfahrens unwirksam, wenn sie sich auf die Verschlechterung der Vermögensverhältnisse des Schuldners beziehen. Im Insolvenzfall stellt sich der Verstoß gegen die Ausübungspflicht unter Umständen als Folge der Vermögensverschlechterung dar und ist daher zumindest mittelbar insolvenzabhängig. Zum Teil wird die Auffassung vertreten, dass bereits die Anknüpfung an Umstände, die die Insolvenz nach außen hin erkennbar machen, unter die Sperre des § 112 Nr. 2 fallen.[176] Diese Auffassung birgt allerdings die Gefahr, dass die Vorschrift über ihren Wortlaut hinaus und entgegen dem Willen des Gesetzgebers zu einem allgemeinen Kündigungsverbot ausgedehnt wird. Da das Kündigungsverbot des § 112 InsO einen drastischen Eingriff in die Privatautonomie darstellt, spricht mehr dafür, die Vorschrift restriktiv auszulegen.[177] Eine Kündigung wegen Verstoßes gegen die Ausübungspflicht verstößt danach nicht gegen § 112 InsO.

Eine weitere Möglichkeit, um die Ausübungspflicht des Lizenznehmers durchzusetzen, ist die Vereinbarung einer Vertragsstrafe.[178] Dies ist zwischen Unternehmen auch dann zulässig, wenn der Vertrag Allgemeine Geschäftsbedingungen enthält.[179] Die Wirkung dieses Instruments ist allerdings insofern zweifelhaft, als der Lizenznehmer, der in der Regel aus wirtschaftlichen Gründen seiner Ausübungspflicht nicht nachkommt, finanziell nicht in der Lage sein wird, diese Vertragsstrafe zu bezahlen und der Lizenzgeber diesen Anspruch zur Insolvenztabelle anmelden muss.

6. Kartellrecht

Die Vereinbarung einer Ausübungspflicht ist grundsätzlich weder nach deutschem noch nach europäischem Kartellrecht zu beanstanden. Die bisherige, mit der 7. GWB-Novelle ersatzlos gestrichene Verbotsregel in § 17 Abs. 1 GWB a.F. bezog sich gemäß § 17 Abs. 2 Nr. 4 GWB a.F. ausdrücklich nicht auf die Verpflichtung des Lizenznehmers, das Lizenzierte Schutzrecht in einem Mindestumfang zu nutzen. Auf europäischer Ebene war die Zulässigkeit von Ausübungsverpflichtungen ausdrücklich in der TT-GVO (alt) niedergelegt. Sowohl Art. 2 Abs. 1 Nr. 9 TT-GVO (alt), welche die Vereinbarung einer Mindestzahl von Benutzungen ausdrücklich für zulässig erklärte, als auch Art. 2 Abs. 1 Nr. 17 TT-GVO (alt), wonach der Lizenznehmer verpflichtet werden durfte, die Lizenzierten Rechte nach besten Kräften zu nutzen, nahmen konkret Bezug auf die Ausübungspflicht. Aus Art. 2 Abs. 1 Nr. 9 TT-GVO (alt) wurde auch geschlossen, dass die Vereinbarung von Mindestmengen kartellrechtlich zulässig ist. [180] Die TT-GVO enthält keine Regelung zu der Frage der Zulässigkeit von Ausübungspflichten. Hieraus folgt jedoch nicht, dass eine Vereinbarung von Ausübungspflichten unzulässig ist. Wegen der in der TT-GVO angewandten „Schirm-Technik" („Was nicht verboten ist, ist erlaubt"), sind wettbewerbsbeschränkende Vereinbarungen, die nicht ausdrücklich als unzulässig oder nicht freigestellt aufgeführt sind, innerhalb der Marktanteilsschwellen freigestellt. [181]

Die Aufnahme einer Werbepflicht des Lizenznehmers wird in kartellrechtlicher Hinsicht als unbedenklich eingestuft, da Werbepflichten grundsätzlich nicht als wettbewerbsbeschränkend im Sinne des Art. 85 Abs. 1 EGV angesehen werden. [182] Allerdings darf die Werbepflicht nicht dazu führen, dass der Lizenznehmer in seinen unternehmerischen Freiheiten in der Weise eingeschränkt wird, dass seine Position auf dem Markt gefährdet wird. In diesem Fall kann die Werbepflicht dann doch eine wettbewerbsbeschränkende Wirkung haben.

Ziffer 11.4 des Vertragsmusters enthält ein Wettbewerbsverbot dahingehend, dass der Lizenznehmer keine Produkte entwickeln, herstellen und vertreiben darf, welche in Wettbewerb zu den Vertragsprodukten stehen. Das Wettbewerbsverbot gilt gemäß Ziffer 11.4 ausdrücklich nur für den Fall, dass die vorgenannten Handlungen unter Einbeziehung der Lizenzierten Rechte oder der Vertraulichen Informationen des Lizenzgebers erfolgen. In einem Vertrag zwischen Wettbewerbern besteht bei Aufnahme eines solchen auf die Vertragsprodukte bezogenen Wettbewerbsverbots die Gefahr, dass eine Kernbeschränkung im Sinne von Art. 4 Abs. 1 lit. d 1. Halbsatz TT-GVO gegeben ist. Der Lizenznehmer wird durch das Wettbewerbsverbot nämlich möglicherweise darin beschränkt, seine eigene Technologie zu verwerten oder eigene Forschungs- und Entwicklungsarbeiten durchzuführen. Zwischen Nicht-Wettbewerbern stellt dieselbe Vereinbarung gemäß Artikel 5 Abs. 2 1. Halbsatz TT-GVO lediglich eine nicht freigestellte Beschränkung dar. [183]

Grund für beide Regelungen der TT-GVO ist die Erkenntnis, dass der Innovationswettbewerb nicht behindert werden darf. Weder Art. 4 Abs. 1 lit. d 1. Halbsatz, noch Artikel 5 Abs. 2 1. Halbsatz TT-GVO finden aber Anwendung auf Sachverhalte, bei denen die Nutzung der Eigentechnologie des Lizenznehmers gleichzeitig die

Nutzung der Lizenzierten Rechte erfordert.[184] Ansonsten könnte der Lizenzgeber dem Lizenznehmer nicht die Nutzung seiner Technologie außerhalb des Lizenzvertrages verbieten. Dasselbe muss gelten, wenn für die Nutzung der Eigentechnologie Vertrauliche Informationen des Lizenzgebers erforderlich sind, welche dieser dem Lizenznehmer nur im Rahmen und für die Zwecke des Lizenzvertrages zugänglich gemacht hat. Eine Nutzung dieser Vertraulichen Informationen außerhalb des Vertrages kann dem Lizenznehmer vertraglich untersagt werden. Art. 4 Abs. 1 lit. d 1. Halbsatz und Artikel 5 Abs. 2 1. Halbsatz TT-GVO erstrecken sich weiterhin nicht auf Forschungs- und Entwicklungsverbote, wenn diese sich auf Tätigkeiten des Lizenznehmers beziehen, die über die internen, reinen Forschungs- und Entwicklungsarbeiten hinausgehen. *Schultze/Pautke/Wagener* nennen in diesem Zusammenhang den Fall, dass die lizenzierte Technologie für die vom Lizenznehmer neu entwickelten Technologie oder der mittels dieser Technologie gefertigten Produkte genutzt wird.[185]

Um von vornherein nicht den Verdacht einer kartellrechtswidrigen Beschränkung des Lizenznehmers in der Nutzung seiner Eigentechnologie oder der Durchführung eigener Forschungs- und Entwicklungsarbeiten entstehen zu lassen, empfiehlt es sich, eine klarstellende Regelung aufzunehmen. Ziffer 11.4 Satz 2 des Vertragsmusters enthält einen entsprechenden Formulierungsvorschlag. Darüber hinaus sieht Ziffer 11.4 die Möglichkeit einer Beweislastumkehr zugunsten des Lizenzgebers vor, mit welcher der Lizenznehmer verpflichtet wird, nachzuweisen, dass die aus seinen Forschungs- und Entwicklungsarbeiten hervorgehenden Technologien oder Produkte nicht die Lizenzierten Rechte oder Vertrauliche Informationen des Lizenzgebers nutzen.[186]

§ 12
Qualitätserfordernisse [, Zulassung]

12.1 Der Lizenznehmer verpflichtet sich, im Rahmen dieses Vertrages nur solche Vertragsprodukte herzustellen und zu vertreiben, welche mit den *[in Anlage 12.1/vom Lenkungsausschuss]* festgelegten Qualitätsvorgaben übereinstimmen. Die Einhaltung der Qualitätsvorgaben ist erforderlich, um eine technisch einwandfreie Nutzung der Lizenzierten Rechte zu gewährleisten *[und/oder um sicherzustellen, dass die Herstellung des Lizenznehmers den Qualitätsvorschriften entspricht, die für den Lizenzgeber und andere Lizenznehmer gelten]*.

12.2 Der Lizenzgeber ist berechtigt, die Einhaltung der vereinbarten Qualität zu kontrollieren. Der Lizenznehmer muss dem Lizenzgeber zu diesem Zweck jährlich mindestens *[......]* Vertragsprodukte aus verschiedenen Produktionsläufen zur Verfügung stellen. Auf Verlangen des Lizenzgebers muss der Lizenznehmer diesem außerdem Zutritt zu seinen Produktionsanlagen verschaffen. Der Lizenzgeber hat einen solchen Kontrollbesuch bei dem Lizenznehmer mit angemessener Frist anzumelden. Eine Anmeldefrist muss nicht eingehalten werden, wenn dem Lizenzgeber konkrete Anhaltspunkte dafür vorliegen, dass gegen Qualitätsvorschriften verstoßen wird.

12.3 Stellt der Lizenzgeber fest, dass die Vertragsprodukte nicht der vereinbarten Qualität entsprechen, ist der Lizenzgeber berechtigt, dem Lizenznehmer eine angemessene Frist zu setzen, innerhalb derer der Lizenznehmer wieder die vereinbarte Qualität herbeizuführen hat. Entsprechen nach Ablauf dieser Frist weniger als *[fünfundneunzig Prozent (95%)]* der Vertragsprodukte der vereinbarten Qualität, so ist der Lizenzgeber berechtigt, den Vertrag nach Ziffer 23.3 zu kündigen.

Ergänzung (wenn das Vertragsprodukt eine Zulassung erfordert):

12.4 Die Vertragsprodukte dürfen im Vertragsgebiet nur mit einer Zulassung durch die zuständige Stelle in Verkehr gebracht werden. In *[Aufzählung der betroffenen Länder]* liegt die Zulassung noch nicht vor. Die Verpflichtung zur Beantragung der Zulassung und zur Durchführung des Zulassungsverfahrens obliegt dem Lizenznehmer. Dieser trägt auch sämtliche im Zusammenhang mit der Zulassung anfallenden Kosten. Soweit erforderlich, wird der Lizenzgeber den Lizenznehmer bei der Erlangung der Zulassung unterstützen. Der Lizenzgeber gewährleistet aber nicht, dass die Zulassung in den zu dem Vertragsgebiet gehörenden Ländern tatsächlich erteilt wird. Wenn eine Zulassung der Vertragsprodukte in *[Aufzählung der wichtigsten Länder]* nicht bis zum *[Spezifizierung eines Zeitpunkts]* erfolgt ist, hat der Lizenznehmer das Recht, den Vertrag aus wichtigem Grund nach Ziffer 23.3 zu kündigen.

1. Bedeutung

Qualitätsvorgaben empfehlen sich aus der Sicht des Lizenzgebers vor allem dann, wenn die Vertragsprodukte im Rahmen des Marketings oder Vertriebs mit dem Namen des Lizenzgebers in Verbindung gebracht werden und die Gefahr gegeben ist, dass bei einer minderen Qualität der Vertragsprodukte der gute Ruf des Lizenzgebers Schaden nimmt. Für beide Parteien ist es wichtig, dass die Qualitätsvorgaben bei Vertragsschluss ausreichend spezifiziert sind. Der Lizenzgeber kann auf diese Weise sicherstellen, dass der Lizenznehmer sich an die vorgegebenen Angaben hält. Der Lizenznehmer wird davor bewahrt, dass der Lizenzgeber nach Vertragsschluss Qualitätsvorgaben macht, die der Lizenznehmer nicht einhalten kann. Ziffer 12.1 des Vertragsmusters sieht dementsprechend vor, dass die Qualitätsvorgaben in eine Anlage aufgenommen werden. Bei Lizenzverträgen über pharmazeutische Produkte ist die Aufnahme von Bestimmungen zu Qualitätsstandards von weniger großer Bedeutung, da der Hersteller von pharmazeutischen Produkten ohnehin die good manufacturing practices („GMP-Regeln") zu beachten hat, die aus dem Arzneimittelgesetz und der Betriebsverordnung für pharmazeutische Unternehmer resultieren.[187] Die GMP-Regeln betreffen sämtliche betrieblichen Bereiche und Prozesse, die Einfluss auf die Produktqualität haben können, insbesondere Hygiene, Gebäude und Räumlichkeiten, technische Ausrüstung, Ausgangsmaterialien, Herstellungsvorgänge und ihre Dokumentation, Etikettierung und Verpackung sowie das Qualitätssicherungssystem.

2. Qualitätskontrollen

Um überprüfen zu können, ob die festgelegten Qualitätsanforderungen von dem Lizenznehmer beachtet werden, muss der Lizenzgeber die Möglichkeit haben, entsprechende Qualitätskontrollen durchzuführen. Ziffer 12.2 sieht zum einen vor, dass der Lizenznehmer dem Lizenzgeber jährlich eine vorher zu vereinbarende Anzahl an Belegexemplaren der Vertragsprodukte oder Proben zur Verfügung stellt. Diese Belegexemplare sollten aus den verschiedenen Produktionsläufen stammen. Die Musterklausel sieht zudem das Recht des Lizenzgebers vor, die Produktionsstätten des Lizenznehmers zu Kontrollzwecken zu besichtigen. Zugunsten des Lizenznehmers sollte allerdings vereinbart werden, dass eine Besichtigung nur nach Anmeldung und nur in angemessenen Zeitabständen stattfindet. Besteht jedoch wegen Beschwerden Dritter oder aus sonstigen Gründen Anlass zur Vermutung, dass die Qualitätsvorgaben von dem Lizenznehmer nicht eingehalten werden, sollte der Lizenzgeber die Möglichkeit haben, die Produktionsstätten auch ohne Anmeldung zu besichtigen. Zum Schutz des Lizenznehmers kann in diesem Fall vereinbart werden, dass der Lizenzgeber die Gründe für die Vermutung nachweisen muss.

3. Rechtsfolgen bei Verstoß gegen die Qualitätsvorgaben

Der Lizenzgeber muss eine Handhabe haben, um gegen den Lizenznehmer vorzugehen, wenn die Qualitätsangaben nicht eingehalten werden. Der Verstoß gegen eine Vertragspflicht stellt zwar eine positive Vertragsverletzung dar, die gemäß § 280 BGB zu einem Schadensersatzanspruch führt. Für den Lizenzgeber ist es jedoch wichtig, Maßnahmen gegen den Lizenznehmer ergreifen zu können, bevor ein Schaden eintritt. In Ziffer 12.3 ist vorgesehen, dass dem Lizenznehmer bei Verstoß gegen die Qualitätsvorgaben zunächst eine Frist gesetzt wird, innerhalb welcher dieser die vereinbarte Qualität herbeizuführen hat. Damit wird auch den Interessen des Lizenznehmers Rechnung getragen, der durch die Frist noch eine Heilungschance bekommt. Verstreicht diese Frist fruchtlos und ist die Abweichung von den Qualitätsvorgaben nicht nur unerheblich, hat der Lizenzgeber ein Kündigungsrecht.

4. Kartellrecht

Die Qualitätsbindung ist kartellrechtlich weitgehend unproblematisch.[188] Gemäß § 17 Abs. 2 Nr. 1 GWB a.F. war die Verpflichtung des Lizenznehmers zulässig, Mindestqualitätsvorschriften einschließlich technischer Spezifikationen für das Vertragsprodukt einzuhalten. Voraussetzung war allerdings die Erforderlichkeit dieser Qualitätsvorschriften, um eine technisch einwandfreie Nutzung der Lizenzierten Rechte zu gewährleisten oder um sicherzustellen, dass die Produktion des Lizenznehmers den Qualitätsvorschriften entsprach, die für den Lizenzgeber und andere Lizenznehmer gelten. An dieselben Voraussetzungen gekoppelt, enthielt auch Art. 2 Nr. 5 TT-GVO (alt) eine Regelung, wonach die Verpflichtung des Lizenznehmers, Mindestqualitätsvorschriften einschließlich technischer Spezifikationen für das Vertragsprodukt einzuhalten, grundsätzlich nicht wettbewerbsbeschränkend war. Art. 2 Nr. 5 TT-GVO (alt) erlaubte ausdrücklich auch die Durchführung entsprechender Kontrollen. In der – nach der 7. GWB-Novelle auch bei rein nationalen Rechtsverhältnissen anwendbaren – TT-GVO wird die Zulässigkeit von Qualitätsvorschriften und entsprechenden Kontrollen wegen der neuen Regelungstechnik nicht mehr ausdrücklich genannt. In den TT-Leitlinien taucht der Gedanke der Qualitätssicherung insofern auf, als hier bezüglich Kopplungsvereinbarung erklärt wird, dass ein Effizienzgewinn vorliegen kann, wenn das gekoppelte Produkt notwendig ist, um zu gewährleisten, dass die auf Grundlage der Lizenz erfolgende Produktion dem Qualitätsstandard entspricht, der von dem Lizenzgeber und anderen Lizenznehmers eingehalten wird.[189] Ist eine Überschreitung der von der TT-GVO vorgesehenen Marktanteile gegeben oder zu erwarten, sollte zur Vermeidung eines Verstoßes gegen Art. 81 Abs. 1 EGV in dem Vertrag ausdrücklich betont werden, dass die Qualitätsvorgaben nur die technisch einwandfreie Nutzung der Lizenzierten Rechte oder die Übereinstimmung mit den für den Lizenzgeber und andere Lizenznehmer geltenden Qualitätsvorschriften gewährleisten sollen.

5. Zulassung der Vertragsprodukte

Ist aus sicherheits-, pharma- oder medizinrechtlichen Gründen eine Zulassung für Herstellung, Vermarktung, Vertrieb und Nutzung der Vertragsprodukte in den betroffenen Ländern erforderlich, sollte der Vertrag zur Vermeidung von Streitigkeiten und Verzögerungen des Zulassungsverfahrens festlegen, welche der Parteien das Zulassungsverfahren durchzuführen hat, wer die Kosten für die Durchführung des Zulassungsverfahrens trägt, wie es sich auf den Vertrag auswirkt, wenn die Zulassung verweigert wird und was mit der Zulassung nach Beendigung des Vertrages geschehen soll. Zur Vorbeugung von Gewährleistungsansprüchen empfiehlt es sich aus der Sicht des Lizenzgebers zudem, eine kurze Beschreibung des die Zulassung betreffenden Status Quo bei Vertragsschluss vorzunehmen. So sollten etwa die Länder aufgezählt werden, in denen ein Zulassungserfordernis besteht, die Zulassung aber zum Zeitpunkt des Vertragsschlusses noch nicht vorliegt.[190] In der Regel obliegt dem Lizenznehmer die Verpflichtung zur Durchführung des Zulassungsverfahrens. Dies ist auch sachgerecht, da der Lizenznehmer für den Vertrieb der Vertragsprodukte in den Ländern des Vertragsgebietes verantwortlich sein wird. Für den Lizenzgeber ist die erfolgreiche Zulassung der Vertragsprodukte insbesondere dann relevant, wenn eine umsatzabhängige Vergütung vereinbart wurde. Ohne Zulassung dürfen zulassungspflichtige Vertragsprodukte nämlich nicht vertrieben werden. Daher ist es auch denkbar, dass die Parteien eine Teilung der Kosten vereinbaren.

Wird die Zulassung in Ländern, die für den Lizenznehmer besonders wichtig sind, nicht innerhalb einer von den Parteien festzulegenden Frist erteilt oder wird die Zulassungserteilung hier gar verweigert, sollte dem Lizenznehmer ein Recht zur Kündigung des Vertrages aus wichtigem Grund zustehen.[191] Zugunsten des Lizenzgebers empfiehlt es sich allerdings dringend, das Zulassungsverfahren begleiten zu dürfen, um sicherzustellen, dass die Voraussetzungen für die Erteilung der Zulassung geschaffen sind, und die für den Lizenznehmer „wichtigen Länder" bei Vertragsschluss zu spezifizieren. Auch sollte eine Frist gewählt werden, innerhalb derer eine realistische Chance zur Erlangung der Zulassung gegeben ist.

§ 13
Bezugsbindung

13.1 Der Lizenznehmer wird die in <u>Anlage 13.1</u> aufgelisteten *[Einsatzstoffe; Maschinen]* für die Herstellung des Vertragsproduktes für eine Dauer von *[...... (......) Jahren]* bei dem Lizenzgeber beziehen.

- Variante zu Ziffer 13.1
  Der Lizenznehmer wird die in <u>Anlage 13.1</u> aufgelisteten, für die technisch einwandfreie Herstellung der Vertragsprodukte erforderlichen Materialien vom Lizenzgeber erwerben. Die in dieser Ziffer 13.1 aufgestellte Bezugsverpflichtung gilt nur für den Zeitraum, in dem die Vertragsprodukte in den Schutzbereich der Lizenzierten Rechte fallen.

13.2 Der Lizenznehmer muss für die Materialien den jeweils marktüblichen Lieferpreis bezahlen. Können sich die Parteien über den marktüblichen Preis nicht einigen, entscheidet darüber ein von beiden Parteien auszuwählender Dritter im Sinne des § 317 BGB. Im Übrigen gelten die Allgemeinen Lieferbedingungen des Lizenzgebers in der jeweils gültigen Fassung, welche der Lizenzgeber dem Lizenznehmer auf Verlangen unverzüglich zur Verfügung stellt.

- Variante zu Ziffer 13.2:
  Die Parteien schließen gleichzeitig mit diesem Vertrag einen Liefervertrag, in dem die Bedingungen der Lieferung niedergelegt sind. Der Liefervertrag ist diesem Vertrag als <u>Anlage 13.2</u> beigefügt.

13.3 Kann der Lizenzgeber die Materialien nicht innerhalb der
      von den Parteien vereinbarten Fristen liefern, ist der Lizenz-
      nehmer berechtigt, die Materialien entweder selbst herzustel-
      len oder sie bei Dritten herstellen zu lassen. Der Lizenzgeber
      wird dem Lizenznehmer die hierfür erforderlichen Unterlagen
      zur Verfügung stellen. Die Parteien sind sich einig, dass die
      gemäß dieser Ziffer 13.3 gewährte Ausfalllizenz nicht-exklu-
      siv, nicht-übertragbar und nicht unterlizenzierbar ist und nur
      solange gilt, bis der Lizenzgeber wieder in der Lage ist, die
      Materialien zu liefern.

1. Bedeutung der Bezugspflicht

In der Regel dient die Bezugspflicht der Qualitätssicherung.[192] Es
soll sichergestellt werden, dass der Lizenznehmer für die Herstellung der Vertragsprodukte qualitativ hochwertige Roh- und Hilfs-
stoffe, Geräte etc. bekommt und nutzt. Für den Lizenzgeber kann
die Bezugspflicht des Lizenznehmers zudem günstig sein, weil er dadurch eine bestimmte Menge von Waren garantiert absetzen kann.
Auch der Lizenznehmer hat unter Umständen ein Interesse daran,
mit Waren des Lizenzgebers beliefert zu werden. Dies ist entweder
dann der Fall, wenn der Lizenzgeber ihm für die Lieferung der
Waren einen Vorzugspreis gewährt, der von dem Lizenznehmer auf
dem freien Markt nicht zu bekommen wäre, oder die Waren
ansonsten nur von weniger zuverlässigen Lieferanten oder nur
außerhalb Deutschlands angeboten werden. Die Praxis zeigt, dass
Lizenznehmer in der Regel zu Beginn der Durchführung des Lizenzvertrages Schwierigkeiten haben, das Vertragsprodukt herzustellen,
und es deswegen begrüßen, von dem Lizenzgeber mit den zur Herstellung erforderlichen Materialien beliefert zu werden.[193]

2. Kartellrecht

Bezugsverpflichtungen stellen grundsätzlich eine Wettbewerbsbeschränkung dar, wenn sie den Käufer entweder rechtlich oder faktisch daran hindern, die Produkte in signifikantem Umfang bei ei-

nem anderen Anbieter zu beziehen. Kartellrechtlich unproblematisch ist seit jeher nur die Vereinbarung von Bezugsbindungen, die sich auf die von den Lizenzierten Rechten erfassten Gegenstände oder auf Gegenstände beziehen, für die der Lizenzgeber ein sonstiges Schutzrecht oder Know-how hat. In diesem Fall kann die Bezugspflicht nämlich damit begründet werden, dass eine Lieferung der gewünschten Gegenstände von dritter Seite zu einem Verstoß gegen die Rechte des Lizenzgebers führen würde.[194]

Bis zum Inkrafttreten der 7. GWB-Novelle am 1. Juli 2005 war bei der Vereinbarung von Bezugspflichten vor allem dann Vorsicht geboten, wenn Bezugspflichten nur den wirtschaftlichen Interessen des Lizenzgebers dienen sollten.[195] Das Bundeskartellamt hielt Bezugspflichten für unzulässig, wenn die patentfreien Erzeugnisse in gleicher Art, Güte und Menge und zu gleichen oder sogar günstigeren Konditionen am Markt erhältlich waren.[196] Gemäß § 17 Abs. 2 Nr. 1 GWB a. F. waren Beschränkungen des Lizenznehmers aber zulässig, soweit und solange sie durch ein Interesse des Lizenzgebers an einer technisch einwandfreien Ausnutzung des Gegenstandes des Schutzrechtes gerechtfertigt waren. Eine vom Wortlaut her fast identische Regelung enthielt auch Art. 2 Abs. 1 Nr. 5 TT-GVO (alt).

Mit Inkrafttreten der neuen TT-GVO und der 7. GWB-Novelle hat sich die Rechtslage sowohl im europäischen als auch im deutschen Recht entspannt.[197] Anders als ihre Vorgängerinnen enthält die TT-GVO keine beschränkende Regelung zu der Vereinbarung von Bezugspflichten mehr. Im Anwendungsbereich der TT-GVO sind Bezugspflichten immer, d. h. auch dann, wenn sie dem Lizenznehmer theoretisch die Möglichkeit nehmen, die gewünschten Gegenstände auf dem freien Markt zu günstigeren Preise zu erwerben, zulässig. Die Ausgangsregelung zu Ziffer 13.1 des Mustervertrages enthält eine Bezugsverpflichtung die dieser geänderten Rechtslage Rechnung trägt. Allerdings ist in zweierlei Hinsicht Vorsicht geboten.

Anders als eingangs beschrieben verhält es sich nämlich dann, wenn die TT-GVO auf den Lizenzvertrag im Einzelfall gar keine Anwendung findet, weil die Marktanteilsschwellen von 20% (gemeinsamer Marktanteil der Parteien bei Wettbewerbern) bzw. 30% (Marktanteil jeder Partei bei Nicht-Wettbewerbern) überschritten sind. Ist eine Überschreitung der Marktanteile bei Vertragsschluss gegeben, nicht auszuschließen oder für die Zukunft absehbar, sollte eine Bezugspflicht nur dann vereinbart werden, wenn – wie in Variation 1 zu Ziffer 13.1 beschrieben – die zu beziehenden Materialien für die technisch einwandfreie Herstellung der Vertragsprodukte erforderlich sind. Die Bezugsverpflichtung ist bei Überschrei-

tung der Marktanteilsschwellen als Wettbewerbsbeschränkung einzustufen, welche an der Legalausnahme des Art. 81 Abs. 3 EGV zu
messen ist. Wenn die Bezugsverpflichtung nicht durch ein Interesse
des Lizenzgebers an der technisch einwandfreien Herstellung der
Vertragsprodukte bzw. Ausnutzung der Lizenzierten Rechte gerechtfertigt ist, ist es unwahrscheinlich, dass die Voraussetzungen
von Art. 81 Abs. 3 EGV erfüllt sind.

Vorsichtig umzugehen ist auch in Zukunft mit Bezugsverpflichtungen, wonach der Lizenznehmer nicht patentierte Teile nur dann
zur Verarbeitung oder Zusammenstellung mit patentierten Teilen
zulässt, wenn für diese unpatentierten Teile ebenfalls eine Lizenzgebühr gezahlt wird. In solchen Fällen ist nicht auszuschließen, dass
ein Missbrauch des dem Lizenzgeber zustehenden Kontrollrechts
angenommen wird.[198]

Nicht an der TT-GVO, sondern an der Vertikal-GVO zu messen
sind wettbewerbsbeschränkende Klauseln, die in Vereinbarungen
zwischen Unternehmen auf verschiedenen Produktions- und Ver-
triebsstufen getroffen werden und den Kauf, Verkauf oder Weiter-
verkauf von Waren und Dienstleistungen zum Gegenstand haben.[199]
Auch ein Lizenzvertrag kann dem Anwendungsbereich der Vertikal-
GVO unterfallen, wenn der **Schwerpunkt des Vertrages** nicht in
dem Technologietransfer liegt, sondern auf dem Kauf oder Verkauf
von Einsatzstoffen oder Maschinen und die betreffenden Einsatz-
stoffe oder Maschinen nicht gemeinsam mit dem Vertragsprodukt
verwendet werden sollen, sondern mit einer Tätigkeit auf einem gesonderten Produktmarkt in Verbindung stehen.[200]

Die genaue Untersuchung des Vertragsschwerpunktes ist unter
anderem deswegen von Bedeutung, weil die Vertikal-GVO Bezugsverpflichtungen, die mehr als 80% des jeweiligen Produktes und
etwaiger Substitute am Gesamtjahresbedarf bezogen auf das ver-
gangene Kalenderjahr ausmachen, wie ein Wettbewerbsverbot behandelt (Art. 1 b Vertikal-GVO).[201] Wettbewerbsverbote sind nach
der Vertikal-GVO nur für die Dauer von maximal **fünf Jahren** freigestellt (Art. 5 lit. a Vertikal-GVO). Eine Gesamtbedarfsdeckungs-
verpflichtung, bzw. ein Wettbewerbsverbot, das über die genannte
Frist hinausgeht oder für eine unbestimmte Zeit gelten soll, ist nicht
mehr von der Vertikal-GVO freigestellt, sondern bedarf einer Ein-
zelfallprüfung nach Maßgabe des Art. 81 Abs. 3 EGV. Eine Kombination der auf fünf Jahre beschränkten Gesamtbedarfsdeckungs-
verpflichtung mit einer Mindestbezugsverpflichtung von höchstens
80% nach Ablauf der Fünfjahresfrist kommt folglich in den Genuss
einer Freistellung nach der Vertikal-GVO.[202] Soll eine Bezugspflicht
vereinbart werden, ist daher sorgfältig zu prüfen, welchem Regel-
werk der Lizenzvertrag unterfällt. Wenn es den Parteien in dem Li-

zenzvertrag weniger um den Technologietransfer als mehr um die Versorgung mit bestimmten Produkten geht, sollte in jedem Fall die von der Vertikal-GVO vorgegebene Fünfjahresfrist berücksichtigt werden.

3. Konditionen der Bezugspflicht

Um spätere Streitigkeiten zu vermeiden, sollten bei der Vereinbarung einer Bezugspflicht gleichzeitig auch die Lieferkonditionen, d. h. Preis, Menge, Gewährleistung etc. festgelegt werden. Dies kann in der Weise erfolgen, dass eine entsprechende Vereinbarung vor Abschluss des Lizenzvertrages verhandelt und dem Lizenzvertrag als Anlage beigefügt wird. Der Mustervertrag sieht dies in der Variation zu Ziffer 13.2 vor. Wenn die Parteien sich aber noch nicht hinsichtlich der Preise festlegen wollen, können sie sich auch, wie in der Ausgangsklausel vorgesehen, auf den marktüblichen Preis einigen, der im Streitfall gemäß § 317 BGB von einem unabhängigen Dritten festgesetzt wird. In der Praxis werden dem Vertrag auch oftmals die Allgemeinen Lieferbedingungen des Lizenzgebers beigefügt. Abschließend sei darauf hingewiesen, dass das OLG Hamburg 1987 entschieden hat, dass die Vereinbarung einer Bezugsbindung unter das damalige Abzahlungsgesetz, d. h. die heutigen §§ 491 ff. BGB fallen und daher widerrufen werden kann.[203]

4. Ausfalllizenz

Handelt es sich bei den Gegenständen der Bezugspflicht um Rohstoffe, Wirkstoffe oder sonstige Materialien, die für die Realisierung des Lizenzvertrages unverzichtbar sind und die nur unter erschwerten Bedingungen von einem anderen als dem Lizenzgeber geliefert werden können, sollte zugunsten des Lizenznehmers vertraglich eine Ausfalllizenz vereinbart werden. Diese Lizenz berechtigt den Lizenznehmer dazu, mit dem von dem Lizenzgeber gelieferten Knowhow und Patenten die zu liefernden Materialien selbst herzustellen. Allerdings sollte klargestellt werden, dass die Lizenz nur für den Zeitraum gilt, innerhalb dessen der Lizenzgeber die Materialien nicht liefern kann. Um Missverständnisse zu vermeiden, sollte zudem geregelt werden, dass die Ausfalllizenz nicht-exklusiv, nicht-unterlizenzierbar und nicht-übertragbar ist. Steht schon bei Vertragsschluss fest, dass der Lizenznehmer ein Drittunternehmen mit der Herstellung und Lieferung der Materialien beauftragen müsste, sollte auch dies im Vertrag vermerkt werden.

§ 14
Lizenzvermerk

14.1 Der Lizenznehmer hat auf den Vertragsprodukten, auf der Verpackung der Vertragsprodukte und auf jeder Art von Werbematerialien den Hinweis anzubringen, dass die Herstellung und der Verkauf der Vertragsprodukte in Lizenz des Lizenzgebers erfolgen.

Ergänzung (im Interesse des Lizenzgebers):
Der Lizenznehmer wird dem Lizenzgeber Prototypen der mit dem Lizenzvermerk versehenen Vertragsprodukte sowie Verpackungs- und Werbematerialien zur Verfügung stellen und diese erst nach erfolgter Freigabe durch den Lizenzgeber nutzen.

14.2 Auf jedem Vertragsprodukt ist weiterhin die in <u>Anlage 14.2</u> niedergelegte Marke des Lizenzgebers in der eingetragenen Form *[und in der in Anlage 14.2 vorgegebenen Größe und Form]* anzubringen. Jede Änderung der Marke wird dem Lizenznehmer schriftlich mitgeteilt. Die Marke des Lizenzgebers darf nur im Rahmen des Lizenzvermerks und nicht zu anderen Zwecken verwendet werden. Insbesondere ist es dem Lizenznehmer nicht erlaubt, die Marke als Bestandteil seiner Firma zu nutzen.

Inhalt der Erläuterungen zu § 14:

1. Bedeutung des Lizenzvermerks
2. Kartellrechtliche Zulässigkeit

1. Bedeutung des Lizenzvermerks

Mit dem Lizenzvermerk soll der Verkehr darüber informiert werden, dass die Vertragsprodukte auf Basis von Patenten oder Knowhow des Lizenzgebers hergestellt worden sind. Für den Lizenzgeber hat ein solcher Lizenzvermerk den Vorteil, dass sein Name und seine Eigenschaft als Erfinder der zugrunde liegenden Technologie in der Öffentlichkeit verbreitet werden. Der Lizenzgeber hat zudem unter Umständen ein Interesse daran, dass die auf Basis seiner Schutzrechte hergestellten Produkte ein einheitliches Erscheinungsbild aufweisen. Zu berücksichtigen ist aus Sicht des Lizenzgebers allerdings, dass dieser durch den Lizenzvermerk in die Nähe des

„Quasi-Herstellers" gemäß § 4 Abs. 1 Produkthaftungsgesetz ge-
rückt wird. Hiernach gilt als Hersteller – und damit als Adressat
von produkthaftungsrechtlichen Ansprüchen – jeder, der sich durch
das Anbringen seines Namens, seiner Marke oder eines anderen unterscheidungskräftigen Kennzeichens als Hersteller ausgibt.[204]

Für den Lizenznehmer kann ein Lizenzvermerk von Vorteil sein,
wenn der Lizenzgeber unter seinem eigenen Namen bereits erfolgreich Produkte vertrieben hat und der Lizenznehmer so im Rahmen
seines eigenen Vertriebs von der Qualität und dem guten Ruf des
Lizenzgebers profitieren kann.[205] Neben der Werbewirkung des Lizenzvermerks kann dieser als Hinweis auf den gewerblichen Schutz
des Vertragsproduktes unter Umständen auch abschreckend auf
potenzielle Nachahmer wirken.[206]

Ziffer 14.1 enthält eine klassische Klausel zum Lizenzvermerk.
Entscheiden sich die Parteien, eine Verpflichtung zum Lizenzver-
merk aufzunehmen, sollte klar spezifiziert werden, auf welchen Gegenständen der Lizenzvermerk angebracht werden soll. Neben den
Vertragsprodukten selbst kommen vor allem Werbematerialien in
Betracht. Beinhaltet der Lizenzvermerk die Nutzung der Marke des
Lizenzgebers, empfiehlt es sich, entsprechend Ziffer 14.2 genaue
Vorgaben bezüglich der Größe, der Form, der Farbe etc. zu machen,
in der die betreffende Marke anzubringen ist. Damit die Verpflichtung zum Lizenzvermerk nicht in eine umfassende Markenlizenz
umgedeutet wird, sollte zudem klargestellt werden, dass eine Nutzung der Marke nur im Rahmen und für Zwecke des Lizenzvermerks gestattet ist. Aus der Sicht des Lizenzgebers ist es in jedem
Fall ratsam, sich vor dem Vertrieb Prototypen aller gekennzeichne-
ten Produkte aushändigen zu lassen, um sicherzustellen, dass die für
den Lizenzvermerk gemachten Vorgaben eingehalten werden. Wie
in der Ergänzung zu Ziffer 14.1 vorgesehen, kann der Lizenzgeber
die Nutzung der Produkte durch den Lizenznehmer von einer Freigabe der Prototypen abhängig machen.

2. Kartellrechtliche Wirksamkeit

Nach deutschem Kartellrecht ist die Verpflichtung zur Verwendung
eines Lizenzvermerks unproblematisch, da das Bundeskartellamt
hierin eine Verpflichtung sieht, die nicht über den Inhalt des Schutzrechts hinausgeht.[207] § 17 Abs. 2 Nr. 5 GWB a. F. führte die Kenn-
zeichnung der Lizenzerzeugnisse „in einer den Herstellerhinweis
nicht ausschließenden Weise" ausdrücklich als erlaubte Bindung
auf. Entsprechendes gilt auch für das europäische Kartellrecht. Artikel 2 Ziff. 11 TT-GVO (alt) sah ebenfalls eine Freistellung für den

Lizenzvermerk vor.[208] Und auch die TT-GVO, die seit Juli 2005 über § 2 Abs. 2 GWB auch auf rein deutsche Lizenzverträge Anwendung findet, brachte insofern keine inhaltliche Veränderung. Zwar enthält die TT-GVO, die das Listensystem aufgegeben hat, keine ausdrückliche Regelung zur Zulässigkeit des Lizenzvermerks. Wie in der Einführung dargestellt,[209] bedeutet das Fehlen eines ausdrücklichen Verbots in der TT-GVO indes die Zulässigkeit einer wettbewerbsbeschränkenden Regelung.[210]

Problematisch kann die Verpflichtung zur Angabe des Namens des Lizenzgebers auf den Vertragsprodukten allerdings dann sein, wenn die Lizenzierten Rechte nur Teile eines komplexen Gesamtprodukts erfassen. Verpflichtet der Lizenzgeber den Lizenznehmer in einem solchen Fall dazu, einen allein auf den Lizenzgeber Bezug nehmenden Lizenzvermerk am Gesamterzeugnis anzubringen, kann hierin eine unzulässige Wettbewerbsbeschränkung liegen, wenn dem Lizenznehmer die Möglichkeit genommen wird, auf seine eigenen technischen Leistungen hinzuweisen.[211]

§ 15
Nichtangriffsklausel

Der Lizenzgeber ist berechtigt, den Vertrag aus wichtigem Grund gemäß Ziffer 23.3 zu kündigen, wenn der Lizenznehmer während der Dauer dieses Vertrages die Gültigkeit der Lizenzierten Rechte angreift oder die Angriffe Dritter unterstützt.

Inhalt der Erläuterungen zu § 15:

1. Bedeutung und Wirkung der   2. Kartellrechtliche Zulässigkeit
   Nichtangriffsklausel

1. Bedeutung und Wirkung der Nichtangriffsklausel

Der Lizenznehmer ist grundsätzlich nicht daran gehindert, gegen die Lizenzierten Rechte etwa mit einer Nichtigkeitsklage gem. § 81 PatG vorzugehen. Die Nichtigkeitsklage, die als Popularklage ausgestaltet ist, gibt jedermann das Recht, ein Schutzrecht anzugreifen.[212] Für den Lizenznehmer können sich diesbezügliche Beschränkungen aber aus dem Lizenzvertrag ergeben. Der Bundesgerichtshof vertritt seit langem die Auffassung, dass aus den Besonderheiten des jeweiligen Schuldverhältnisses eine Nichtangriffspflicht nach Treu und Glauben resultieren kann.[213] Im Grundsatz hat der Bundesgerichtshof dies auch für Lizenzverträge bestätigt.[214] Das bedeutet jedoch nicht, dass allein der Abschluss eines Lizenzvertrages für das Entstehen einer Nichtangriffsverpflichtung ausreicht. Vielmehr müssen besondere Umstände des Einzelfalls, wie etwa bei Abschluss des Vertrages bestehende Zweifel an der Rechtsbeständigkeit des Schutzrechtes, hinzukommen.[215] Aus diesem Grund ist es ratsam, im Rahmen der – freilich inzwischen eng gezogenen – kartellrechtlichen Grenzen[216] eine ausdrückliche Nichtangriffsklausel in den Vertrag aufzunehmen.

2. Kartellrechtliche Wirksamkeit

Wie bei der Mehrzahl der Klauseln des Lizenzvertrages hängt auch die Gestaltung der Nichtangriffsklausel maßgeblich von kartellrechtlichen Erwägungen ab, wobei die bis 2005 bestehenden Unterschiede zwischen deutschem und europäischem Kartellrecht durch die 7. GWB-Novelle beseitigt worden sind.

Nach der Regelung des – nun ersatzlos fortgefallenen – § 17 Abs. 2 Nr. 3 GWB a. F. stellte die Verpflichtung des Lizenznehmers, die Lizenzierten Rechte nicht anzugreifen, ausdrücklich eine kartellrechtlich zulässige Bindung dar. Bei rein nationalen Sachverhalten, bei denen eine Auswirkung auf den Gemeinsamen Markt ausgeschlossen war, konnte der Lizenznehmer daher zum Nichtangriff verpflichtet werden. Allerdings musste sich diese Verpflichtung auf die Dauer der Vertragslaufzeit beschränken, weil die Beschränkung sonst über den Inhalt des Schutzrechts hinausgegangen wäre.

Das europäische Kartellrecht ist mit der Zulässigkeit der Nichtangriffspflicht seit jeher strenger verfahren als das deutsche.[217] In der GVO Patentlizenzvereinbarung (GVO Nr. 2349/84) wurde die Nichtangriffsabrede als Wettbewerbsbeschränkung sogar in der schwarzen Liste als verbotene Klausel geführt, die von einer Freistellung von vornherein ausgenommen war. In der TT-GVO (alt) wurde die Nichtangriffspflicht immerhin von der schwarzen Liste genommen und auf die graue Liste gesetzt. Nichtangriffsklauseln waren damit im Wege des Widerspruchsverfahrens der Kommission vorzulegen (vgl. Art. 4 Abs. 2 Nr. 2 TT-GVO (alt)). Weiß gelistet, und damit ohne Widerspruchsverfahren und Einzelfreistellung zulässig, war gemäß Art. 2 Abs. 1 Nr. 15 TT-GVO (alt) lediglich der Vorbehalt des Lizenzgebers, die Vereinbarung zu beenden, wenn der Lizenznehmer entweder den geheimen oder wesentlichen Charakter des überlassenen Know-how oder die Gültigkeit der Lizen-

zierten Patente angriff. Ebenfalls weiß gelistet war gemäß Art. 2
Abs. 1 Nr. 16 TT-GVO (alt) der Vorbehalt des Lizenzgebers, die
Patentlizenz zu kündigen, wenn der Lizenznehmer geltend machte,
dass dieses Patent nicht notwendig sei. Mit der TT-GVO wurde
zwar das Listensystem aufgegeben, so dass die Nichtangriffsabrede
nicht mehr auf der grauen Liste zu suchen ist. Inhaltlich hat sich allerdings nichts geändert. Nach Art. 5 Abs.1 lit. c) TT-GVO gilt die
Freistellung nicht

> *„für alle unmittelbaren und mittelbaren Verpflichtungen des Li-
> zenznehmers, die Gültigkeit der Rechte an geistigem Eigentum,
> über die der Lizenzgeber am im Gemeinsamen Markt verfügt,
> nicht anzugreifen, unbeschadet der Möglichkeit, die Beendigung
> der Technologietransfervereinbarung für den Fall vorzusehen,
> dass der Lizenznehmer die Gültigkeit eines oder mehrerer Schutz-
> rechte angreift".*

Im europäischen Kartellrecht ist es daher nicht zulässig, den Lizenznehmer vertraglich zum Nichtangriff zu verpflichten. Es besteht allein die Möglichkeit, ein Kündigungsrecht des Lizenzgebers für den
Fall in den Vertrag aufzunehmen, dass der Lizenznehmer die Gültigkeit der Lizenzierten Rechte angreift.[218] Die Zulässigkeit des
Kündigungsrechts wird damit begründet, dass es dem Lizenzgeber
nicht zugemutet werden soll, mit einem Lizenznehmer zu kooperie-
ren, der zum einen seine Leistung in Anspruch nehmen und ihn andererseits angreifen will.[219]

An den Vorgaben der TT-GVO sind seit Inkrafttreten der
7. GWB-Novelle gem. § 2 Abs. 2 S. 2 GWB n. F. auch solche Lizenzverträge zu messen, die sich nur innerhalb Deutschlands auswirken. § 15 des Vertragsmusters trägt diesem Umstand Rechnung,
indem er zugunsten des Lizenzgebers ein Kündigungsrecht für den
Fall formuliert, dass der Lizenznehmer die Gültigkeit der Lizenzierten Rechte angreift. Eine weiterreichende Verpflichtung des Lizenznehmers zum Nichtangriff ist mit dem geltenden Recht nicht mehr
vereinbar.

§ 16
Erwerb und Aufrechterhaltung der Lizenzierten Patentrechte

16.1　Der Lizenzgeber ist verpflichtet, *[nach Maßgabe von Ziffer 16.4]* das Erteilungsverfahren für die Anmeldung der
Lizenzierten Patentrechte ohne zeitliche Verzögerung und
sachgerecht zu betreiben und die Lizenzierten Patentrechte
während der Laufzeit dieses Vertrages aufrechtzuerhalten.

Der Lizenzgeber wird alle Maßnahmen ergreifen, die für die Erteilung und Aufrechterhaltung der Lizenzierten Patentrechte erforderlich sind.

16.2 Die im Zusammenhang mit der Erteilung und Aufrechterhaltung der Lizenzierten Patentrechte entstehenden Kosten werden von dem *[Lizenzgeber/Lizenznehmer]* getragen. Der *[Lizenzgeber/Lizenznehmer]* ist weiter verpflichtet, alle Gebühren für die Lizenzierten Patentrechte zu entrichten und sämtliche Formalitäten zu erfüllen, die zu ihrer Aufrechterhaltung während der Laufzeit dieses Vertrages erforderlich sind.

16.3 Wird ein Lizenziertes Patentrecht während der Vertragslaufzeit von Dritten im Wege der Nichtigkeitsklage angegriffen, übernimmt der Lizenzgeber die erforderliche Verteidigung *[sowie die Kosten der Verteidigung]*.

Ergänzung zu Ziffer 16.3:

Wird ein lizenziertes Patentrecht für nichtig erklärt, hat der Lizenznehmer das Recht, hinsichtlich der verbleibenden Lizenzierten Rechte eine Anpassung der Lizenzgebühren gemäß Ziffer 7 dieses Vertrages zu verlangen.

Ergänzung:

16.4 Entscheidet der Lizenzgeber, das Erteilungsverfahren nicht weiter zu betreiben oder ein bereits erteiltes Lizenziertes Patentrecht vorzeitig fallen zu lassen, so ist er verpflichtet, den Lizenznehmer von dieser Absicht spätestens dreißig (30) Tage vor Ablauf einschlägiger Fristen, wie etwa Offenlegungsfristen oder Fristen bezüglich der Entrichtung von Aufrechterhaltungsgebühren, schriftlich in Kenntnis zu setzen und dem Lizenznehmer die *[unentgeltliche]* Übernahme des betroffenen Lizenzierten Patentrechts schriftlich anzubieten. Nimmt der Lizenznehmer das Angebot zur Übernahme des Lizenzierten Patentrechts innerhalb von dreißig (30) Tagen ab Zugang des Angebots an, wird der Lizenzgeber alle Maßnahmen durchführen, die für eine Umschreibung des Lizenzierten Patentrechts in der Patentrolle erforderlich sind. Die auf das von dem Lizenznehmer übernommene Lizenzierte Patentrecht bezogenen Lizenzgebühren entfallen mit der Übernahme. Lässt der Lizenznehmer die Dreißig-(30-)Tagefrist verstreichen, ohne das Übernahmeangebot anzunehmen, ist der Lizenzgeber frei, das betroffene Lizenzierte Patentrecht fallen zu lassen. Dem Lizenznehmer stehen in diesem Fall keine Schadensersatzansprüche gegen den Lizenzgeber zu.

Ergänzung zu Ziffer 16.4 (im Interesse des Lizenzgebers):
Auf Verlangen des Lizenznehmers räumt der Lizenzgeber dem Lizenznehmer an dem übernommenen Lizenzierten Patentrecht ein nicht-exklusives [kostenloses] Nutzungsrecht ein.

Ergänzung (nur bei ausschließlichen Lizenzen):
16.5 Jede Partei ist berechtigt, auf ihre Kosten die Eintragung der an den Lizenzierten Patentrechten eingeräumten Lizenz in die deutsche Patentrolle oder ein ausländisches Äquivalent zu beantragen. Die andere Partei wird die Eintragung unterstützen und auf Verlangen alle hierfür erforderlichen Maßnahmen durchführen.

Inhalt der Erläuterungen zu § 16:

1. Erhaltungspflicht als Hauptpflicht des Lizenzgebers
2. Kostentragungspflicht
3. Verteidigung der Lizenzierten Patentrechte im Nichtigkeitsverfahren
4. Vorzeitige Aufgabe der Lizenzierten Patentrechte
5. Eintragung der Lizenz

1. Erhaltungspflicht als Hauptpflicht des Lizenzgebers

Die Hauptpflicht des Lizenzgebers besteht in der Einräumung des positiven Benutzungsrechts an den Lizenzierten Rechten.[220] Um dem Lizenznehmer die Benutzung der Lizenzierten Patentrechte zu ermöglichen, müssen diese – soweit zum Zeitpunkt des Vertragsschlusses noch nicht geschehen – durch Fortführung des Erteilungsverfahrens erworben und im Übrigen während der Dauer der Vertragslaufzeit aufrechterhalten werden.[221] Die Aufrechterhaltung wird maßgeblich durch die Zahlung der fälligen Verlängerungsgebühren bewirkt. Ziffern 16.1 und 16.2 des Vertragsmusters sehen sowohl die Pflicht zur Durchführung des Erteilungsverfahrens als auch die Pflicht zur Zahlung der Jahresgebühren für die Aufrechterhaltung der Patente vor.

2. Kostentragungspflicht

Die Vertragsklausel sollte zur Vermeidung von Streitigkeiten auch eine Regelung zur Kostentragung bezüglich der für die Erteilung bzw. Aufrechterhaltung der Schutzrechte erforderlichen Maßnahmen enthalten. Fehlen entsprechende vertragliche Vereinbarungen, so ist davon auszugehen, dass die Kosten für die Aufrechterhaltung der Lizenzierten Patentrechte von dem Lizenzgeber getragen werden, da die Aufrechterhaltung dieser Schutzrechte zu seinen Hauptpflichten zählt und er somit schuldrechtlich zur Erhaltung der Lizenzierten Patentrechte verpflichtet ist.[222] Da es den Parteien stets frei steht, hiervon abweichende vertragliche Regelungen zu vereinbaren,[223] wird die Frage, wer die Kostenpflicht trägt, letztendlich nach der besseren Verhandlungsposition zu entscheiden sein.

3. Verteidigung der Lizenzierten Patentrechte im Nichtigkeitsverfahren

Zu der Erhaltungspflicht des Lizenzgebers gehört auch die Verteidigung der Lizenzierten Patentrechte gegen eine von Dritten erhobene Nichtigkeitsklage. Gemäß § 81 Abs. 1 S. 2 PatG ist in einem Nichtigkeitsverfahren nur der Patentinhaber passivlegitimiert, nicht aber ein Dritter, der etwa eine ausschließliche Lizenz an dem Patent hat.[224] Anders als bei der Verteidigung der Lizenzierten Patentrechte gegen Verletzungen durch Dritte,[225] kann der Lizenznehmer in einem Nichtigkeitsverfahren daher nicht die Verteidigung der Lizenzierten Patentrechte übernehmen.[226] Ziffer 16.3 des Vertragsmusters führt als weitere Verpflichtung des Lizenzgebers daher die Verteidigung der Lizenzierten Patentrechte im Nichtigkeitsverfahren auf. Wie im Hinblick auf die Kosten für die Aufrechterhaltung des Lizenzierten Patentrechts ausgeführt, ist es denkbar, dass der ausschließliche Lizenznehmer die Kosten für die Verteidigung übernimmt oder sich an diesen beteiligt.

Bei der Vertragsgestaltung sollte auch die Möglichkeit Berücksichtigung finden, dass ein Vertragsschutzrecht als Folge des Nichtigkeitsverfahrens mit ex-tunc-Wirkung für nichtig erklärt wird. Handelt es sich bei dem für nichtig erklärten Schutzrecht um den einzigen Lizenzgegenstand, hat der Lizenznehmer die Möglichkeit der außerordentlichen Kündigung des Vertrages (vgl. Ziffer 23.2 des Vertragsmusters). Dies gilt ebenfalls, wenn das weggefallene Schutzrecht zwar nicht das einzige, aber das wesentliche Schutzrecht darstellt. Fällt ein Schutzrecht weg, sollte der Lizenznehmer weiter die Möglichkeit haben, eine Anpassung der Lizenzgebühren zu verlangen.[227] Dies ist im Mustervertrag in der Ergänzung zu Ziffer 16.3 vorgesehen. An dieser Stelle sei angemerkt, dass auch bei einer rückwirkenden Beseitigung der Lizenzierten Rechte die bis zu der Beseitigung gezahlten Lizenzgebühren bei dem Lizenzgeber verbleiben. Dies ist damit zu begründen, dass der Lizenznehmer von

dem scheinbaren Bestand der Schutzrechte profitiert hat, da ihm
spezielle geheime Kenntnisse und Nutzungsrechte zur Verfügung
standen, die ihm auf dem Markt eine Vorzugsstellung gegenüber
seinen Wettbewerbern eingeräumt haben.[228]

4. Vorzeitige Aufgabe der Lizenzierten Patentrechte

Der Lizenzgeber hat aufgrund der mit den Lizenzierten Patentrechten erzielten Lizenzgebühren in der Regel ein hohes wirtschaftliches
Interesse an ihrer Aufrechterhaltung. Das Interesse des Lizenznehmers an der Aufrechterhaltung der Lizenzierten Patentrechte resul-
tiert insbesondere aus der mit der Lizenz an diesen Rechten gegebenen Vorrangstellung gegenüber Konkurrenzunternehmen. Gibt der
Lizenzgeber eines der Lizenzierten Patentrechte auf, besteht die Gefahr, dass die nicht mehr geschützte Technologie auch von Konkur-
renten des Lizenznehmers genutzt wird. Die Verzichtserklärung gegenüber dem Patentamt gemäß § 20 Abs. 1 Ziffer 1 PatG gehört
nicht zu den Verfügungen, die im Verhältnis zu dem Lizenznehmer
gemäß § 15 Abs. 3 PatG relativ unwirksam sind, so dass der Lizenzgeber ein Lizenziertes Patentrecht rein faktisch auch ohne Zustimmung des Lizenznehmers aufgeben kann.[229] Eine Beschränkung
ist aber in vertraglicher Hinsicht gegeben, da, wie oben beschrieben,
die Erhaltung des Lizenzierten Patentrechts eine Hauptleistungspflicht des Lizenzgebers darstellt. Verzichtet der Lizenzgeber also
ohne Zustimmung des Lizenznehmers auf ein Lizenziertes Patentrecht, macht er sich dem Lizenznehmer gegenüber schadensersatz-
pflichtig.[230] Der Schaden kann in diesem Fall vor allem bei einem
ausschließlichen Lizenznehmer groß sein, da der Lizenznehmer Dritte nach Aufgabe des Lizenzierten Patentrechts nicht mehr an der
Nutzung dieses Schutzrechts hindern kann.

Im Interesse des Lizenzgebers empfiehlt sich daher eine Regelung,
die ihn berechtigt, die Lizenzierten Patentrechte aufzugeben und ihn
zum Schutz des Lizenznehmers verpflichtet, dem Lizenznehmer die
betroffenen Lizenzierten Patentrechte zur Übernahme anzubieten. In
Ziffer 16.4 des Vertragsmusters ist eine entsprechende Vereinbarung zur Übernahme des betroffenen Vertragsschutzrechts aufgeführt. In der Klausel sollte ausdrücklich festgelegt werden, dass der
Lizenzgeber alle Maßnahmen durchzuführen hat, die für eine Übernahme in formeller Hinsicht erforderlich sind. Dazu gehört vor
allem die Unterzeichnung der Umschreibungsdokumente für das
Patentamt. Um auch den materiellrechtlichen Eigentumsübergang
nachweisen zu können, empfiehlt es sich zudem, dass die Parteien
den Übergang des Vertragsschutzrechts kurz schriftlich niederlegen.

Die Frage, ob die Übernahme gegen Zahlung oder kostenfrei erfolgen soll, ist im Einzelfall zu vereinbaren. Für eine kostenlose Übernahme spricht, dass der Lizenzgeber selbst die Entscheidung getroffen hat, dass das Lizenzierte Patentrecht für ihn nicht mehr von Interesse ist und der Lizenznehmer insoweit belastet ist, als er mit der Übernahme auch die Aufrechterhaltungskosten übernehmen muss.

Hat der Lizenzgeber mehrere Lizenzen an dem Lizenzierten Schutzrecht eingeräumt, so muss er sicherstellen, dass er sich nicht gegenüber mehreren Lizenznehmern verpflichtet, diesen das Lizenzierte Patentrecht zur Übernahme anzubieten, oder dass er jedenfalls eine Regelung vereinbart, wonach das Lizenzierte Patentrecht nur angeboten werden muss, wenn andere Lizenznehmer kein Interesse an der Übernahme haben. In diesem Zusammenhang ist insbesondere auf die vereinbarten Fristen zu achten.

5. Lizenzeintragung

Die als eine mögliche Ergänzung vorgeschlagene Ziffer 16.5 des Vertragsmusters enthält eine Regelung zur Eintragung der Lizenz. Die Lizenzeintragung, die im deutschen Recht gem. § 30 Abs. 4 PatG nur bei ausschließlichen Lizenzen möglich ist, erfolgt auf freiwilliger Basis und hat lediglich deklaratorische Wirkung. Für die Frage der Rechtsbeständigkeit der eingeräumten Lizenz hat sie keine Bedeutung.[231] Gemäß § 23 Abs. 2 PatG hindert die Eintragung aber den Patentinhaber daran, seine Lizenzbereitschaft zu erklären und diese Erklärung in die Patentrolle eintragen zu lassen. Seit Inkrafttreten des GPÜ hat die Eintragung der Lizenz für den Lizenznehmer weiterhin den Vorteil, dass der Lizenzgeber das Lizenzierte Patentrecht nicht aufgeben kann, ohne den Lizenznehmer vorher zu unterrichten (Art. 49 Abs. 3 S. 2 GPÜ). Zudem kann der Lizenznehmer bei einer registrierten Lizenz während einer gemäß Regel 12 GPÜ-AO bestimmten Frist gerichtlich gegen eine unberechtigte Verzichtserklärung vorgehen.[232] Das DPMA trägt die Lizenz gem. § 30 Abs. 4 S. 1 PatG auf Antrag in der Patentrolle ein, ohne weitere Voraussetzungen wie etwa die wirksame Erteilung der Lizenz zu überprüfen. Die beantragende Vertragspartei muss jedoch nachweisen, dass die andere Partei der Eintragung zustimmt.[233] Diesem Umstand trägt Ziffer 16.5 des Vertragsmusters Rechnung, indem sie die Parteien verpflichtet, sich im Eintragungsverfahren gegenseitig zu unterstützen.

In einigen Rechtsordnungen – z. B. in Frankreich, Italien, Spanien und auf den Philippinen – muss ein mit einem deutschen Unterneh-

men geschlossener Lizenzvertrag registriert, zum Teil sogar angemeldet werden.[234] Dies gilt unabhängig von dem auf den Vertrag
anzuwendenden Recht.[235] Um spätere Überraschungen zu vermeiden, ist es daher ratsam, solche Voraussetzungen vor dem Abschluss
eines Lizenzvertrages mit einer ausländischen Partei zu klären. Hil-
festellungen bieten beispielsweise die Deutschen Außenhandelskammern in den jeweiligen Ländern.[236] Ist die Eintragung in einer der
betroffenen Rechtsordnungen verpflichtend, sollte der Lizenzvertrag
unbedingt eine entsprechende Regelung vorsehen.

§ 17
Verteidigung der Lizenzierten Rechte
gegen Verletzungen durch Dritte

17.1 Die Parteien werden sich über sämtliche Verletzungen der Lizenzierten Rechte, die ihnen während der Laufzeit dieses Vertrages bekannt werden, gegenseitig unverzüglich schriftlich
unterrichten.

17.2 Das gerichtliche und außergerichtliche Vorgehen gegen Ver-
letzer, einschließlich Vergleichsgespräche, wegen einer Verletzung oder anderen unberechtigten Nutzung der Lizenzierten
Rechte, ist grundsätzlich dem Lizenzgeber vorbehalten. Der
Lizenznehmer ist nicht berechtigt, Maßnahmen bezüglich der
Verletzung oder unberechtigten Nutzung der Lizenzierten
Rechte ohne vorherige schriftliche Zustimmung des Lizenzgebers zu unternehmen. Der Lizenznehmer wird jedoch auf
Wunsch und auf Kosten des Lizenzgebers den Lizenzgeber in
angemessener Weise im Zusammenhang mit einem Vorgehen
gegen einen Verletzer unterstützen. Falls der Lizenzgeber
nicht in der Lage oder nicht bereit ist, gegen den Verletzer
innerhalb von (i) einhundertzwanzig (120) Tagen nach Mitteilung der Verletzungshandlung oder (ii) dreißig (30) Tagen
vor dem Ende einer Frist gemäß den anwendbaren Gesetzen
und Vorschriften bezüglich einer Rechtsverteidigung vorzugehen, oder falls der Lizenznehmer vorläufigen Rechtsschutz
wegen der Verletzung seiner exklusiven Lizenz benötigt und
der Lizenzgeber, nachdem er vom Lizenznehmer über die
Verletzung und die vorgeschlagenen Maßnahmen informiert
wurde, nicht in der Lage oder nicht bereit ist, Maßnahmen
des vorläufigen Rechtsschutzes zu ergreifen, so ist der Lizenznehmer berechtigt, aber nicht verpflichtet, die Maßnahmen zu ergreifen, die der Lizenznehmer für angemessen und
notwendig hält, um die Verletzung oder die drohende Verlet-

zung der Lizenzierten Rechte zu verhindern oder zu unterbinden. In diesem Fall handelt der Lizenznehmer auf eigene Kosten und der Lizenzgeber wird den Lizenznehmer auf Kosten des Lizenznehmers angemessen unterstützen, und der Lizenzgeber ist bereit, dem Verfahren beizutreten. Im Falle eines solchen Verfahrens des Lizenznehmers steht der aus der Verletzungsstreitigkeit erlöste Schadensersatz dem Lizenznehmer zu.

Inhalt der Erläuterungen zu § 17:

1. Gegenseitige Informationspflicht
2. Klagerecht des Inhabers einer ausschließlichen Lizenz
3. Regelung bei Einräumung einer nicht-ausschließlichen Lizenz
4. Kostentragung, Schadensersatz

1. Gegenseitige Informationspflicht

Durch die Lizenzvergabe wird der Lizenznehmer in den Kreis derer einbezogen, die von einer Verletzung des lizenzierten Schutzrechts durch Dritte betroffen sein können. Ziffer 17 des Vertragsmusters trägt diesem Umstand Rechnung, indem er die Verteidigung der Vertragsparteien gegen solche von außen drohenden Schutzrechtsverletzungen koordiniert. Vor allem aus Sicht des Lizenzgebers ist es ratsam, in den Vertrag eine gegenseitige Informationspflicht im Hinblick auf die Verletzung der Lizenzierten Rechte durch Dritte aufzunehmen. Im Gegensatz zu dem Lizenznehmer, der durch den Vertrieb der Vertragsprodukte genaue Kenntnis von den Marktverhältnissen, insbesondere von der Art der Konkurrenzprodukte hat und Schutzrechtsverletzungen aufdecken kann, erfährt der Lizenzgeber von drohenden oder aktuellen Schutzrechtsverletzungen oft erst über seine Lizenznehmer. In kartellrechtlicher Hinsicht ist eine solche Informationspflicht unproblematisch. Die TT-GVO (alt) qualifizierte die Verpflichtung des Lizenznehmers, jede unrechtmäßige Nutzung des Lizenzierten Know-how oder Verletzung der Lizenzierten Patentrechte dem Lizenzgeber anzuzeigen, in Art. 2 Abs. 1 Ziffer 6 als „weiße" Klausel. Ebenso angemessen wie die Informationspflicht des Lizenznehmers erscheint im Gegenzug die Pflicht des Lizenzgebers, ihm bekannt gewordene Verletzungen der Lizenzierten Rechte unverzüglich seinem Lizenznehmer mitzuteilen. Für beide Parteien besteht im Falle der Verletzung der Lizenzierten Rechte das Bedürfnis, die Verteidigung zu koordinieren und sich gegenseitig abzusprechen. Nur auf diese Weise wird gewährleistet, dass die gerichtliche und außergerichtliche Verteidigung der Lizenzierten Rechte möglichst schnell und effektiv erfolgt. Gleichzeitig vermeiden die Parteien eines ausschließlichen Lizenzvertrages so das Risiko, dass nebeneinander erhobene Klagen des Lizenzgebers und des Lizenznehmers miteinander kollidieren.[237] Der Vertrag sollte ausdrücklich vorsehen, dass die gegenseitige Unterrichtung *unverzüglich* zu erfolgen hat. Dies ist wichtig, um gegen den Verletzer gegebenenfalls im einstweiligen Verfügungsverfahren vorgehen und die hierfür erforderliche Eilbedürftigkeit nachweisen zu können.

2. Klagerecht des Inhabers einer ausschließlichen Lizenz

Gegen einen Patentverletzer kann zunächst der Patentinhaber vorgehen, der in die Patentrolle eingetragen ist. Die Eintragung erfüllt insoweit eine Legitimationsfunktion zugunsten des Patentinhabers gegenüber dem Patentamt und den Gerichten.[238] Der ausschließliche Lizenznehmer ist in der Regel in der Patentrolle nicht erwähnt.[239] Wegen des quasi dinglichen Charakters der ausschließlichen Lizenz wird dem Lizenznehmer jedoch eine Rechtsposition zugesprochen, aufgrund derer er, auch ohne in der Patentrolle eingetragen zu sein, gegen den Verletzer vorgehen kann, er also aktivlegitimiert ist.[240] Da aus diesem Grund theoretisch beide Parteien gegen Verletzer vorgehen können, sollte in dem Lizenzvertrag ausdrücklich geregelt werden, welche der Parteien berechtigt ist, die Lizenzierten Patentrechte zu verteidigen. In Ziffer 17.2 des Vertragsmusters ist vorgesehen, dass der Lizenzgeber die Verteidigung übernimmt. Weiterhin sollte unbedingt geregelt werden, dass die jeweils andere Partei die Verteidigung übernehmen kann, wenn die eigentlich für die Verteidigung zuständige Partei sich aus Kostengründen oder wegen der aus ihrer Sicht geringen Erfolgsaussichten weigert, Verteidigungsmaßnahmen zu ergreifen. Schließlich sollte geregelt werden, dass die für die Verteidigung zuständige Partei bei der Verteidigung von der anderen Partei unterstützt wird, soweit dies im Einzelfall sachgerecht ist. Um die Existenz eines Vorbenutzungsrechts zu beweisen, kann es zum Beispiel unerlässlich sein, datierte Entwicklungsdaten des Lizenzgebers einzureichen, die Aufschluss über den Fortgang der Entwicklung der Erfindung geben.

3. Regelung bei Einräumung einer nicht-ausschließlichen Lizenz

Bei der nicht-ausschließlichen Lizenz obliegt die Verteidigung der Lizenzierten Patentrechte in erster Linie dem Lizenzgeber, da der Lizenznehmer als Inhaber eines bloß obligatorischen Rechts nach herrschender Meinung keine eigenen Schadensersatzansprüche gegen Dritte geltend machen kann.[241] Nur wenn der Lizenzgeber seinerseits nicht gegen Verletzungen der Lizenzierten Patentrechte tätig werden will, sollte dem Lizenznehmer die Möglichkeit gegeben werden, selbst Maßnahmen zum Schutz der Lizenzierten Patentrechte ergreifen zu können. Dies erscheint namentlich vor dem Hintergrund billig, dass der Lizenzgeber nach herrschender Meinung auch beim nicht-ausschließlichen Lizenzvertrag nicht verpflichtet ist, gegen Schutzrechtsverletzungen Dritter einzuschreiten, andererseits aber Fälle auftreten können, in denen die Verletzungshandlung vor allem oder gar ausschließlich auf Seiten des Lizenznehmers zum Eintritt eines Schadens führt.[242] Um klagebefugt zu sein, benötigt der nicht-ausschließliche Lizenznehmer allerdings eine vom Lizenzgeber erteilte Prozessführungsermächtigung.

4. Kostentragung, Schadensersatz

Wird ein Rechtsstreit gegen die Verletzung der Lizenzierten Rechte geführt, kommt der Rechtsstreit in der Regel den Interessen beider Parteien zugute. Es kann daher sachgerecht sein, dass die Kosten des Rechtsstreits von beiden Parteien getragen werden. Das Problem der Kostenverteilung stellt sich weniger, wenn der Rechtsstreit gegen den Verletzer gewonnen wird, als im Fall des Unterliegens. Hier sind nicht nur die Kosten des eingeschalteten Rechtsbeistandes, sondern auch sämtliche Prozesskosten sowie die Kosten der Gegenseite zu tragen. Am pragmatischsten ist es, für die Frage der gerechten Kostentragung darauf abzustellen, ob die Interessen der nicht prozessführenden Partei durch den Rechtsstreit mehr als unerheblich berührt werden. Ist dies zu bejahen, sollte die nicht prozessführende Partei in dem Verhältnis an den Kosten beteiligt werden, wie ihr Interesse an der Führung der Streitigkeit besteht. Ähnlich sollte auch mit der Aufteilung des von dem Verletzer geleisteten Schadensersatzes verfahren werden. Teilen sich die Parteien die Kosten des Rechtsstreits, ist auch eine Teilung des Schadensersatzes sachgerecht. Beteiligt sich die nicht prozessführende Partei aber mit einem geringen Anteil an den Kosten, etwa weil ihr Interesse an dem Rechtsstreit gering ist, sollte ihr ein entsprechend geringer Anteil an dem Schadensersatz zustehen. Zu berücksichtigen ist auch, bei wem der Schaden entsteht, der vom Verletzer erstattet wird. Im Falle exklusiver Lizenzen ist es in der Regel der Lizenznehmer, dem ein Schaden entsteht, weil er in der Ausübung seines exklusiven Rechts beeinträchtigt wird.[243] Der Lizenznehmer wird daher möglicherweise darauf bestehen, den Rechtsstreit selbst führen und den Schadensersatz in voller Höhe vereinnahmen zu dürfen.

§ 18
Rechte an gemeinschaftlichen Erfindungen

18.1　Erfindungen, welche die Parteien im Rahmen der Durchführung dieses Vertrages gemeinsam gemacht haben („Gemeinschaftliche Erfindungen") stehen beiden Parteien zu gleichen Teilen zu.

- Variante zu Ziffer 18.1:

  Haben die Parteien im Rahmen der Durchführung dieses Vertrages gemeinsame Erfindungen gemacht („Gemeinschaftliche Erfindungen"), werden sich die Parteien schriftlich über die Erfinderanteile an den Gemeinschaftlichen Erfindungen verständigen.

18.2　Beide Parteien verpflichten sich, Gemeinschaftliche Erfindungen ihren an der Erfindung beteiligten Arbeitnehmern gegenüber gemäß den Regelungen des Arbeitnehmererfindungsgesetzes bzw. einem entsprechenden ausländischen Gesetz unbeschränkt und fristgemäß in Anspruch zu nehmen.

18.3　Gemeinschaftliche Erfindungen, die schutzrechtsfähig sind, werden im Namen beider Parteien zum Schutzrecht angemeldet. Die Parteien werden von Fall zu Fall entscheiden, welche der Parteien für die Anmeldung von Schutzrechten an den Gemeinschaftlichen Erfindungen („Gemeinschaftliche Schutzrechte") und die Aufrechterhaltung solcher Schutzrechte verantwortlich ist. Soweit im Einzelfall nicht anders vereinbart, werden die Kosten der Patentanmeldung und -aufrechterhaltung zwischen den Parteien geteilt. Die anfallenden Arbeitnehmererfindervergütungen tragen die Parteien jeweils selbst. Der Lizenzgeber ist berechtigt, die Gemeinschaftlichen Schutzrechte kostenfrei (i) außerhalb des Anwendungsbereichs und (ii) außerhalb des Vertragsgebiets auch innerhalb des Anwendungsbereichs zu nutzen und Dritten in diesem Umfang Lizenzen einzuräumen. Der Lizenznehmer ist berechtigt, die Gemeinschaftlichen Schutzrechte kostenfrei innerhalb des Anwendungsbereichs und innerhalb des Vertragsgebiets zu nutzen und gemäß Ziffer 3 dieses Vertrags Dritten in diesem Umfang Lizenzen einzuräumen.

- **Variante zu Ziffer 18.3:**
  Die jeweils andere Partei muss der Lizenzvergabe vorher schriftlich zustimmen. Sie ist zudem an der Lizenz zu marktüblichen Konditionen zu beteiligen.

Ergänzung:

18.4 Keine der Parteien ist berechtigt, ihren Anteil an den Gemeinschaftlichen Schutzrechten ohne vorherige schriftliche Zustimmung der anderen Partei auf einen Dritten zu übertragen.

18.5 Die Partei, die die Gemeinschaftlichen Schutzrechte anmeldet und aufrecht erhält, muss in jedem Fall die andere Partei über das Anmeldeverfahren und die Aufrechterhaltung sowie über mögliche Maßnahmen und Fristen rechtzeitig informieren, um der anderen Partei die Überprüfung und Beratung zu ermöglichen. Sollte eine Partei beabsichtigen, ihren Anteil an einem Gemeinschaftlichen Schutzrecht nicht weiter aufrechtzuerhalten und aufzugeben, so ist diese Partei verpflichtet, die andere Partei von dieser Absicht spätestens dreißig (30) Tage vor dem Ablauf einschlägiger Fristen schriftlich in Kenntnis zu setzen. Die andere Partei ist in diesem Fall berechtigt, das betroffene Gemeinschaftliche Schutzrecht im eigenen Namen und auf eigene Kosten weiter aufrechtzuerhalten und eine Übertragung sämtlicher Anteile an dem Gemeinschaftlichen Schutzrecht zu verlangen. Auf Verlangen der anderen Partei wird die verwaltende Partei alle Maßnahmen durchführen, die für die Aufrechterhaltung des Gemeinschaftlichen Schutzrechts durch die übernehmende Partei und die Übertragung sämtlicher Rechte an diesem Schutzrecht auf diese Partei erforderlich sind.

18.6 Die Parteien werden sich spätestens drei (3) Monate vor Ablauf der Prioritätsfrist darüber verständigen, in welchen Ländern korrespondierende Auslandsschutzrechte anzumelden sind.

Inhalt der Erläuterungen zu § 18:

1. Bedeutung der Regelung
2. Rechte an gemeinschaftlichen Erfindungen und Schutzrechten
3. Verwaltung gemeinschaftlicher Schutzrechte

1. Bedeutung der Regelung

Lizenzverträge haben neben der reinen Rechteinräumung häufig eine Kooperation der Parteien bei der Entwicklung und der Vermarktung der Vertragsprodukte zum Gegenstand. Die Kooperation kann über den in Ziffer 9 geregelten Lenkungsausschuss gesteuert werden. Dabei werden regelmäßig Know-how, praktische Erfahrungen bei der Entwicklung der Vertragsprodukte und Entwicklungsdaten ausgetauscht. Die Praxis zeigt, dass die Mitarbeiter der Parteien im Rahmen solcher Kooperationen oftmals gemeinsame Erfindungen machen. Um zu vermeiden, dass die Parteien später über die Inhaberschaft an solchen Erfindungen, die Zuständigkeit für Schutzrechtsanmeldungen und das Recht zur Lizenzierung solcher Erfindungen streiten, ist es ratsam, diese Punkte bereits bei Abschluss des Lizenzvertrages zu regeln.

2. Rechte an gemeinschaftlichen Erfindungen

Eine gemeinschaftliche Erfindung ist gegeben, wenn die Mitarbeiter beider Parteien einen schöpferischen Anteil an dem der Erfindung zugrunde liegenden Erfindungsgedanken hatten.[244] Hieran fehlt es, wenn kein eigenständiger Beitrag erbracht wurde, sondern wenn die Erfindungsentstehung lediglich durch die Bereitstellung von Hilfsmitteln, etwa Laboratorien oder Materialen, unterstützt wurde. Auch die nach Anleitung eines anderen erfolgende Versuchsüberwachung, die Registrierung von Messwerten und die Ausführung des Baus von Versuchsanordnungen oder Prototypen stellen keine eigenständige Erfinderleistung dar.[245] Sind die Voraussetzungen für eine gemeinschaftliche Erfindung aber erfüllt, sind die Mitarbeiter der Parteien Miterfinder im Sinne von § 6 Abs. 2 PatG, mit der Folge, dass ihnen das Recht auf das Patent gemeinschaftlich zusteht.

Handelt es sich bei den Mitarbeitern der Parteien um Arbeitnehmer, setzt eine Überleitung der Rechte auf die Parteien eine frist- und formgemäße unbeschränkte Inanspruchnahme der jeweiligen Erfindungsanteile durch die Parteien nach den Grundsätzen des **Arbeiternehmererfindungsgesetzes** voraus. Gemäß § 6 Abs. 2 ArbN-ErfG muss die Inanspruchnahme durch schriftliche Erklärung spätestens bis zum Ablauf von vier Monaten nach Eingang der ordnungsgemäßen Erfindermeldung erfolgen.[246] Nach fruchtlosem Ablauf der genannten Frist verbleiben die anteiligen Rechte an der gemeinschaftlichen Erfindung bei dem jeweiligen Arbeitnehmer.

Etwaige mit der anderen Partei getroffenen Vereinbarungen zur Verwaltung der gemeinschaftlichen Erfindungen, der Einräumung von Lizenzen etc. finden im Verhältnis zu dem Arbeitnehmer keine Anwendung. Versäumt es eine der Parteien also, den Miterfindungsteil ihrer Arbeitnehmer fristgerecht in Anspruch zu nehmen, stehen die Rechte an der Erfindung jedenfalls anteilig den jeweiligen Arbeitnehmern zu. Um zu vermeiden, dass solche Punkte erneut mit dem Arbeitnehmer geregelt werden müssen, sieht das Vertragsmuster in Ziffer 18.2 eine Verpflichtung beider Parteien vor, bei gemeinschaftlichen Erfindungen den Erfindungsanteil ihrer Arbeitnehmer unbeschränkt in Anspruch zu nehmen.[247]

Grundsätzlich richtet sich das zwischen **Miterfindern** bestehende Rechtsverhältnis nach den Regeln der **Bruchteilsgemeinschaft** (§§ 741 ff.).[248] Die Teilhaber einer Bruchteilsgemeinschaft haben je einen Anteil an dem gemeinschaftlichen Recht, der größenmäßig im Zweifel für alle Teilhaber gleich ist (§ 742 BGB). Die Zweifelsregelung findet jedoch nur dann Anwendung, wenn sich nach Ausschöpfen der gegebenen Erkenntnisquellen nicht feststellen lässt, wie hoch die Beteiligung an der erfinderischen Leistung ist.[249] Um die Beteiligung wertmäßig zu erfassen, ist nach den vom BGH aufgestellten Regeln zunächst der Gegenstand der Erfindung zu ermitteln, dann sind die Einzelbeiträge der Beteiligten am Zustandekommen der Erfindung festzustellen, schließlich ist deren Gewicht zueinander und zu der erfinderischen Gesamtleistung abzuwägen.[250] Da bei Abschluss des Vertrages nicht prognostiziert werden kann, in welchem Umfang sich die Parteien an künftigen gemeinschaftlichen Erfindungen beteiligen, können sie sich – wie in der Variante zu Ziffer 18.1 des Vertragsmusters vorgesehen – darauf einigen, sich über die Höhe der Erfindungsanteile jeweils im Einzelfall schriftlich zu verständigen. Wollen die Parteien indes Streitigkeiten bezüglich der Höhe des jeweiligen Erfindungsanteils vermeiden, können sie bei Abschluss des Vertrags festlegen, dass gemeinschaftliche Erfindungen beiden Parteien zu gleichen Teilen zustehen. Ziffer 18.1 des Vertragsmusters enthält eine entsprechende Formulierung. Durch die genannte Formulierung besteht freilich das Risiko, dass eine Partei, deren Beteiligung an der Erfindungsleistung gering war, die gleichen Rechte an der Erfindung hat, wie die Partei, die maßgeblich zu der Erfindungsentstehung beigetragen hat.

Soweit der Vertrag nichts anderes regelt, steht die **Verwaltung der Erfindung,** d.h. insbesondere die Schutzrechtsanmeldung und die Aufrechterhaltung der Schutzrechte, den Miterfindern gemeinschaftlich zu (§ 744 BGB). Das bedeutet, dass die Verwaltungsmaßnahmen mit einer sich nach der Größe der Anteile richtenden Mehrheit beschlossen werden müssen.[251]

Die gemeinschaftliche Verwaltung kann insbesondere bei der Schutzrechtsanmeldung, der Aufrechterhaltung und der sonstigen Verwaltung der gemeinschaftlichen Schutzrechte unpraktikabel sein. Wesentlich einfacher ist es, wenn die Parteien im Einzelfall bestimmen, dass eine der Parteien sämtliche mit der Erfindung im Zusammenhang stehenden Verwaltungsmaßnahmen durchführt. Ziffer 18.2 des Vertragsmusters sieht eine solche Regelung vor. Um Missverständnissen vorzubeugen und klarzustellen, dass die verwaltende Partei z. b. nicht über die Einräumung von Lizenzen frei entscheiden kann, sollte der Vertrag die wahrzunehmenden Verwaltungsaufgaben genau spezifizieren.

Die vertraglichen Regelungen der Verwaltung wirken nur im Innenverhältnis. Weigert sich etwa die zur Verwaltung bestimmte Partei, die Aufrechterhaltungsgebühren für ein Patent zu bezahlen und droht das Patent daher zu erlöschen, ist die andere Partei jedenfalls vor dem Patentamt dazu berechtigt, die Gebührenzahlung als notwendige Erhaltungsmaßnahme ohne Zustimmung der anderen Partei vorzunehmen (§ 745 BGB).

In den Vertrag sollte des Weiteren eine klarstellende Regelung bezüglich der **Benutzung der gemeinschaftlichen Erfindung durch die Parteien** aufgenommen werden. Grundsätzlich ist die Nutzung der gemeinschaftlichen Erfindung ohne Zustimmung des jeweils anderen Teilhabers zulässig.[252] Etwas anderes gilt nur dann, wenn der Nutzung etwa zum Schutz der Geheimhaltung ein wirksamer Mehrheitsbeschluss entgegensteht.[253] Um einem Teilhaber, der die Erfindung selbst nicht nutzt, eine angemessene Beteiligung an dem wirtschaftlichen Wert der Erfindung zukommen lassen, ist der die Erfindung nutzende Teilhaber nach herrschender Meinung zur Zahlung eines Ausgleichs verpflichtet. Aus diesem Grund hat jeder Teilhaber zudem einen Anspruch auf Auskunft und Rechnungslegung.[254] Die Höhe dieser Ausgleichszahlungen soll sich nach der Höhe der üblichen Lizenzgebühren richten.[255] Sollen die genannten Ausgleichzahlungen ausgeschlossen und die gemeinschaftliche Erfindung von beiden Parteien unentgeltlich genutzt werden können, muss dies im Vertrag ausdrücklich geregelt sein. Ziffer 18.3 des Vertragsmusters sieht eine entsprechende Regelung vor.

Eine **Lizenz** kann sich aus faktischen Gründen nur auf das gemeinschaftliche Schutzrecht im Ganzen, nicht aber nur auf den Anteil einer der Parteien beziehen. Räumt eine der Parteien daher einem Dritten eine Lizenz an einem gemeinschaftlichen Schutzrecht ein, wirkt sich dies auf das gemeinschaftliche Recht im Ganzen aus. § 747 Satz 2 BGB statuiert den Grundsatz, dass Verfügungen über das gemeinschaftliche Recht im Ganzen das Einverständnis aller Teilhaber erfordern. Als Verfügung im Sinne des § 747 Satz 2 BGB

ist nach herrschender Meinung auch die ausschließliche Lizenz ein-
zuordnen.[256] Das bedeutet, dass keine der Parteien ohne Zustimmung der anderen berechtigt ist, eine ausschließliche Lizenz an dem
gemeinschaftlichen Schutzrecht einzuräumen. Dies ist nicht selbst-
verständlich. Nach anderen Rechtsordnungen, insbesondere dem
US-amerikanischen Recht, ist der Mitinhaber eines Patentes ohne
Zustimmung des anderen Mitinhabers zur Erteilung von Lizenzen
berechtigt. Auch aus diesem Grund empfiehlt es sich, eine Regelung
zur Erteilung von Lizenzen an gemeinschaftlichen Erfindungen in
den Vertrag aufzunehmen. Im Hinblick auf nicht-ausschließliche
Lizenzen ist zu berücksichtigen, dass diese mangels der quasi-
dinglichen Wirkung einer ausschließlichen Lizenz kaum als Verfügung im Sinne des § 747 Satz 2 BGB eingeordnet werden können.
Vor dem Hintergrund der gemeinschaftlichen Verwaltung wird von
der herrschenden Meinung aber dennoch die Auffassung vertreten,
dass auch die Einräumung einer nicht-ausschließlichen Lizenz des
Einverständnisses aller Teilhaber bedarf.[257] Die Parteien können
dieses Einverständnis auch vorziehen und sich bereits bei Abschluss
des Vertrages darauf einigen, dass jede Partei nicht-ausschließliche
Lizenzen an dem gemeinschaftlichen Schutzrecht einräumen darf.

Um gegenseitig kontrollieren zu können, wem solche Lizenzen
eingeräumt werden sollen, mag es sich empfehlen, wie in der Variante zu Ziffer 18.3 vorgesehen, ein Zustimmungserfordernis zu vereinbaren.

Als Miterfinderin ist jede Partei grundsätzlich dazu berechtigt,
über ihren Anteil an dem gemeinschaftlichen Recht ohne Zustimmung der anderen Partei zu verfügen (§ 747 Satz 1 BGB).[258] Der
Anteil einer Partei an dem gemeinschaftlichen Recht kann daher
grundsätzlich auch auf einen beliebigen Dritten, z.B. einen Wettbewerber der anderen Partei übertragen werden. Um die Rechteüber-
tragung beeinflussen und kontrollieren zu können, sollte die **Übertragung der Anteile an dem gemeinschaftlichen Recht** auf Dritte
von der vorherigen schriftlichen Zustimmung der anderen Partei
abhängig gemacht werden (vgl. Ziffer 18.4 des Vertragsmusters).

Ziffer 18.5 enthält schließlich eine Regelung zu den prioritätsab-
hängigen Auslandsschutzrechten. Die **Anmeldung von Auslandsschutzrechten** unter Ausnutzung der Priorität des nationalen Rechts
ist fristgebunden.[259] Um zu verhindern, dass die Möglichkeit zur
Anmeldung von Auslandsschutzrechten versäumt wird, sollte auch
diesbezüglich eine ausdrückliche Regelung in den Vertrag aufgenommen werden, welche die Parteien zwingt, sich vor Fristablauf
über die Vornahme von Auslandsanmeldungen zu einigen.

§ 19
Gewährleistung

19.1 Der Lizenzgeber gewährleistet, dass
  (i) er Inhaber bzw. berechtigter Lizenzgeber der Lizenzierten Rechte ist;
  (ii) er berechtigt ist, diesen Vertrag abzuschließen und die hierin gewährten Lizenzen zu erteilen,
  (iii) er keine aktuelle Kenntnis von Umständen hat, wonach die Lizenzierten Rechte unwirksam sein könnten oder ihre Nutzung Patentrechte Dritter verletzten könnte und
  (iv) er keine aktuelle Kenntnis von Umständen hat, wonach das Lizenzierte Know-how Dritten bekannt geworden ist.

• Variation zu Ziffer 19.1 (im Interesse des Lizenznehmers):
  (iii) er angemessene Recherchen bezüglich der Wirksamkeit und dem Bestand der Lizenzierten Patente angestellt, die Lizenzierten Patente in *[Deutschland …]* wirksam sind und keine Rechte Dritter verletzen, und ihm in Bezug auf alle anderen Länder des Vertragsgebiets keine Umstände bekannt sind, wonach die Lizenzierten Rechte unwirksam sein könnten oder ihre Nutzung Patentrechte Dritter verletzen könnte.

Ergänzung zu Ziffer 19.1 (im Interesse des Lizenznehmers):
  Kann der Lizenznehmer ein Lizenziertes Patentrecht nicht ohne Verletzung eines Patents oder gewerblichen Schutzrechtes mit älterem Zeitrang verwerten, wird sich der Lizenzgeber bemühen, eine übertragbare oder unterlizenzierbare Lizenz an diesem Schutzrecht zu marktüblichen Bedingungen zu erwerben. Gelingt dem Lizenzgeber der Lizenzerwerb nicht innerhalb einer Frist von *[zwei (2) Monaten]*, entfällt die Verpflichtung des Lizenznehmers für dieses Lizenzierte Patentrecht künftig fällig werdende Lizenzgebühren zu entrichten.

19.2 Der Lizenzgeber übernimmt keine Gewähr für die technische Ausführbarkeit, die technische Brauchbarkeit, die kommerzielle Verwertbarkeit, die Fabrikationsreife, die Rentabilität der Produktion und/oder die Konkurrenzfähigkeit der Lizenzierten Rechte. Insbesondere übernimmt der Lizenzgeber keine ausdrückliche noch stillschweigende Gewährleistung oder Zusicherung dafür, dass die Entwicklung und Vermarktung der Vertragsprodukte erfolgreich sein wird. Der Lizenzgeber sichert des weiteren keine Patentfähigkeit der Lizenzierten Rechte zu.

19.3 Die Gewährleistungsansprüche des Lizenznehmers verjähren innerhalb eines (1) Jahres ab dem gesetzlichen Verjährungsbeginn.

Inhalt der Erläuterungen zu § 19:

1. Grund für das Erfordernis einer Gewährleistungsregelung

Nach der Auffassung des Bundesgerichtshofs handelt es sich bei Lizenzverträgen um ein „gewagtes Geschäft".[260] Auch wenn diese Einschätzung wohl nicht auf jeden Lizenzvertrag zutrifft, ist es für die Parteien eines Lizenzvertrages stets von erheblicher Bedeutung, ihre jeweiligen Risikosphären für den Fall abzugrenzen, dass sich die versprochene Leistung nach Vertragsschluss als mangelbehaftet erweisen sollte. Die Risikoverteilung erfolgt maßgeblich durch die Gewährleistungsregeln. Deren Ermittlung stößt jedoch wegen der Eigenart des Lizenzvertrages auf erhebliche Schwierigkeiten: Da sich Lizenzverträge rechtstyplogisch nicht eindeutig einer Vertragsart zuordnen lassen,[261] finden weder die werkvertrags-, noch die miet- oder pachtrechtlichen Gewährleistungsregelungen unmittelbare und uneingeschränkte Anwendung auf Lizenzverträge.[262] Darüber hinaus sind die klassischen Mängelgewährleistungsansprüche im Bereich des Technologietransfers ohnehin kaum anwendbar, da es sich bei Patenten und Know-How nicht um Standardgegenstände handelt.

Vor diesem Hintergrund haben Rechtsprechung und Literatur zwar mit der Zeit unter Rückgriff auf unterschiedliche Rechtsgrundlagen Grundsätze für bestimmte Bereiche der Mängelgewährleistung des Lizenzgebers entwickelt. Hieraus lässt sich jedoch nur in Ansätzen abschätzen, wofür und in welchem Umfang der Lizenzgeber in einem konkreten Fall haftet. Zur Vermeidung von Rechtsunsicherheiten und Streitigkeiten zwischen den Parteien ist es bei der Gestaltung von Lizenzverträgen daher unerlässlich, möglichst konkrete und ausführliche Gewährleistungsregelungen aufzunehmen.

2. Umfang der Gewährleistungspflicht des Lizenzgebers

Sofern nicht anders im Vertrag geregelt, haftet der Lizenzgeber nach ganz herrschender Meinung in der Literatur und in Rechtsprechung nur für die technische Ausführbarkeit und die Brauchbarkeit der Lizenzierten Rechte für den vereinbarten Zweck.[263] Die „technische Ausführbarkeit" ist gegeben, wenn das Vertragsprodukt mit den der Technik bei Vertragsschluss zur Verfügung stehenden Mitteln ohne unzumutbare Aufwendungen – jedoch nicht notwendigerweise fabrikmäßig – hergestellt werden kann.[264] Das Kriterium der „Brauchbarkeit" ist erfüllt, wenn die Lizenzierten Rechte den vertraglich vorausgesetzten technischen Zweck erreichen[265] und diejenige Wirkung haben, „die die Patentschrift verspricht".[266] Um keine Missverständnisse im Hinblick auf den Zweck des Vertrages aufkommen zu lassen, empfiehlt es sich, diesen im Rahmen der Präambel kurz zu erläutern.

Der Lizenzgeber haftet grundsätzlich nicht für die kommerzielle Verwertbarkeit,[267] die Fabrikationsreife,[268] die Rentabilität der Produktion und die Konkurrenzfähigkeit,[269] da diese Eigenschaften der Lizenzierten Rechte in die Risikosphäre des Lizenznehmers fallen. Etwas anderes kann sich allerdings dann ergeben, wenn die genannten Anforderungen an den Lizenzgegenstand nach dem vertraglich vorausgesetzten Verwendungszweck billigerweise gestellt werden dürfen. So haftet der Lizenzgeber für die Produktionsreife der Erfindung, falls beide Seiten bei Vertragsschluss übereinstimmend von der fabrikmäßigen Ausführbarkeit eines bereits für die Produktion erprobten Produkts ausgehen.[270] Im Einzelfall kommt ferner eine Haftung des Lizenzgebers unter dem Gesichtspunkt der Haftung für eine Beschaffenheitsgarantie gemäß § 443 Abs. 1 BGB n. F. in Betracht.[271] Eine Beschaffenheitsgarantie ist gegeben, wenn der Lizenzgeber verspricht, dass die Lizenzierten Rechte eine bestimmte Beschaffenheit aufweisen, auf ihrer Basis z. B. einwandfreie Produkte hergestellt werden können.

Unter dem Gesichtspunkt der verschuldensunabhängigen Rechtsmängelhaftung hat der Lizenzgeber grundsätzlich dafür einzustehen, dass die Lizenzierten Rechte bei Vertragsschluss frei von Rechten Dritter sind, die den Lizenznehmer in der Ausübung seiner Rechte beeinträchtigen (§ 435 BGB). Aus diesem Grund haftet der Lizenzgeber regelmäßig, wenn an den Lizenzierten Rechten etwa Pfand- oder Nießbrauchrechte Dritter bestehen, das lizenzierte Patent Ansprüchen wegen widerrechtlicher Entnahme ausgesetzt ist oder der Lizenzgeber einer ausschließlichen Lizenz seine Lizenzbereitschaft gemäß § 23 PatG erklärt hat.[272] Gleiches gilt gegenüber dem Erwerber einer ausschließlichen Lizenz im Hinblick auf sonstige Lizenzen, die der Lizenzgeber bereits vor Vertragsschluss Dritten eingeräumt hat, sowie für nach § 24 PatG erteilte Zwangslizenzen, da diese die ausschließliche Rechtsposition des Lizenznehmers schwächen.[273] Dagegen kann der nicht-ausschließliche Lizenznehmer, der mit der Vergabe und der Existenz von weiteren Lizenzen rechnen muss, den Lizenzgeber wegen eines Vorbenutzungsrechts oder einer Zwangslizenz nicht aus der Rechtsmängelhaftung in Anspruch nehmen.[274]

Die Abhängigkeit der Lizenzierten Rechte von einem älteren, noch in Kraft befindlichen Patent- oder Gebrauchsmuster[275] galt vor der Schuldrechtsreform zum Teil nicht als Rechts-, sondern als Sachmangel. Dies wurde damit begründet, dass sich die Abhängigkeit nicht auf den Bestand des Lizenzierten Rechts auswirke, sondern eine Störung der Ausübungsbefugnis darstelle.[276] Nach der Schuldrechtsreform wird bei der Abhängigkeit oder bei der Existenz von Vorbenutzungsrechten, welche die Rechte des Lizenznehmers beschränken, eine Anwendung des § 313 BGB n. F.[277] bzw. der §§ 453, 435, 433, 437 BGB n. F. befürwortet.[278] Grundsätzlich gilt, dass es für die Einstufung als Rechtsmangel auch bei der Abhängigkeit und der Existenz eines Vorbenutzungsrechtes maßgeblich auf die Vereinbarungen und Vorstellungen der Vertragsparteien bei Abschluss des Vertrages ankommt.

3. Regelungsmöglichkeiten

Bei der vertraglichen Gestaltung der Gewährleistungsregelung ist zu berücksichtigen, dass die Haftung aufgrund der Vertragsfreiheit je nach Interessenlage und gewünschter Risikoverteilung einerseits beschränkbar oder gar abdingbar ist, andererseits aber auch ausgeweitet werden kann.[279] Die in § 19 vorgesehenen Klauseln des Vertragsmusters geben einige Beispiele unterschiedlich abgegrenzter Risikosphären wieder.

Ziffer 19.1 enthält eine so genannte „Present-Knowledge"-Klausel, welche die grundsätzlich verschuldensunabhängige Rechtsmangelhaftung des Lizenzgebers einschränkt. Der Lizenzgeber erklärt, dass ihm zum Zeitpunkt des Vertragsschlusses keine Rechte Dritter bekannt sind, die eine Nutzung der Lizenzierten Rechte in der vertraglich vereinbarten Weise beschränken. Der Lizenzgeber haftet bei Vorliegen einer solchen Regelung nur, wenn ihm bei Vertragsschluss positiv bekannt war, dass ein Einspruch gegen das Vertragsschutzrecht erhoben wurde. Je nach Sachlage kann es sich für den

Lizenznehmer allerdings dringend empfehlen, das Vorliegen einzelner Rechtsmängel, etwa die Abhängigkeit des Lizenzierten Vertragsschutzrechts, explizit als Mangel zu qualifizieren.[280]

Besonders problematisch für den Lizenznehmer ist der Fall, dass er ein Vertragsrecht nicht ohne Verletzung eines Patents oder gewerblichen Schutzrechtes mit älterem Zeitrang verwerten kann. Der so genannte „freedom to operate" ist für den Lizenznehmer von großer Wichtigkeit, da er sicherstellen möchte, dass ihn niemand in der Ausübung der Lizenzierten Rechte behindern kann. Die Ergänzung zu Ziffer 19.1 sieht diesbezüglich einen praktischen Lösungsvorschlag vor: Der Lizenzgeber, der das prioritätsältere Schutzrecht nicht beseitigen kann, ist verpflichtet, an den Inhaber dieses Schutzrechts heranzutreten und mit diesem eine auf den Lizenznehmer übertragbare Lizenz an den prioritätsälteren Schutzrechten zu verhandeln, deren Kosten freilich der Lizenzgeber trägt. Eine solche Lizenz würde es dem Lizenznehmer ermöglichen, die Lizenzierten Rechte zu nutzen. Gleichzeitig würde der Lizenzgeber davor bewahrt, den Lizenznehmer von Schadensersatzansprüchen Dritter freizustellen.

Ziffer 19.2 des Vertragsmusters schränkt die Gewährleistung des Lizenzgebers weitgehend ein. Die Haftung für die technische Ausführbarkeit und die technische Brauchbarkeit der Lizenzierten Rechte wird ausdrücklich ausgeschlossen. Obwohl die vorgenannten Eigenschaften unter Heranziehung des § 581 Abs. 2 i. V. m. § 537 Abs. 1 BGB eigentlich in die Risikosphäre des Lizenzgebers fallen,[281] kann eine diesbezügliche Gewährleistung ausgeschlossen werden.[282] Mit dem weiterhin vorgesehenen Ausschluss der Gewährleistung für die Patentfähigkeit der Lizenzierten Rechte sichert sich der Lizenzgeber für den von ihm wenig beeinflussbaren Fall ab, dass das Lizenzierte Patentrecht im Einspruch- oder Nichtigkeitsverfahren zu Fall gebracht wird.

Ziffer 19.2 (iv) des Vertragsmusters enthält eine entsprechende Klausel im Hinblick auf die fehlende Offenlegung des Lizenzierten Know-hows gegenüber Dritten. Ist das Lizenzierte Know-how Dritten zum Zeitpunkt des Vertragsschlusses bekannt, ist keine Alleinstellung des Lizenznehmers mehr gegeben. Ziffer 19.2 (iv) regelt dieses Problem in Gestalt einer weiteren Present-Knowledge-Klausel. Hiernach haftet der Lizenzgeber nur dann, wenn er bei Vertragsschluss positive Kenntnis davon hatte, dass das Lizenzierte Know-how Dritten bekannt war.

4. Verjährung

Ziffer 19.3 des Vertragsmusters regelt die Verjährung der Gewährleistungsansprüche. Auch für Lizenzverträge gilt seit der Schuldrechtsreform im Jahre 2001 eine stark verkürzte gesetzliche Verjährungsfrist von drei Jahren (§ 195 BGB). Sie beginnt gemäß § 199 BGB mit dem Schluss des Jahres, in dem der Anspruch entstanden ist oder der Lizenznehmer von den anspruchsbegründenden Umständen Kenntnis erlangt hat bzw. hätte erlangen müssen. Sollten die Parteien eine andere Verjährungsfrist wünschen, muss dies vertraglich geregelt werden. Vereinbarungen über die Verjährungsfrist sind grundsätzlich möglich. Gemäß § 202 Abs. 2 BGB kann die Verjährungsfrist auf maximal dreißig Jahre verlängert werden. Die Verjährungsfrist kann auch verkürzt werden. Bei Formularverträgen muss sie jedoch mindestens ein Jahr betragen (§ 309 Nr. 8 b) ff) BGB).

§ 20
Haftung, Freistellung und Versicherung

20.1 Die Parteien haften nicht im Falle leichter Fahrlässigkeit. Außer in Fällen vorsätzlichen Handelns sind Schadensersatzansprüche für indirekte Schäden, Mangelfolgeschäden, entgangenen Gewinn und Strafschäden ausgeschlossen, gleich ob diese auf Vertrag oder unerlaubter Handlung oder sonstigem anwendbaren Gesetz basieren. Außer in Fällen vorsätzlichen Handelns darf die gesamte Haftung der Parteien gemäß diesem Vertrag jeweils den Betrag *[der gesamten Gebühren, die der Lizenznehmer an den Lizenzgeber gemäß Ziffer 7.1 und 7.2 dieses Vertrages zu zahlen hat/von EUR ...... (€ ......)]* nicht überschreiten.

- Variante zu Ziffer 20.1.
  Vorbehaltlich der Regelung in Satz 2 wird die gesetzliche Haftung des Lizenzgebers für Schadensersatz wie folgt beschränkt:
  (i) der Lizenzgeber haftet nicht für die leicht fahrlässige Verletzung unwesentlicher Pflichten aus dem Schuldverhältnis;
  (ii) der Lizenzgeber haftet der Höhe nach begrenzt auf den bei Vertragsschluss typischerweise vorhersehbaren Scha-

den für die leicht fahrlässige Verletzung wesentlicher Pflichten aus dem Schuldverhältnis. Die Parteien sind sich einig, dass der bei Vertragsschluss vorhersehbare Schaden diesbezüglich einen Betrag von *[EUR 1 Millionen]* nicht überschreitet.

Die vorgenannte Haftungsbeschränkung gilt nicht in den Fällen zwingender gesetzlicher Haftung sowie bei Übernahme einer Garantie oder schuldhaft verursachten Schäden aus der Verletzung von Leben, Körper und Gesundheit.

20.2 Der Lizenzgeber ist verpflichtet, den Lizenznehmer von Ansprüchen, Verfahren, Schäden, Kosten und Auslagen Dritter freizustellen, die in Verbindung stehen mit:

(i) einer Verletzung von Gewährleistungen, Zusicherungen oder Verpflichtungen des Lizenzgebers aus diesem Vertrag und

(ii) einer anderen fahrlässigen oder vorsätzlichen Handlung oder Unterlassung des Lizenzgebers oder eines seiner Mitarbeiter, Erfüllungsgehilfen oder Vertreter.

20.3 Die Freistellungsverpflichtung des Lizenzgebers nach Ziffer 20.2 gilt nur unter den folgenden Bedingungen:

(i) der Lizenznehmer wird den Lizenzgeber schriftlich über die geltend gemachten Ansprüche innerhalb von dreißig (30) Tagen informieren,

(ii) der Lizenzgeber ist alleine berechtigt, die Verteidigung und einen Vergleich der geltend gemachten Ansprüche zu übernehmen und

(iii) der Lizenznehmer wird den Lizenzgeber in angemessener Weise und auf Wunsch des Lizenzgebers bei der Verteidigung der Ansprüche unterstützen.

Verletzt der Lizenznehmer seine Verpflichtung nach dieser Ziffer 20.3, so bekundet dies keine Verletzung dieses Vertrages und ersetzt auch nicht die Freistellungsverpflichtung des Lizenzgebers nach Ziffer 20.2 mit Ausnahme nur und soweit die Verteidigung der Ansprüche durch den Lizenzgeber durch dieses Verhalten erheblich beeinträchtigt wurde.

Die Verpflichtungen des Lizenzgebers nach Ziffer 20.2 gelten nicht im Bezug auf eine Verletzung von gewerblichen Schutzrechten Dritter, wenn eine solche Verletzung nicht eingetreten wäre, wenn

(i) der Lizenznehmer die Lizenzierten Rechte gemäß den Bestimmungen dieses Vertrages genutzt hätte,

(ii) der Lizenznehmer nicht die Lizenzierten Rechte ohne Zustimmung des Lizenzgebers verändert oder adaptiert hätte oder

(iii) der Lizenzgeber die Vertragsprodukte nicht in Kombination mit anderen Produkten genutzt hätte.

20.4 Der Lizenznehmer ist verpflichtet, den Lizenzgeber von Ansprüchen, Verfahren, Schäden, Kosten und Auslagen Dritter freizustellen, die in Verbindung stehen mit:

(i) Ansprüchen einschließlich Produkthaftungsansprüchen von Dritten bezüglich der Vertragsprodukte,

(ii) einer Behauptung, dass die Vertragsprodukte den geltenden Gesetzen und/oder den erforderlichen Zulassungen nicht entsprechen, einschließlich dem Versäumnis des Lizenznehmers, die notwendigen Zulassungen für die Vertragsprodukte einzuholen,

(iii) einer Verletzung von Gewährleistungen, Zusicherungen oder Verpflichtungen des Lizenznehmers aus diesem Vertrag und

(iv) einer anderen fahrlässigen oder vorsätzlichen Handlung oder Unterlassung des Lizenznehmers oder eines seiner Mitarbeiter, Erfüllungsgehilfen oder Vertreter.

Ziffer 20.3 findet analoge Anwendung auf die Freistellungsverpflichtung des Lizenznehmers gegenüber dem Lizenzgeber.

20.5 Der Lizenznehmer ist verpflichtet, während der Laufzeit dieses Vertrags und für den Zeitraum der zulässigen Verwendung der Lizenzierten Reche nach Beendigung dieses Vertrages eine Haftpflichtversicherung mit einer Haftungssumme von *[mindestens Euro ...... Millionen (€......)]* zu unterhalten, deren Umfang sich auf die Verwendung der Lizenzierten Rechte erstreckt.

Inhalt der Erläuterungen zu § 20:

1. Haftungsbeschränkung

Die Ausgestaltung der Haftung des Lizenzgebers hängt, wie auch der Umfang der Gewährleistung, von der Verhandlungsmacht der Parteien ab. Für den Lizenznehmer ist es am günstigsten, wenn der Lizenzgeber unbeschränkt nach den gesetzlichen Bestimmungen haftet. In der Praxis wird sich diese Regelung, die den Lizenzgeber auch für Fälle leichter Fahrlässigkeit in unbeschränkter Höhe haften lässt (§ 276 BGB), nur schwer durchsetzen lassen. Ebenso wenig werden sich die Parteien darauf einigen können, die Haftung des Lizenzgebers vollständig auszuschließen.[283]

Ziffer 20.1 enthält eine Haftungsbeschränkung, wie sie in individuell verhandelten Lizenzverträgen häufig zu finden ist, und die eine gegenseitige und umfangreiche Haftungsbeschränkung vorsieht. Unterliegt ein Lizenzvertrag dagegen den strengen Anforderungen des in die §§ 305 ff. BGB integrierten Gesetzes über Allgemeine Geschäftsbedingungen, weil es sich um einen Standardvertrag handelt, ist nach § 307 Abs. 2 Nr. 2 BGB eine vollständige oder weitreichende Freizeichnung von „wesentlichen Pflichten" des jeweiligen Vertrages unwirksam. Weiter ist ein Ausschluss der Haftung für Körperschäden und grobes Verschulden durch AGB gem. § 309 Nr. 7 BGB unwirksam, so dass ein entsprechender Vorbehalt in den Vertrag aufzunehmen wäre. Variante 1 zu Ziffer 20.1 des Vertragsmusters enthält eine Regelung, die den Anforderungen der §§ 305 ff. BGB entspricht.

2. Freistellung des Lizenznehmers

Der Lizenznehmer hat ein Interesse daran, von Ansprüchen Dritter freigestellt zu werden, die im Zusammenhang mit der Verletzung von Gewährleistungen, Zusicherungen oder sonstigen Verpflichtungen des Lizenzgebers stehen. Ziffer 20.2 enthält eine klassische Freistellungsregelung zugunsten des Lizenznehmers. Die Freistellung ermöglicht es dem Lizenznehmer, den Lizenzgeber zu zwingen, in den genannten Fällen die Verteidigung gegen behauptete Ansprüche und Schäden Dritter einschließlich der Kosten der Verteidigung zu übernehmen. Wird eine Freistellung nicht ausdrücklich vereinbart, muss der Lizenznehmer sich gegen Ansprüche Dritter, die auf einem vertragswidrigen Verhalten des Lizenzgebers beruhen, zunächst selbst verteidigen. Berechtigte Ansprüche Dritter müssen in diesem Fall zunächst mit Mitteln des Lizenznehmers befriedigt werden. Erst im Wege des Regresses kann sich der Lizenznehmer an dem Lizenzgeber schadlos halten. Die Aufnahme einer Freistellungsregelung ist für den Lizenznehmer daher in jedem Fall empfehlenswert. Zugunsten des Lizenzgebers sollte allerdings klargestellt werden, dass eine Freistellung nur dann in Betracht kommt, wenn der Lizenznehmer die Lizenzierten Rechte und die Vertragsprodukte gemäß den vertraglichen Vereinbarungen genutzt und nicht etwa in unzulässiger Weise geändert hat. Um dem Lizenzgeber zudem die Möglichkeit zu geben, sich angemessen gegen die von Dritten geltend gemachten Ansprüche bzw. die von Dritten eingeleiteten Gerichtsverfahren wehren zu können und etwaige gerichtliche Fristen nicht zu versäumen, sollte, wie in Ziffer 20.3 vorgesehen, zudem vereinbart werden, dass eine Freistellung nur dann gewährt wird, wenn der Lizenznehmer den Lizenzgeber unverzüglich über die behauptete Vertragsverletzung informiert.

3. Freistellung des Lizenzgebers von produkthaftungsrechtlichen Ansprüchen

Ziffer 20.4 enthält eine Freistellungsregelung zugunsten des Lizenzgebers. Für den Lizenzgeber ist insbesondere die Freistellung von produkthaftungsrechtlichen Ansprüchen Dritter von Bedeutung. Eine entsprechende Formulierung ist in Ziffer 20.4 (i) des Vertragsmusters enthalten. Die Haftung nach dem Produkthaftungsgesetz trifft in erster Linie zwar den Hersteller eines fehlerhaften Produkts (§ 4 ProdHG). Primärer Haftungsadressat ist demzufolge der Lizenznehmer, da dieser die Vertragsprodukte eigenverantwortlich herstellt und in den Verkehr bringt. Eine Haftung des reinen Patentlizenzgebers kommt hiernach nicht in Betracht.[284] Gerade in den praktisch vorherrschenden gemischten Patentlizenz- und Knowhow-Verträgen können jedoch unter Umständen auch Haftungsansprüche gegen den Lizenzgeber entstehen. So gilt nach 4 Abs. 1 S. 2 ProdHG als Hersteller auch derjenige, der sich durch das Anbringen seines Namens, seiner Marke oder eines anderen unterscheidungskräftigen Kennzeichens als Hersteller ausgibt (so genannter „Quasi-Hersteller"). Dies ist beispielsweise dann der Fall, wenn durch das Anbringen eines Hinweises auf den Lizenzgeber – etwa in Form des Lizenzvermerks – oder die Benutzung seiner Marke beim Endverbraucher der Eindruck entsteht, dass der Lizenzgeber Hersteller sei. Vor diesem Hintergrund empfiehlt es sich, den Lizenzgeber im Innenverhältnis von produkthaftungsrechtlichen Ansprüchen Dritter freizustellen. Problematisch ist diese Freistellung allerdings dann, wenn der Lizenznehmer bei der Herstellung des Vertragsprodukts die Qualitätsvorgaben oder sonstige Anweisungen des Lizenzgebers beachtet hat und der haftungsauslösende Fehler seine Ursache in diesen Vorgaben hat. *Stumpf/Groß* nennen in diesem Zusammenhang den Fall des in der Produktion des Vertragsproduktes erfahrenen Lizenzgebers, der den unerfahrenen Lizenznehmer bis zum Erreichen der selbstständigen Produktion mit Know-how unterstützt.[285] Hier wäre eine Haftungsfreistellung des Lizenzgebers im Innenverhältnis ungerecht. Bei der Gestaltung des Vertrages ist also zu überprüfen, ob der Lizenzgeber aufgrund der Umstände des Einzelfalls die Verantwortung für eine bestimmte Risikolage übernommen oder tatsächlich nichts mit der Produktherstellung zu tun hat. Im letzteren Fall ist eine Freistellungsregelung unerlässlich.

4. Versicherung

Die Freistellung in Ziffer 20.4 macht für den Lizenzgeber keinen Sinn, wenn der Lizenznehmer im Haftungsfall nicht über die erforderlichen finanziellen Mittel verfügt, um die Freistellung zu realisieren. Aus diesem Grund sollte aus der Sicht des Lizenzgebers darauf bestanden werden, dass der Lizenznehmer für die Dauer der Vertragslaufzeit und eine bestimmte Zeit danach eine Versicherung abschließt, welche Schäden abdeckt, die durch die Nutzung der Lizenzierten Rechte durch den Lizenznehmer entstehen. In der Regel wird auch der Lizenznehmer ein Interesse daran haben, sich gegen produkthaftungsrechtliche Schäden abzusichern, zumal sein entsprechendes Haftungsrisiko wegen der verschuldensunabhängigen Haftung gem. § 1 Abs. 1 ProdHG nicht kalkulierbar ist.

§ 21
Geheimhaltung

21.1   Alle Vertraulichen Informationen, die eine Partei („Mitteilende Partei") der anderen Partei („Empfangende Partei") aufgrund oder im Zusammenhang mit diesem Vertrag mitteilt oder ihr auf sonstige Weise zu Kenntnis bringt, dürfen von der Empfangenden Partei nur für Zwecke dieses Vertrages genutzt werden. Die Empfangende Partei wird die Vertraulichen Informationen der Mitteilenden Partei für keine vertragsfremden Zwecke nutzen und darf die Vertraulichen Informationen ohne Zustimmung der Mitteilenden Partei an keinen Dritten weitergeben oder auf andere Weise zugänglich machen.

21.2   Die Empfangende Partei verpflichtet sich weiter, alle angemessenen Schritte zu unternehmen und alle Vorkehrungen zu treffen, um eine unberechtigte Nutzung oder Weitergabe der Vertraulichen Informationen der Offenlegenden Partei zu verhindern. Die Empfangende Partei wird die Vertraulichen Informationen nur den Mitarbeitern, Erfüllungsgehilfen, Beratern, Lizenznehmern, künftigen Lizenznehmern und Finanzinvestoren zur Verfügung stellen, die von den Vertraulichen Informationen der Mitteilenden Partei Kenntnis erlangen müssen, damit die Empfangende Partei ihren Rechten und Pflichten aus diesem Vertrag nachkommen kann, und sie wird sie nur weitergeben, wenn die jeweiligen Mitarbeiter, Erfüllungsgehilfen, Berater, Lizenznehmer, künftigen Lizenznehmer und

Finanzinvestoren sich gegenüber der Empfangenden Partei in angemessener Weise und zu Bedingungen, die der Geheimhaltungsverpflichtung dieses Vertrages entsprechen und die ihnen die unberechtigte Nutzung und Weitergabe der Vertraulichen Informationen der Mitteilenden Partei verbieten, zur Vertraulichkeit verpflichtet haben. Die Empfangende Partei wird die Mitteilende Partei unverzüglich schriftlich informieren, wenn ihr eine unberechtigte Nutzung oder Weitergabe der Vertraulichen Informationen der Mitteilenden Partei bekannt wird, und sie wird auf Wunsch der Mitteilenden Partei alle angemessenen Maßnahmen ergreifen, um eine weitere unberechtigte Nutzung oder Weitergabe der Vertraulichen Informationen der Mitteilenden Partei zu unterbinden.

21.3 Vorstehende Verpflichtungen der Empfangenden Partei nach den vorstehenden Ziffern 21.1 und 21.2 finden keine Anwendung auf solche Informationen, von denen die Empfangende Partei durch schriftliche Unterlagen nachweisen kann, dass die jeweilige Information:

(i) zum Zeitpunkt der Mitteilung bereits allgemein zugänglich war oder danach ohne ihr Verschulden allgemein zugänglich wurde,

(ii) zum Zeitpunkt der Mitteilung bereits im Besitz der Empfangenden Partei war,

(iii) der Empfangenden Partei von einem Dritten ohne Verpflichtung zur Geheimhaltung und Nichtbenutzung zugänglich gemacht wurde,

(iv) aufgrund gesetzlicher Bestimmungen oder gerichtlicher Anordnung Behörden mitzuteilen ist; wobei die Empfangende Partei der Mitteilenden Partei die Verpflichtung zur Mitteilung rechtzeitig schriftlich anzuzeigen hat, um der Mitteilenden Partei die Möglichkeit zu geben, in ihrem Ermessen angemessene Schritte einzuleiten, um zu verhindern, dass die Vertraulichen Informationen allgemein zugänglich werden, oder

(v) von der Empfangenden Partei unabhängig und ohne Verletzung dieses Vertrages entwickelt wurde.

21.4 Nach Beendigung dieses Vertrages, gleich aus welchem Grund, wird die Empfangende Partei alle Kopien der Dokumente und sonstigen Unterlagen, die Vertrauliche Informationen der Mitteilenden Partei beinhalten, an die Mitteilende Partei zurückgeben oder nach schriftlicher Aufforderung der Mitteilenden Partei, vernichten. Ausgenommen sind nur Kopien, zu deren Aufbewahrung die Empfangende Partei gesetzlich verpflichtet oder aufgrund dieses Vertrages berechtigt ist. Innerhalb von dreißig (30) Tagen nach der Beendigung dieses Vertrages wird die Empfangende Partei der Mitteilenden Partei die Beachtung diese Ziffer 21.4 schriftlich bestätigen.

21.5 Alle Verpflichtungen der Empfangenden Partei nach den Ziffern 21.1 und 21.2 betreffend den Schutz der Vertraulichen Informationen der Mitteilenden Partei bestehen auch nach Beendigung dieses Vertrages, gleich aus welchem Grund, fort.

Ergänzung (im Interesse des Lizenzgebers):

21.6 Für jeden Fall der Verletzung dieser Geheimhaltungsverpflichtung, die dazu führt, dass Vertrauliche Informationen, Dritten mitgeteilt werden, hat die verletzende Partei der Mitteilenden Partei eine Vertragsstrafe in Höhe von EUR 200.000,– zu zahlen. Das Recht zur Geltendmachung eines weitergehenden Schadens bleibt unberührt.

1. Bedeutung der Geheimhaltungsverpflichtung für die Know-how-Lizenz

Die Geheimhaltungsverpflichtung ist von großer, oft unterschätzter Bedeutung insbesondere für den Know-how-Lizenzvertrag. Das Know-how ist nur solange werthaltig, als es geheim ist. Sobald das Know-how allgemein bekannt wird, kann der Lizenzgeber für das Know-how keine Lizenzgebühren mehr verlangen und er kann das Know-how nicht mehr weiterlizenzieren. Das Know-how ist kein gewerbliches Schutzrecht mit Wirkung gegenüber jedermann, wie beispielsweise das Patentrecht.[286] Wird das Know-how einem Dritten ohne Zustimmung des Lizenzgebers bekannt, so kann der Lizenzgeber nicht gegen den Dritten vorgehen und er kann dem Dritten auch nicht verbieten, das Know-how weiter zu verbreiten, das heißt, er kann nicht mehr verhindern, dass das „Know-how" zu Allgemeinwissen wird.

Die Geheimhaltungsverpflichtung ist die Regelung, mit der der Lizenzgeber den Lizenznehmer verpflichtet, das Know-how – und weitere vertrauliche Informationen – geheim zu halten. Wegen der Bedeutung der Verpflichtung für die Know-how-Lizenz mag es sich empfehlen, eine Vertragsstraferegelung zu ergänzen, die eine gewisse Abschreckungsfunktion haben soll. Und wegen der Schwierigkeit, die der Lizenzgeber haben wird, die Verletzung der Geheimhaltungsverpflichtung zu beweisen, kann zugunsten des Lizenzgebers vereinbart werden, dass der Lizenznehmer beweisen muss, dass er sich vertragsgetreu verhalten hat, falls das Know-how doch Dritten bekannt wird.

Häufig wird bereits vor Abschluss des Patent- und Know-how-Lizenzvertrages eine Geheimhaltungsvereinbarung in Form eines Non-Disclosure Agreements geschlossen, um die Geheimhaltung der Informationen, die der Lizenznehmer für seine Due Diligence-Prüfungen erhält, sicherzustellen. Es empfiehlt sich jedoch, die Geheimhaltungsvereinbarung im Patent- und Know-how-Lizenzvertrag zu wiederholen und auf die Informationen zu erstrecken, die später offenbart werden, um zu verhindern, dass Schutzlücken entstehen und dass die Geheimhaltungsverpflichtung nicht die ihr entsprechende Bedeutung findet.

2. Definition der „Vertraulichen Informationen"

Das Vertragsmuster enthält die Definition der Vertraulichen Informationen am Anfang des Vertrages bei den Begriffsbestimmungen. Vertrauliche Informationen sind danach (i) das Lizenzierte Know-how des Lizenzgebers, (ii) alle sonstigen vertraulichen Informationen und Dokumentationen, die die Parteien im Zusammenhang mit dem Patent- und Know-how-Lizenzvertrag austauschen oder die ihnen auf andere Weise zur Kenntnis gelangen und (iii) die Existenz und der Inhalt des Know-how-Lizenzvertrages samt seiner Anlagen.

Geheimhaltungsvereinbarungen sehen oft vor, dass alle Vertraulichen Informationen von der Partei, die die Informationen weitergibt, als „geheim" zu kennzeichnen sind, und dass mündliche Informationen, schriftlich als geheim bestätigt werden müssen. Diese Regelung kann allenfalls in Non-Disclosure Agreements, die dem Patent- und Know-how-Lizenzvertrag vorausgehen, nicht jedoch im Patent- und Know-how-Lizenzvertrag selbst akzeptiert werden. Im Rahmen eines langfristigen Patent- und Know-how-Lizenzvertrages werden häufig über einen langen Zeitraum Informationen ausgetauscht und die Personen, die Informationen austauschen, sind typischerweise mit den Einzelheiten des Patent- und Know-how-Lizenzvertrages nicht ausreichend vertraut, um in jedem Fall auf die Kennzeichnungspflicht zu achten. Es besteht dann ein erhebliches Risiko, dass geheime und wertvolle Informationen ausgetauscht werden, für die dann keine Geheimhaltungsverpflichtung gilt.

3. Laufzeit der Geheimhaltungsverpflichtung

Die Geheimhaltungsverpflichtung sollte regelmäßig auch nach Beendigung des Patent- und Know-how-Lizenzvertrages für eine gewisse Dauer weiterlaufen. Dies muss im Vertrag ausdrücklich vereinbart werden. Ob der Zeitraum, in dem die Geheimhaltungsvereinbarung weiter verbindlich ist, zwei, fünf, zehn oder noch mehr Jahre betragen soll, hängt von den Lizenzierten Rechten ab. In bestimmten hochinnovativen Branchen mag sich die Technologie so schnell verändern, dass ein Zeitraum von zwei Jahren ausreicht. In anderen Branchen, so z. B. auch im Life Science Bereich, kann es für den Lizenzgeber dagegen wichtig sein, die Vertraulichkeit des Know-hows sehr langfristig zu sichern.

§ 22
Veröffentlichungen, Pressemitteilungen

Keine Partei wird ohne schriftliche Zustimmung der jeweils anderen Partei eine Pressemitteilung oder sonstige schriftliche oder mündliche Veröffentlichung betreffend diesen Vertrag und die Zusammenarbeit der Parteien in der Presse oder in anderen Medien veranlassen oder gestatten, wobei die Zustimmung nicht unangemessen verweigert werden darf. Die Partei, die eine Veröffentlichung oder Pressemitteilung wünscht, wird der anderen Partei spätestens zehn (10) Werktage vor der geplanten Veröffentlichung eine Kopie der jeweiligen öffentlichen Mitteilung für Zwecke der Freigabe zur Verfügung stellen. Falls die andere Partei nicht innerhalb von fünf (5) Werktagen nach Zugang der schriftlichen Mitteilung Einwände gegen die jeweilige Pressemitteilung erhebt, gilt die Veröffentlichung der jeweiligen Mitteilung als genehmigt.

Erläuterungen zu § 22:

Häufig hat zumindest eine der Parteien Interesse daran, dass eine Pressemitteilung zum Abschluss des Vertrages erscheint. Schließt beispielsweise ein kleines Biotechnologieunternehmen einen Lizenzvertrag mit der Pharmaindustrie, so möchte das Biotechnologieunternehmen mitteilen, dass die Pharmaindustrie an seiner Technologie interessiert ist, während das Pharmaunternehmen möglicherweise die Kooperation lieber geheim behandelt sehen möchte. Dieser Interessenskonflikt sollte vertraglich geregelt werden.

§ 23
Laufzeit, Kündigung

23.1 Dieser Vertrag wird mit Inkrafttreten wirksam und läuft solange der Lizenznehmer nach vorstehender Ziffer 7 verpflichtet ist, Lizenzgebühren zu zahlen. Endet die Verpflichtung des
Lizenznehmers nach Ziffer 7 für ein bestimmtes Vertragsprodukt Lizenzgebühren zu zahlen, bleibt der Lizenznehmer berechtigt, dieses Vertragsprodukt herzustellen, zu vermarkten
und zu nutzen und das Lizenzierte Know-how weiterzube-
nutzen, und zwar ohne Verpflichtung, weitere Lizenzgebühren
oder sonstige Zahlungen an den Lizenzgeber zu entrichten.

• Variante 1 zu Ziffer 23.1:
23.1 Dieser Vertrag wird mit Inkrafttreten wirksam und läuft für
die Dauer des längeren der nachfolgend beschriebenen Zeit-
räume: (i) solange ein Vertragsprodukt noch unter einen Gültigen Anspruch in einem Land im Vertragsgebiet fällt, oder
(ii) solange das Lizenzierte Know-how geheim bleibt, es sei
denn das Lizenzierte Know-how wurde durch das Verschulden des Lizenznehmers offenkundig, in diesem Fall läuft der
Vertrag für die Dauer von zwanzig (20) Jahren nachdem das
Vertragsprodukt in *[Deutschland, Frankreich, England, Italien, USA und Japan]* in Verkehr gebracht wurde.

Ergänzung (zugunsten des Lizenznehmers):
23.2 Der Lizenznehmer ist berechtigt, den Vertrag jederzeit mit einer Frist von sechs (6) Monaten zum Ende eines Kalender-
monats schriftlich zu kündigen.

Ergänzung zu Ziffer 23.2 (zugunsten des Lizenzgebers):
Im Falle einer Kündigung gemäß dieser Ziffer 23.3, ist der
Lizenznehmer verpflichtet, dem Lizenzgeber eine Ausstiegs-
gebühr in Höhe von *[Euro ...... (€ ......)]* zu zahlen.

• Variante 2 zu Ziffer 23.2:
Im Falle einer Kündigung gemäß dieser Ziffer 23.2, ist der
Lizenznehmer verpflichtet, dem Lizenzgeber eine Ausstiegsgebühr in Höhe von fünfzig Prozent (50%) der Zahlungen,
mit deren Eingang der Lizenzgeber während der nächsten
beiden Jahre hätte rechnen dürfen, wenn der Lizenznehmer
den Vertrag nicht vorzeitig gekündigt hätte.
23.3 Falls eine der Parteien („Verletzende Partei") eine wesentliche
Vertragspflicht verletzt oder mit einer ihrer Verpflichtungen

aus diesem Vertrag in Verzug gerät, so wird die andere Partei („Nicht-verletzende Partei") der Verletzenden Partei die Vertragsverletzung bzw. den Verzug schriftlich mitteilen und verlangen, dass die Vertragsverletzungen bzw. der Verzug unverzüglich geheilt wird. Falls die Verletzende Partei die Verletzung bzw. den Verzug nicht innerhalb von dreißig (30) Tagen nach Zugang der schriftlichen Mitteilung der Nicht-Verletzenden Partei heilt, ist die Nicht-Verletzende Partei berechtigt, diesen Vertrag ganz oder für einzelne Länder innerhalb des Vertragsgebietes bzw. für einzelne Anwendungsbereiche gegenüber der Verletzenden Partei schriftlich zu kündigen. Die Kündigung dieses Vertrages gemäß dieser Ziffer 23.3 lässt das Recht der Nicht-verletzenden Partei unberührt, gegenüber der Verletzenden Partei den ihr aufgrund der Vertragsverletzung bzw. des Verzuges und der dadurch verursachten vorzeitigen Beendigung des Vertrages entstandenen Schaden ersetzt zu verlangen und mögliche sonstige Ansprüche geltend zu machen.

Ergänzung:
Eine wesentliche Vertragsverletzung des Lizenznehmers, die den Lizenzgeber berechtigt, diesen Vertrag aus wichtigem Grund zu kündigen, liegt insbesondere in folgenden Fällen vor:
   (i) eine Verletzung der Ausübungsverpflichtung gemäß vorstehender Ziffer 11,
  (ii) dem Verzug des Lizenznehmers mit der Abrechnung und/oder Zahlung von Lizenzgebühren,
 (iii) wenn der Lizenznehmer die Schutzrechte des Lizenzgebers angreift,
  [(iv) ......]
Der Lizenznehmer ist zur Kündigung des Vertrages aus wichtigem Grund berechtigt, wenn
   (i) ein für die Vertragsprodukte wesentliches Lizenziertes Recht wegfällt oder der Nutzung der Lizenzierten Rechte gewerbliche Schutzrechte Dritter entgegenstehen,
  [(ii) ......]

23.4   Weiter und in Ergänzung zu dem außerordentlichen Kündigungsrecht gemäß vorstehender Ziffer 23.3, ist jede Partei berechtigt, diesen Vertrag fristlos schriftlich gegenüber der anderen Partei zu kündigen, wenn über das Vermögen der anderen Partei das Insolvenzverfahren eröffnet wird.

• Variante 1 zu Ziffer 23.4:
23.4   ...... wenn die andere Partei in erhebliche finanzielle Schwierigkeiten gerät, und damit gerechnet werden muss, dass in-

nerhalb der nächsten Wochen Antrag auf Eröffnung des Insolvenzverfahrens über das Vermögen der anderen Partei gestellt wird.

Ergänzung:

23.5 Die Parteien sind weiter zur Kündigung berechtigt, wenn sich
die Mehrheitsverhältnisse bei der jeweils anderen Partei ändern.

- Variante 2 zu Ziffer 23.5:
  Die Parteien sind weiter zur Kündigung berechtigt, wenn sich
  die Mehrheitsverhältnisse bei der jeweils anderen Partei ändern und auf Grund geänderter Beteiligungsverhältnisse einer
  Partei ein Festhalten an dem Vertrag nicht mehr zugemutet
  werden kann.

1. Laufzeit des Lizenzvertrages

Da die Lizenz die Verwertung des Monopolrechts „Patent" ist und
der Gesetzgeber dem Patentinhaber das Monopolrecht nur für einen beschränkten Zeitraum – in der Regel 20 Jahre – gewährt,
muss der Lizenzvertrag zeitlich entsprechend begrenzt sein. Es
kann daher zwar eine kürzere, nicht jedoch eine längere Laufzeit
der Patentlizenz vereinbart werden. Die Patentlizenz ist entsprechend der TT-GVO nur freigestellt, so lange die Lizenzierten Rechte
noch nicht abgelaufen, erloschen oder für ungültig erklärt worden
sind. Anderenfalls könnte der Lizenzgeber mit Hilfe des Lizenzvertrages den Schutz seines Patentes perpetuieren.

Entsprechendes gilt für die Know-how-Lizenz. Eine Know-how-
Lizenz, die den Lizenznehmer in der Nutzung des Know-hows beschränkt und die Nutzung von der Zahlung von Lizenzgebühren
abhängig macht, ist nur gerechtfertigt, solange das Know-how noch
geheim und damit werthaltig ist.

Nach der alten TT-GVO galt für Know-how-Lizenzverträge noch
eine maximale Laufzeit von zehn Jahren nach dem erstmaligen Inverkehrbringen des Vertragsproduktes durch einen Lizenznehmer im
Gemeinsamen Markt, und zwar unabhängig davon, ob das Lizenzier-

te Know-how auch über diesen Zeitraum hinaus geheim geblieben war.[287] Diese Regelungen gelten, soweit im Einzelfall günstiger als die neuen Regeln, für Altverträge noch bis zum 31. März 2006.[288]

Nach der neuen TT-GVO dagegen gilt die Freistellung für die Know-how-Lizenz solange das Know-how geheim bleibt, es sei denn, das Know-how wird infolge des Verhaltens des Lizenznehmers offenkundig (Art. 2, 2. Unterabsatz Satz 2). Für diesen Fall sieht das Vertragsmuster in der Variante zu Ziffer 23.1 eine zwanzigjährige Laufzeit nach Inverkehrbringen des Produktes vor.

Anders als nach der TT-GVO (alt) führen auch so genannte Längstlaufklauseln nicht mehr ohne weiteres zum Verlust der Freistellung nach der TT-GVO. Längstlaufklauseln sind Regelungen, wonach Verbesserungserfindungen, die in den Anwendungsbereich der Vereinbarung einbezogen werden, die Laufzeit des Lizenzvertrages verlängern können. Nach der neuen TT-GVO sind auch Längstlaufklauseln innerhalb der Marktanteilsschwellen des Art. 3 freigestellt,[289] solange es sich bei dem längstlaufenden Schutzrecht um ein vertragswesentliches Schutzrecht handelt. Verhindert werden soll, dass über ein für den Vertrag nicht wesentliches Schutzrecht der Lizenzvertrag insgesamt verlängert und der Lizenznehmer so für eine Technologie Lizenzgebühren zahlen muss, die an sich schon gemeinfrei ist.[290]

Über die Dauer des Lizenzvertrages sollte in jedem Vertrag eine ausdrückliche Vereinbarung getroffen werden. Fehlt eine solche Vereinbarung, so ist die Vereinbarung zwischen Lizenzgeber und Lizenznehmer im Zweifel dahingehend auszulegen, dass der Lizenzvertrag für die Dauer der Lizenzierten Patente abgeschlossen ist.[291]

2. Ordentliches Kündigungsrecht des Lizenznehmers

In vielen Fällen empfiehlt es sich, dem Lizenznehmer ein ordentliches Kündigungsrecht einzuräumen. Hat der Lizenznehmer an der Lizenz kein Interesse mehr und stellt er daher seine Entwicklungs- und Marketingaktivitäten für das Vertragsprodukt – gleich aus welchem Grund – ein, so ist es für den Lizenzgeber in der Regel vorteilhafter, wenn der Lizenznehmer die Rechte zurückgibt, als wenn der Lizenzgeber den Vertrag wegen der Verletzung der Ausübungspflicht kündigen muss.

Ein ordentliches Kündigungsrecht des Lizenzgebers ist dagegen in der Regel nicht oder nur nach Ablauf einer längeren Frist angemessen. Der Lizenznehmer muss in die den Lizenzierten Rechten zugrunde liegende Technologie investieren und kann nicht riskieren, dass ihm die Technologie grundlos entzogen wird.

Gegebenenfalls kann vereinbart werden, dass der Lizenznehmer dem Lizenzgeber im Falle der ordentlichen Kündigung eine Ausstiegsgebühr zahlen muss, da dem Lizenzgeber ein Schaden entstehen kann, weil der Lizenznehmer nicht innerhalb des gesetzten Entwicklungszeitraums das Vertragsprodukt entwickelt und der Lizenzgeber, der einen neuen Lizenznehmer finden muss, Zeit verloren hat. Ist beispielsweise die Zahlung von jährlichen Mindestlizenzgebühren vereinbart, so mag es angemessen sein, zu regeln, dass für eine bestimmte Anzahl von Jahren die Hälfte dieser jährlichen Mindestlizenzgebühr als Ausstiegsgebühr zu zahlen ist.

3. Kündigung aus wichtigem Grund

Nach § 314 Abs. 1 BGB kann jedes Dauerschuldverhältnis aus wichtigem Grund gekündigt werden, wenn Tatsachen vorliegen, auf Grund derer der kündigenden Partei unter Berücksichtigung aller Umstände des Einzelfalls und Abwägung der Interessen beider Parteien die Fortsetzung des Vertrages bis zu dessen vereinbarter Beendigung nach Treu und Glauben nicht mehr zugemutet werden kann. Da Lizenzverträge häufig sehr lange laufen – nämlich für die Dauer der Patente – und kein vorzeitiges ordentliches Kündigungsrecht vorsehen, kommt der außerordentlichen Kündigung bei Lizenzverträgen in der Praxis eine große Bedeutung zu.

Es empfiehlt sich, die allgemeinen Begriffe der „Unzumutbarkeit" und des „Treu und Glauben" bei Lizenzverträgen mit Beispielen zu füllen, in denen ein Fall vorliegt, der zur außerordentlichen Kündigung berechtigt. Dies ist besonders wichtig für den Lizenzgeber, der darauf angewiesen ist, dass der Lizenznehmer die Lizenz ausübt und Lizenzgebühren entrichtet. Dies gilt insbesondere für die ausschließliche aber auch für die nicht-ausschließliche Lizenz.[292] Je genauer die Ausübungspflicht vertraglich beschrieben ist – etwa durch Mindeststückzahlen oder Mindestwerbeaufwand – desto leichter kann der Lizenzgeber seine Kündigung begründen.

Gegebenenfalls kann das Kündigungsrecht auch inhaltlich oder territorial beschränkt werden. Verfolgt der Lizenznehmer beispielsweise nicht die Entwicklung und Vermarktung eines Produktes in der Indikation Diabetes, sondern nur in der Indikation Onkologie, so können ihm die Rechte für die Indikation Diabetes, oder auch für alle Indikationen mit Ausnahme der Indikation Onkologie entzogen werden.

Die Kündigung aus wichtigem Grund erfolgt regelmäßig fristlos, d.h. mit sofortiger Wirkung. Dies ist allerdings nicht zwingend, möglich ist es auch, die außerordentliche Kündigung unter Einhaltung einer angemessenen Frist auszusprechen. Maßstab ist immer, wie lange es der kündigenden Partei nach Treu und Glauben noch zumutbar ist, am Vertrag festgehalten zu werden. So kann es beispielsweise angemessen sein, einen noch 15 Jahre laufenden Vertrag nicht fristlos, sondern mit einer Frist von sechs Monaten zu beenden, wenn dies den Interessen beider Parteien gerecht wird.[293]

Das Vertragsmuster sieht vor, dass die Partei, die beabsichtigt, den Vertrag außerordentlich zu kündigen, zunächst die andere Partei abmahnen muss und der anderen Partei die Gelegenheit geben muss, die Vertragsverletzung zu heilen. Auch diese Regelung entfließt dem Grundsatz von Treu und Glauben: es ist der kündigenden Partei zuzumuten, der verletzenden Partei noch eine Chance einzuräumen, sich vertragstreu zu verhalten.

Im Falle der Verletzung wesentlicher Vertragspflichten, die zur Kündigung des Vertrages führt, kann die sich vertragstreu verhaltende Partei neben der fristlosen Kündigung des Vertrages Schadensersatz gemäß §§ 280 ff. BGB fordern. Die Höhe des Schadensersatzanspruchs entspricht dem Schaden, der durch den Wegfall des Lizenzvertrages für den Zeitraum bis zur nächsten möglichen ordentlichen Kündigung entsteht.[294]

4. Kündigung im Falle der Insolvenz

Eine Regelung, wonach der Lizenzgeber bzw. der Lizenznehmer den Lizenzvertrag kündigen kann, wenn die jeweils andere Partei insolvent ist, ist nach ganz herrschender Meinung unwirksam. Nach §§ 112, 119 InsO sind insolvenzbedingte Kündigungen nach Antrag auf Eröffnung des Insolvenzverfahrens bei Miet- und Pachtverträgen unzulässig und nach § 119 InsO sind entsprechende Lösungsklauseln unwirksam. §§ 112, 119 InsO sind nach h. M. auf Lizenzverträge analog anzuwenden.[295] Der BGH hat in einer Entscheidung vom 17. November 2005 ausdrücklich klargestellt, dass eine Kündigung des Lizenzvertrages aus wichtigem Grund nach Eröffnung des Insolvenzverfahrens wirksam sein kann, wenn diese nicht ausdrücklich an die Insolvenzeröffnung und an die Ausübung des Wahlrechts nach § 103 InsO anknüpft. Der wichtige Grund für die Kündigung stand in der BGH-Entscheidung allerdings in unmittelbarem Zusammenhang mit der Nichterfüllungswahl. Dies wurde vom BGH nicht moniert, mit dem Argument, dass die Tatsachen, die für den Lizenznehmer das Festhalten an dem Vertrag unzumutbar machten, auch und gerade im Falle der Insolvenz gegeben sein könnten.[295a] Zulässig sind zudem Kündigungen, die vor Antrag auf Eröffnung des Insolvenzverfahrens erfolgen. Die Schwierigkeit bei einem Kündigungsrecht im Falle der drohenden Insolvenz ist für die kündigende Partei zu wissen, wann eine Insolvenz droht und den richtigen Zeitpunkt, zu dem eine Kündigung noch zulässig ist, abzupassen. Für die andere Partei wird diese Regelung schon deshalb nicht akzeptabel sein, weil bei den kleinsten finanziellen Schwierigkeiten bereits das Risiko besteht, mit einer Kündigung konfrontiert zu werden.

Eine Meinung in der Literatur geht davon aus, dass bei Lizenzverträgen eine Ausnahme von der Unzulässigkeit der außerordentlichen Kündigung auf der Grundlage des § 242 BGB zu machen ist, mit der Begründung, dass der Eintritt des Insolvenzfalles erhebliche Auswirkungen auf das Lizenzvertragsverhältnis habe, etwa wegen der mangelnden Präsenz des insolventen Lizenznehmers am Markt.[296] Dabei wird übersehen, dass der Insolvenzverwalter, der sich für die Aufrechterhaltung eines Lizenzvertrages entscheidet, an die Bedingungen des Vertrages gebunden ist und der Lizenzvertrag spätestens dann wirksam gekündigt werden kann, wenn der Insolvenzverwalter den Ausübungs- und /oder Zahlungsverpflichtungen aus dem Lizenzvertrag nicht nachkommt.

Dennoch empfiehlt es sich, das Kündigungsrecht für den Fall der Insolvenz im Vertrag aufzunehmen, da die Rechtsfolgen der Kündigung bei Insolvenz von Land zu Land unterschiedlich geregelt sind, und somit die Lizenz zumindest bei insolventen Lizenznehmern aus Ländern, die keine den §§ 112, 119 der deutschen Insolvenzordnung entsprechenden Vorschriften kennen, kündbar wäre.

5. Change of Control-Klausel

In Variante 2 zu Ziffer 23.4 des Vertragsmusters findet sich eine so genannte Change of Control-Klausel, wonach die Parteien berechtigt sind, den Vertrag zu kündigen, wenn sich die Mehrheitsverhältnisse bei der anderen Partei ändern. Diese Klauseln sind in der Praxis häufig problematisch. Insbesondere junge Technologieunternehmen, die auf Finanzierungen durch Venture Capital-Firmen angewiesen sind oder einen Börsengang oder den Verkauf an einen Partner planen, bekommen mit Change of Control-Klauseln Schwierigkeiten. Das Risiko, dass die andere Partei die Änderung von Mehrheitsverhältnissen zum Anlass nimmt, um sich eines unliebsam gewordenen Lizenzvertrages zu entledigen, ist oft größer, als die vermeintliche Sicherheit, ausschließen zu können, dass der Vertragspartner künftig ein unmittelbarer Wettbewerber wird. Besteht eine Partei auf einer Change of Control-Klausel, so sollte das Kündigungsrecht tatsächlich nur für den Fall gewährt werden, dass es dem kündigenden Vertragspartner unzumutbar ist, mit dem neuen Inhaber zusammenzuarbeiten.

§ 24
Rechtsfolgen der Vertragsbeendigung

24.1 Im Falle der Beendigung dieses Vertrages gemäß vorstehenden Ziffern 23.2 bis 23.5 fallen die an den Lizenznehmer Lizenzierten Rechte automatisch an den Lizenzgeber zurück.

24.2 Im Falle der Beendigung dieses Vertrages ist der Lizenzgeber berechtigt, alle Zahlungen, die der Lizenznehmer geleistet hat, zu behalten, und der Lizenznehmer ist verpflichtet, alle vor Beendigung des Vertrages entstandenen Zahlungsansprüche zu begleichen, die mit Beendigung sofort fällig werden.

Ergänzung (zugunsten des Lizenznehmers):

24.3 Mit Beendigung dieses Vertrages – gleich aus welchem Grund – bleiben alle Unterlizenzen wirksam, die der Lizenznehmer gemäß diesem Vertrag erteilt hat, und werden vom Lizenznehmer an den Lizenzgeber übertragen. Der Lizenzgeber ist allerdings nicht verpflichtet, die Obliegenheiten und Verpflichtungen aus der Lizenzvereinbarung zu erfüllen, wenn und soweit sie nicht den Obliegenheiten und Verpflichtungen des Lizenzgebers aus diesem Vertrag entsprechen.

24.4 Soweit nicht in Ziffer 23.1 oder 24.9 anders geregelt, verpflichtet sich der Lizenznehmer unverzüglich bei Beendigung dieses Vertrages – gleich aus welchem Grund – die weitere Herstellung, Produktion, den Vertrieb, die Vermarktung und den Verkauf von Vertragsprodukten auf der Grundlage dieses Vertrages einzustellen. Endet der Lizenzvertrag aus Gründen, die der Lizenznehmer nicht zu vertreten hat, bleibt der Lizenznehmer berechtigt, seinen Lagerbestand an Vertragsprodukten innerhalb einer Frist von höchstens einhundertzwanzig (120) Tagen nach Beendigung dieses Vertrages abzuverkaufen, wobei der Lizenznehmer verpflichtet bleibt, umsatzabhängige Lizenzgebühren für solche Abverkäufe von Vertragsprodukten gemäß vorstehender Ziffer 7.3 an den Lizenzgeber zu zahlen.

24.5 Die Beendigung dieses Vertrages, gleich aus welchem Grund, entbindet den Lizenznehmer nicht von seinen Verpflichtungen (i) alle Lizenzgebühren und sonstigen Zahlungen, die während der Laufzeit des Vertrages entstanden aber bei Vertragsbeendigung noch nicht bezahlt sind bzw. gemäß vorstehender Ziffer 24.4 nach Vertragsbeendigung entstehen, auszugleichen, (ii) den Lizenzgeber, seine Lizenzgeber, und die jeweiligen Geschäftsführer, Mitarbeiter, Gesellschafter und Erfüllungsgehilfen gemäß vorstehender Ziffer 20 freizustellen, und (iii) eine allgemeine Haftpflichtversicherung gemäß den Anforderungen vorstehender Ziffer 20.5 aufrechtzuerhalten.

24.6 Bei Beendigung dieses Vertrages aus anderen Gründen als der Kündigung des Lizenznehmers nach den Ziffern 23.3 oder 23.4 bestehen die dem Lizenzgeber eingeräumten Rechte zur Nutzung von Verbesserungserfindungen des Lizenznehmers gemäß vorstehender Ziffer 6.4 fort. Soweit in diesem Vertrag nicht anders bestimmt, enden alle Verpflichtungen des Lizenzgebers gegenüber dem Lizenznehmer mit Beendigung dieses Vertrages.

24.7 Bei Beendigung dieses Vertrages aus anderen Gründen als der Kündigung des Lizenzgebers nach den Ziffern 23.3 oder 23.4 oder der Kündigung des Lizenznehmers gemäß Ziffer 23.2 bestehen die dem Lizenznehmer eingeräumten Rechte zur Nutzung von Verbesserungserfindungen des Lizenzgebers gemäß Ziffer 6.2 fort. Soweit in dem Vertrag nicht anders bestimmt, enden alle Verpflichtungen des Lizenznehmers gegenüber dem Lizenzgeber mit Beendigung dieses Vertrages.

24.8 Im Falle der Kündigung dieses Vertrages durch den Lizenzgeber gemäß vorstehenden Ziffern 23.3 oder 23.4 oder im Falle der Kündigung dieses Vertrages durch den Lizenznehmer gemäß vorstehender Ziffer 23.2 ist der Lizenzgeber berechtigt, alle Entwicklungsdaten frei zu nutzen und vom Lizenznehmer zu verlangen, dass dieser die produktrelevanten Zulassungen, Genehmigungen, Zertifizierungen und sonstigen Verwaltungsakte innerhalb eines (1) Monats nach Beendigung dieses Vertrages auf den Lizenzgeber oder einen vom Lizenzgeber benannten Dritten überträgt, und zwar gegen Zahlung aller externen Kosten, die dem Lizenznehmer im Zusammenhang mit der Beantragung und Erteilung der zu übertragenden Zulassungen etc. entstanden sind.

24.9 Im Falle der Kündigung dieses Vertrages durch den Lizenznehmer gemäß vorstehender Ziffer 23.3 oder 23.4, haben die dem Lizenznehmer nach Ziffer 2 gewährten Lizenzen Bestand, die Verpflichtungen des Lizenznehmers nach den Ziffern 11 ff. enden und mit der Beendigung des Vertrages reduzieren sich die Lizenzgebühren nach Ziffer um fünfzig Prozent (50%).

- **Variante zu Ziffer 24.9** (im Interesse des Lizenznehmers):
  Im Falle der Kündigung dieses Vertrages durch den Lizenznehmer gemäß vorstehender Ziffer 23.3, gehen die Lizenzierten Rechte auf den Lizenznehmer über.

24.10 Die Kündigung dieses Vertrages gemäß vorstehenden Bestimmungen lässt das Recht der Parteien, Rechtsmittel zu ergreifen und bestehende Ansprüche geltend zu machen, unberührt.

Inhalt der Erläuterungen zu § 24:

1. Rechterückfall bei Kündigung
2. Weiterbenutzungsrechte nach Vertragsende
3. Übernahme von Unterlizenzen durch den Lizenzgeber
4. Abverkaufsrecht des Lizenznehmers
5. Übergabe von Entwicklungsdaten, Zulassungen etc. an den Lizenzgeber

1. Rechterückfall bei Kündigung

In der Literatur ist umstritten, ob bei Kündigung des Lizenzvertrages die Rechte automatisch auf den Lizenzgeber zurückfallen oder ob der Lizenzgeber lediglich einen bereicherungsrechtlichen Rückgewähranspruch hat.[297] Daher sollte im Vertrag der Rechterückfall ausdrücklich geregelt werden. Hier kann der Lizenznehmer auch nicht mit § 119 InsO argumentieren, die Lizenz würde rechtswidrig dem Zugriff der anderen Gläubiger entzogen und führe so zu einer Schmälerung der Insolvenzmasse, denn mit der Wahl der Nichterfüllung durch den Insolvenzverwalter ist der Lizenzgeber nicht mehr verpflichtet, die vertraglich geschuldete Leistung zu erbringen.

2. Weiterbenutzungsrechte nach Vertragsende

Der Vertrag sollte eine Regelung darüber enthalten, ob der Lizenznehmer die Schutzrechte und/oder das Know-how nach Vertragsende weiter benutzen darf.

Ob ein solches Weiterbenutzungsrecht besteht, sollte davon abhängig gemacht werden, aus welchen Gründen der Lizenzvertrag beendet wird. Läuft der Vertrag aus, weil die Patentrechte auslaufen oder weil die Laufzeit von zehn Jahren nach Inverkehrbringen der Produkte beendet ist, wie sie die alte TT-GVO für Know-how-Lizenzen vorgeschrieben hat, so wäre es in vielen Fällen unangemessen, dem Lizenznehmer die weitere Benutzung des mit den Patenten

Lizenzierten Know-hows zu untersagen. Typischerweise wird für diese Fälle vereinbart, dass der Lizenznehmer das Know-how auf nicht-ausschließlicher, kostenfreier Basis weiternutzen kann (vgl. Ziffer 23.1 des Vertragsmusters). Auch in Fällen, in denen der Lizenznehmer den Vertrag fristlos kündigt, weil der Lizenzgeber gegen wesentliche Vertragspflichten verstoßen hat, sollte der Lizenznehmer zur Weiterbenutzung der Patente und des Know-hows berechtigt sein. Allerdings muss aufgepasst werden, dass der Lizenznehmer nicht „motiviert" wird, den Lizenzvertrag zu kündigen, um die Rechte kostenfrei weiternutzen zu können. Häufig wird für diesen Fall eine Reduktion der Lizenzgebühren etwa um 50% vereinbart (vgl. Ziffer 24.9 des Vertragsmusters).

Entfällt das Recht zur Nutzung des Know-hows bei Beendigung des Lizenzvertrages, muss über die Geheimhaltungsvereinbarung sichergestellt sein, dass der Lizenznehmer das Know-how auch nicht an Dritte weitergeben darf (vgl. Ziffer 21.5 des Vertragsmusters).

Die Regelung in der Variante zu Ziffer 24.9 des Vertragsmusters schützt den Lizenznehmer vor einer möglichen Insolvenz des Lizenzgebers. Der BGH hat mit Urteil vom 17. November 2005[298] entschieden, dass der aufschiebend bedingte Übergang der Rechte wirksam ist, weil nicht nur die unbedingte, sondern auch eine aufschiebend bedingte Verfügung über ein Recht insolvenzfest ist. Bedingt begründete Rechte werden im Insolvenzfall als bereits bestehend behandelt, und zwar selbst dann, wenn die Bedingung erst nach Insolvenzeröffnung eintritt. Durch die Wahl der Nichterfüllung erlischt der Lizenzvertrag auch nicht, so dass er auch nicht mehr gekündigt werden könnte, sondern die Nichterfüllungswahl hat lediglich zur Folge, dass die noch ausstehenden Ansprüche des Vertragspartners nicht mehr durchsetzbar sind.[299] Auch das Recht zur außerordentlichen Kündigung wurde vom BGH bejaht. Wenn der Insolvenzverwalter erklärt, den Vertrag nicht erfüllen zu wollen, dann – so der BGH – ist es für den Lizenznehmer in aller Regel unzumutbar an dem Vertrag festzuhalten.

Problematisch ist allenfalls, dass die aufschiebend bedingte Übertragung nach § 134 Abs. 1 InsO vier Jahre lang, wenn der Rechtsübergang unentgeltlich erfolgt, oder nach § 133 Abs. 1 InsO zehn Jahre lang, wenn eine vorsätzliche Gläubigerbenachteiligung vorliegt, angefochten werden könnte.

Die Regelung in Ziffer 24.9 wird allerdings für den Lizenzgeber in der Praxis nur ausnahmsweise akzeptabel sein und daher im Bereich von Patent- und Know-how-Lizenzen nicht ohne weiteres in Betracht kommen. Das Risiko, im Falle einer außerordentlichen Kündigung alle Rechte zu verlieren, kann nur dann akzeptiert werden, wenn der Lizenznehmer Inhaber einer ausschließlichen, zeitlich, räumlich und inhaltlich unbeschränkten Lizenz and den Lizenzierten Rechten ist. Denn die Regelung führt im Ergebnis dazu, dass die Lizenzierten Rechte nicht mehr anderweitig wirtschaftlich verwertbar sind, da kein Dritter das Risiko eingehen wird, die Rechte ohne eigenes Zutun an einen Dritten zu verlieren.

3. Übernahme von Unterlizenzen durch den Lizenzgeber

Ein Unterlizenznehmer ist aufgrund der Abhängigkeit der Unterlizenz von der Hauptlizenz stets dem für ihn unkalkulierbaren Risiko ausgesetzt, dass der Hauptlizenzvertrag endet und seine Unterlizenz damit erlischt. Der Unterlizenznehmer wird versuchen, über Gewährleistungen und über eine Prüfung (Due Diligence) des Hauptlizenzvertrages dieses Risiko zu minimieren. Die für den Unterlizenznehmer beste Lösung ist allerdings, wenn er seinen Vertragspartner – den Unterlizenzgeber – verpflichten kann, den Unterlizenzvertrag auf den Hauptlizenzgeber zu übertragen, so dass aus der Unterlizenz eine Hauptlizenz wird. Um dem Unterlizenznehmer eine solche Sicherheit anbieten zu können, muss der Unterlizenzgeber den Hauptlizenzgeber in dem Hauptlizenzvertrag verpflichten, die Unterlizenzen zu übernehmen.

Der Hauptlizenzgeber wird eine solche Übernahme davon abhängig machen, dass er keine zusätzlichen, für ihn wiederum unkalkulierbaren Verpflichtungen übernimmt. Weiter mag es sinnvoll sein, zu vereinbaren, dass diese Verpflichtung nur für Unterlizenzen gilt, denen der Hauptlizenzgeber zugestimmt hat. Der Hauptlizenzgeber weiß dann, wer sein alternativer Vertragspartner werden kann, und der Unterlizenzgeber hat es in der Hand, die Zustimmung des Hauptlizenzgebers einzuholen, wenn der Unterlizenznehmer eine entsprechende Übernahmeregelung verlangt.

4. Abverkaufsrecht des Lizenznehmers

Soweit der Lizenznehmer die Beendigung des Lizenzvertrages nicht zu vertreten hat, ist es angemessen, ihm ein Abverkaufsrecht einzuräumen, wonach er berechtigt ist, die bei ihm noch vorhandenen Vertragsprodukte abzuverkaufen. Für diese Verkäufe sind dann auch noch umsatzabhängige Lizenzgebühren an den Lizenzgeber zu zahlen, was im Vertrag ausdrücklich klargestellt werden sollte.

Alternativ kann vereinbart werden, dass der Lizenzgeber berechtigt ist, die beim Lizenznehmer bei Vertragsbeendigung noch vorhandenen Vertragsprodukte zu einem vereinbarten Preis zu übernehmen. Diese Vereinbarung ist dann sinnvoll, wenn der Lizenzgeber die Produktion und den Vertrieb der Vertragsprodukte entweder selbst übernehmen oder an einen neuen Lizenznehmer übergeben möchte. Der neue Lizenznehmer soll von Anfang exklusiv auftreten können, und nicht mit Parallelverkäufen des alten, gekündigten Lizenznehmers umgehen müssen.

5. Übergabe von Entwicklungsdaten, Zulassungen etc. an den Lizenzgeber

Für den Fall der außerordentlichen Kündigung des Lizenzvertrages durch den Lizenzgeber oder der ordentlichen Kündigung des Lizenzvertrages durch den Lizenznehmer ist es sinnvoll, zu vereinbaren, dass der Lizenzgeber die Übergabe der Entwicklungsergebnisse, Daten und möglichen Zulassungen und Genehmigungen an sich verlangen kann. Hat beispielsweise der Lizenznehmer einen pharmazeutischen Wirkstoff bis in Phase I entwickelt, in Phase I jedoch das Interesse an dem Wirkstoff verloren und die Weiterentwicklung eingestellt, so sollte der Lizenzgeber die Übergabe der Entwicklungsdaten fordern, mit denen der Lizenznehmer aufgrund der Beendigung des Lizenzvertrages nichts mehr anfangen kann, die es dem Lizenzgeber jedoch ermöglichen, selbst oder über einen neuen Lizenznehmer an der Stelle weiterzumachen, an der der gekündigte Lizenznehmer ausgeschieden ist. Häufig wird der gekündigte Lizenznehmer einen finanziellen Ausgleich für die Übergabe der Entwicklungsdaten etc. verlangen. Hier kann beispielsweise eine Erstattung bestimmter Entwicklungskosten oder eine künftige umsatzabhängige Lizenzgebühr vereinbart werden.

§ 25
Schlussbestimmungen

25.1 Keine Partei ist berechtigt, ihre Rechte oder die Erfüllung ihrer Pflichten aus diesem Vertrag ohne vorherige schriftliche Zustimmung der anderen Partei zu übertragen, wobei die Zustimmung nur aus wichtigem Grund verweigert werden darf; die vorherige schriftliche Zustimmung der anderen Partei ist nicht erforderlich für die Übertragung der Rechte oder die Erfüllung der Pflichten aus diesem Vertrag an ein Verbundenes Unternehmen oder im Zusammenhang mit dem Verkauf aller wesentlichen Vermögensgegenstände der jeweiligen Partei. Jede zulässige Übertragung entlässt diese Partei nicht aus ihren Verpflichtungen aus diesem Vertrag, einschließlich der Verpflichtung, Lizenzgebühren für alle Nettoverkaufspreise zu zahlen, die der Erwerber oder Unterlizenznehmer mit dem Verkauf der Vertragsprodukte erzielt.

25.2 Dieser Vertrag unterliegt dem Recht der Bundesrepublik Deutschland unter Ausschluss des UN-Kaufrechts.

25.3 Hinsichtlich aller Streitigkeiten, die sich aus oder im Zusammenhang mit diesem Vertrag ergeben, wird ein Schlichtungsverfahren (Mediation) gemäß der Schlichtungsordnung der Deutschen Institution für Schiedsgerichtsbarkeit e.V. (DIS) in der bei Einleitung des Verfahrens gültigen Fassung durchgeführt. Der Ort des Schlichtungsverfahrens ist [......]. Die Anzahl der Schlichter beträgt [......]. Die Sprache des Schlichtungsverfahrens ist [......].Wird die Streitigkeit nach der Schlichtungsordnung nicht innerhalb von sechzig (60) Tagen nach Antrag auf ein Schlichtungsverfahren oder innerhalb einer anderen Frist, auf die sich die Parteien schriftlich einigen, geschlichtet, so ist jede Partei berechtigt, die Streitigkeit zur Entscheidung gemäß Ziffer 25.4 zu führen.

25.4 Ausschließlicher Gerichtsstand für alle Streitigkeiten, die im Zusammenhang mit dem Vertrag oder über seine Gültigkeit entstehen, ist [......].

• Variante 1:
[Schiedsklausel der dt. Institution für Schiedsgerichtsbarkeit e.V. (DIS)]
Alle Streitigkeiten, die im Zusammenhang mit dem Vertrag oder über seine Gültigkeit entstehen und die zwischen den Parteien nicht gütlich gelöst werden können, werden nach der Schiedsgerichtsordnung der deutschen Institution für Schiedsgerichtsbarkeit e.V. (DIS) unter Ausschluss des ordentlichen Rechtsweges endgültig und verbindlich entschieden. Der Ort des schiedsrichterlichen Verfahrens ist [......]. Die Anzahl der Schiedsrichter beträgt [......]. Das anwendbare materielle Recht ist [......]. Die Sprache des schiedsrichterlichen Verfahrens ist [......].

• Variante 2:
[Schiedsklausel der internationalen Handelskammer (ICC)]
Alle Streitigkeiten, die im Zusammenhang mit dem Vertrag oder über seine Gültigkeit entstehen und die zwischen den Parteien nicht gütlich gelöst werden können, werden nach der Schiedsgerichtsordnung der internationalen Handels-

kammer unter Ausschluss des ordentlichen Rechtsweges endgültig und verbindlich entschieden ......

- Variante 3:
  [Schiedsklausel der World Intellectual Property Organization
  (WIPO)]
  Alle Streitigkeiten, die im Zusammenhang mit dem Vertrag
  oder über seine Gültigkeit entstehen und die zwischen den
  Parteien nicht gütlich gelöst werden können, werden nach
  der Schiedsgerichtsordnung der WIPO unter Ausschluss des
  ordentlichen Rechtsweges endgültig und verbindlich entschieden. Ort des Schiedsgerichtsverfahrens ist Genf, Schweiz
  ......

25.5   Die Parteien sind sich des Risikos bewusst, dass sich einzelne
       oder mehrere Bestimmungen dieses Vertrages entgegen den
       derzeitigen Vorstellungen der Parteien als unwirksam oder
       nichtig erweisen könnten. Auch in einem solchen Fall wollen
       die Parteien jeden Zweifel an der Wirksamkeit dieses Vertra-
       ges ausschließen. Sollten eine oder mehrere Bestimmungen
       dieses Vertrages einschließlich dieser Regelungen ganz oder
       teilweise unwirksam oder nichtig sein oder werden, oder sollte
       der Vertrag eine Regelungslücke enthalten, soll der Vertrag
       abweichend von § 139 BGB daher nicht nur im Zweifel, son-
       dern stets wirksam bleiben. Anstelle der unwirksamen oder
       fehlenden Bestimmungen verpflichten sich die Vertragspartei-
       en, diese durch solche Bestimmungen zu ersetzen, die dem an-
       gestrebten wirtschaftlichen Ergebnis am nächsten kommen.

25.6   Dieser Vertrag samt seiner Anlagen beinhaltet sämtliche Ver-
       einbarungen der Parteien im Hinblick auf den Vertragsge-
       genstand. Dieser Vertrag ersetzt alle etwaigen früheren
       mündlichen und schriftlichen Vereinbarungen zwischen den
       Parteien bezüglich des Vertragsgegenstandes. Änderungen
       und Ergänzungen dieses Vertrages bedürfen der Schriftform.
       Dies gilt auch für einen Verzicht auf die Schriftformerfor-
       nis.

25.7   Alle Ereignisse oder Umstände, deren Verhinderung nicht in
       der Macht der Parteien liegt (Umstände höherer Gewalt), ins-
       besondere Krieg, Feuer, Naturkatastrophen, Arbeitskampf,
       Ausfall von Lieferanten, Terrorakte und behördliche Anord-
       nungen, befreien für die Dauer der Störung und im Umfang
       ihrer Auswirkungen auf diesen Vertrag die Parteien von der
       Erfüllung ihrer vertraglichen Verpflichtungen. Die Partei, bei
       der die Störung eingetreten ist, hat die andere Partei unver-
       züglich hiervon zu unterrichten.

Inhalt der Erläuterungen zu § 25:

1. Übertragbarkeit   5. Nebenabreden, Schriftform
2. Anwendbares Recht   6. Salvatorische Klausel
3. Mediation   7. Höhere Gewalt
4. Gerichtsstandsvereinbarung/
   Schiedsklausel

1. Übertragbarkeit der Lizenz

Bei dem Patent- und Know-how-Lizenzvertrag handelt es sich um ein Dauerschuldverhältnis, welches eine besondere Vertrauensbeziehung zwischen den Parteien voraussetzt. Dies gilt vor allem für den Lizenzgeber, für den die Leistungs- und Zahlungsfähigkeit sowie die Zuverlässigkeit seines Lizenznehmers von ausschlaggebender Bedeutung ist.[300] Der Lizenzgeber wird in der Regel keinen Lizenznehmer akzeptieren, wenn Zweifel an dessen Liquidität oder an der Qualität der von diesem hergestellten Vertragsprodukte bestehen. Aus diesem Grund kann es dem Lizenzgeber auch nicht zugemutet werden, dass die dem Lizenznehmer eingeräumten Rechte von diesem auf beliebige Dritte übertragen werden. Die herrschende Meinung in der lizenzrechtlichen Literatur geht dementsprechend davon aus, dass aufgrund der Regelungen in §§ 399, 415 BGB auch ohne ausdrückliche Vereinbarung eine Übertragung der Lizenz ausgeschlossen ist.[301] Auf der anderen Seite ist das Interesse des Lizenznehmers zu berücksichtigen, im Rahmen von Umstrukturierungen oder Fusionen Rechte aus dem Vertrag im übergeordneten Unternehmensinteresse auf Dritte zu übertragen.

Eine Meinung in der Literatur geht davon aus, dass der Lizenzgeber grundsätzlich berechtigt sei, die vertraglichen Rechte und Pflichten auf Dritte zu übertragen, vorausgesetzt, dass durch eine Veräußerung die Rechtsstellung des ausschließlichen oder nicht-ausschließlichen Lizenznehmers nicht beeinträchtigt wird.[302] Da aber den Lizenzgeber typischerweise wichtige Vertragspflichten während der Laufzeit des Vertrages treffen, die nicht mit der einmaligen Einräumung der Lizenz erschöpft sind (z. B. die Verpflichtung zur Aufrechterhaltung der Patente und zur Geheimhaltung des Knowhows), muss im Regelfall von einer Beeinträchtigung und damit einem Zustimmungsvorbehalt auch bei einer Übertragung der Lizenz durch den Lizenzgeber ausgegangen werden. Dies umso mehr, als der Lizenznehmer verhindern möchte, dass der Lizenzgeber ein finanzschwaches Unternehmen wird und er deshalb riskiert, die Lizenz im Falle der Insolvenz zu verlieren.

Unter die Genehmigungsbedürftigkeit fällt auch die Übertragung von Lizenzrechten innerhalb des Konzerns im Sinne von §§ 15 ff. AktG.[303] Es ist indes im Einzelfall sinnvoll und in der Praxis üblich, für Übertragungen innerhalb der durch die Definition der „Verbundenen Unternehmen" umfassten Unternehmen eine vertragliche Ausnahmeregelung zu vereinbaren, wie sie Ziffer 25.1 des Vertragsmusters vorsieht. Weiter empfiehlt es sich, zu regeln, dass die Genehmigungsbedürftigkeit auch dann entfällt, wenn die Lizenz mit der Übertragung aller wesentlichen, bzw. für die Lizenz wesentlichen Vermögensgegenstände der jeweiligen Partei übertragen werden soll (vgl. Ziffer 25.1 des Vertragsmusters). Diese Regelung soll sicherstellen, dass die Genehmigungsbedürftigkeit nicht eine Unternehmenstransaktion verhindern kann und dass die Lizenz stets mit dem dazugehörigen Betrieb verbunden bleibt.

Kartellrechtliche Bedenken gegen den Ausschluss der Übertragbarkeit existieren nicht.[304]

2. Anwendbares Recht

Ziffer 25.2 des Vertragsmusters enthält eine Rechtswahlklausel zugunsten des deutschen Rechts. Das auf grenzüberschreitende Lizenzverträge anwendbare Recht ergibt sich aus den Grundsätzen des deutschen internationalen Privatrechts. Gemäß Art. 27 EGBGB sind die Parteien eines Vertrags mit Auslandsberührung dazu berechtigt, das auf den Vertrag anwendbare Recht frei zu wählen. Diese dem Grundsatz der Privatautonomie entstammende Rechtswahlfreiheit gilt auch für Patent- und Know-how-Lizenzverträge.[305] Haben die Parteien keine Rechtswahl getroffen, unterliegt der Vertrag gem. Art. 28 EGBGB dem Recht des Staates, mit dem er die engsten Verbindungen aufweist. Dies ist regelmäßig der Staat, für den die Lizenz erteilt und in dessen Bereich sie ausgeübt wird.[306] Etwas anderes gilt jedoch für einheitliche Verträge, an denen Lizenznehmer aus mehreren Ländern beteiligt sind: Um die Gefahr zu vermeiden, dass der Vertrag in einem Land gültig, in einem anderen aber ungültig sein könnte, folgt das anzuwendende Recht hier dem Sitz des Lizenzgebers.[307]

Die Rechtswahl findet keine Anwendung auf Fragen des Bestandes, der Rechtswirkungen, der Zulässigkeit, des Umfangs und der Grenzen der Lizenzierten Rechte. Diese unterliegen zwingend dem Recht des jeweiligen Staates, in dem sie geschützt sind.[308]

Wird das Recht der Bundesrepublik Deutschland oder eines anderen Vertragsstaates des Wiener Übereinkommens über Verträge über den internationalen Warenkauf („UN-Kaufrecht") zu anwendbarem Recht erklärt, sollte eine Anwendung des UN-Kaufrechts ausdrücklich ausgeschlossen werden. Die Anwendung des UN-Kaufrechts kommt zwar nicht für den Lizenzvertrag als solchen in Betracht, da sie das Vorliegen eines Kaufvertrags voraussetzt. Auch im Rahmen von Lizenzverträgen kann das UN-Kaufrecht aber einschlägig sein, etwa dann, wenn der Lizenznehmer aufgrund seiner vertraglich vereinbarten Bezugspflichten Waren von dem Lizenzgeber bezieht. Um zu vermeiden, dass der Lizenzvertrag einerseits den Grundsätzen des deutschen Zivilrechts, andererseits dem UN-Kaufrecht unterliegt, sollte die Anwendung des letzteren in der Rechtswahlklausel ausdrücklich ausgeschlossen werden. Nach Art. 6 UN-Kaufrecht ist ein solcher Ausschluss des UN-Kaufrechts zulässig.

3. Mediation

Bei Streitigkeiten über komplexe Sachverhalte, die sich im Laufe einer Kooperation ergeben können, ist es häufig sinnvoll, wie in Ziffer 25.3 des Mustervertrags vorgesehen, zunächst den Weg eines Mediationsverfahrens einzuschlagen. Erfahrungsgemäß werden über die Hälfte aller Streitigkeiten, die ins Mediationsverfahren kommen, auf diesem Wege beigelegt. Der offensichtliche Vorteil des Mediationsverfahrens ist, dass eine gütliche Einigung herbeigeführt wird, die unter Umständen die weitere Zusammenarbeit ermöglicht, dass der Mediator häufig einen höheren Sachverstand hat, als ein Richter und dass das Mediationsverfahren schneller und vor allem kostengünstiger ist, als ein Gerichts- oder Schiedsgerichtverfahren.

Das Verfahren sollte von einer Organisation administriert werden und nicht ad hoc, sondern nach einer Verfahrensordnung wie etwa der Schlichtungsordnung der Deutschen Institution für Schiedsgerichtsbarkeit e.V. (DIS) ablaufen. Gerade bei noch weniger bekannten Verfahren wie der Mediation wissen die Parteien sonst im Konfliktfall nicht, was sie als nächstes tun müssen, etwa wie man einen geeigneten Mediator findet. Auch ist die Inbezugnahme einer gesamten Verfahrensordnung einfacher als die Ausformulierung aller notwendigen Regelungen im Vertrag selbst.

4. Gerichtsstandsvereinbarung vs. Schiedsklausel

Die Ausgangsregelung von Ziffer 25.4 des Vertragsmusters enthält eine Gerichtsstandsvereinbarung. Gerichtsstandsvereinbarungen sind im deutschem Recht gemäß §§ 38, 40 ZPO nur in drei Fällen möglich: (i) Beide Parteien sind als Kaufleute, juristische Personen des öffentlichen Rechts oder juristisches Sondervermögen zu qualifizieren (§ 38 Abs. 1 ZPO); (ii) mindestens eine der Parteien hat keinen allgemeinen Gerichtsstand im Inland (§ 38 Abs. 2 i.V.m. §§ 12–18 ZPO) oder (iii) die Gerichtsstandsvereinbarung wird nach dem Entstehen der Streitigkeit geschlossen (§ 38 Abs. 3 N.1 ZPO). Kaufleute i.S.d. §§ 1 bis 6 HGB können demnach beispielsweise eine lizenzvertragliche Gerichtsstandsvereinbarung mit einer Hochschule als einer öffentlich-rechtlichen Körperschaft treffen.

Zu beachten ist, dass eine Gerichtsstandsvereinbarung unzulässig ist, wenn für die Klage ein ausschließlicher Gerichtsstand begründet ist (§ 40 Abs. 2 Satz 1 Nr. 2 ZPO). Einen solchen ausschließlichen Gerichtsstand gibt es für Patentsachen (§ 143 Abs. 1 PatG), d.h. für alle Sachen, bei denen es sich nach dem Klagevorbringen um eine bei Eintritt der Rechtshängigkeit im Inland patentfähige Erfindung oder Ansprüche aus einer solchen oder deren Überlassung handelt oder die sonst mit einer Erfindung eng verknüpft sind, unabhängig davon, ob das Patent erteilt wurde oder nicht.[309]

Alternativ zu der ordentlichen Gerichtsbarkeit können sich die Parteien auch darauf einigen, ihre Streitigkeiten aus oder im Zusammenhang mit dem Lizenzvertrag vor nichtstaatlichen Schiedsgerichten auszutragen. Schiedsverfahren ähneln im Ablauf ordentlichen Gerichtsverfahren. Allerdings haben die Parteien grundsätzlich mehr Einfluss auf den Ablauf des Schiedsverfahrens. Deutlich wird dies insbesondere daran, dass die Anzahl und die Personen der Schiedsrichter von den Parteien bestimmt werden. Die Parteien können so Schiedsrichter auswählen, die über branchenspezifisches Know-how verfügen und den Streitfall daher sachgerecht entscheiden können.[310] Die Streiterledigung im Rahmen eines Schiedsverfahrens wird zudem als kostengünstiger eingestuft als im ordentlichen Gerichtsverfahren, da Schiedsgerichte nur eine Instanz kennen und vor dem Schiedsgericht zudem kein Anwaltszwang herrscht.[311] Ein weiterer, oftmals angeführter Aspekt ist, dass sich Schiedsgerichtsverfahren in aller Regel zügiger durchführen lassen als staatliche Gerichtsverfahren.[312] Verlässliche statistische Angaben gibt es hierzu indes nicht.[313] Ein überzeugendes Argument für die Durchführung von Schiedsgerichtsverfahren besteht darin, dass Schiedssprüche je nach Fallgestaltung im Gegensatz zu Urteilen sogar weltweite Wirkung beanspruchen können. Gerade bei Lizenzverträgen, an denen ausländische Unternehmen beteiligt sind, kann sich die Durchführung von Schiedsgerichtsverfahren daher anbieten. Für viele Unternehmen ist das Schiedsverfahren auch deswegen dem ordentlichen Gerichtsverfahren vorzuziehen, weil es grundsätzlich nur „parteiöffentlich" ist. Damit wird vermieden, dass geheimes Know-how und sonstige Geschäftsgeheimnisse in die Öffentlichkeit gelangen.[314]

Grundsätzlich finden auf Schiedsverfahren in Deutschland die §§ 1024 bis 1066 ZPO Anwendung. Diese prozessualen Regelungen können jedoch durch die Schiedsgerichtsordnung der jeweiligen Institution, vor deren Schiedsgericht der Fall verhandelt wird, oder durch die Parteien selbst abbedungen, geändert oder ergänzt werden. § 1055 ZPO bestimmt, dass ein Schiedsspruch die Rechtswirkung eines Gerichtsurteils entfaltet. Damit sind Schiedssprüche nach einer Vollstreckbarerklärung durch das zuständige Oberlandesgericht vollstreckbar.[315]

Die Varianten von Ziffer 25.4 enthalten drei verschiedene Schiedsklauseln der wichtigsten schiedsgerichtlichen Institutionen: DIS, ICC und WIPO. Schiedsvereinbarungen unterliegen einem Schriftformerfordernis.[316] Wichtig ist, dass die Schiedsklauseln unmissverständlich den Ausschluss des ordentlichen Rechtsweges erklären und das zuständige Schiedsgericht bestimmen. Ergänzend sollten die Anzahl der Schiedsrichter, das anwendbare materielle Recht und die Sprache des Schiedsverfahrens geregelt werden.

5. Nebenabreden, Schriftform

Um spätere Streitigkeiten zwischen den Parteien zu vermeiden, empfiehlt es sich, in dem Vertrag klarzustellen, dass weitere, über die schriftlich im Vertrag festgelegten Regelungen hinausgehende Absprachen zwischen den Parteien nicht existieren. Bestanden vor Vertragsschluss bereits Vereinbarungen zwischen den Parteien im Hinblick auf den Vertragsgegenstand, sollte klargestellt werden, dass solche Vereinbarungen mit Vertragsbeginn enden und sich die rechtlichen Beziehungen bezüglich des Vertragsgegenstandes fortan nur nach diesem Vertrag richten. Ziffer 25.6 des Vertragsmusters enthält einen diesbezüglichen Formulierungsvorschlag.

Lizenzverträge unterliegen im deutschem Recht bereits seit Inkrafttreten der 6. GWB-Novelle zum 1. Januar 1999 keinem Schriftformerfordernis mehr. Für Verträge, die vor diesem Stichtag abgeschlossen wurden, galt dagegen das Schriftformerfordernis nach § 34 GWB a. F. Hierdurch sollte den Gerichten und Kartellbehörden eine Überprüfung der Verträge auf Einklang mit dem GWB ermöglicht werden.[317] Auch wenn dieses Erfordernis aufgegeben wurde, ist es aus Gründen der Erleichterung der Beweisführung und der Rechtssicherheit unbedingt empfehlenswert, für den Lizenzvertrag sowie sämtliche Ergänzungen und Änderungen Schriftform zu verlangen.[318] Haben die Parteien Schriftform vereinbart, sind mündliche Vereinbarungen gemäß § 124 Satz 2 BGB unwirksam. Anders verhält es sich lediglich bei Allgemeinen Geschäftsbedingungen. Hier bleibt die Schriftformklausel ohne Wirkung, wenn die Vertragsparteien durch mündliche Absprache eine Vertragsänderung vornehmen, da individuelle Vertragsabreden gemäß § 305b BGB Vorrang vor Allgemeinen Geschäftsbedingungen haben.[319] Um zu verhindern, dass sich der Schriftformzwang jederzeit durch mündliche Vereinbarung wieder aufheben lässt, ist es ratsam, das Schriftformerfordernis auch für eine Abänderung der Schriftformklausel ausdrücklich vorzusehen.

6. Salvatorische Klausel

Um zu vermeiden, dass die Unwirksamkeit einzelner Vertragsbestimmungen zur Unwirksamkeit des gesamten Vertragstextes führt, empfiehlt es sich in jedem Fall, eine so genannte „salvatorische Klausel" in den Vertragstext aufzunehmen. Die salvatorischen Klauseln sind im Zusammenhang mit § 139 BGB zu sehen. Gemäß § 139 BGB führt die Nichtigkeit eines Teils eines Rechtsgeschäftes zur Nichtigkeit des gesamten Rechtsgeschäftes, wenn nicht anzunehmen ist, dass die Vertragsparteien das Rechtsgeschäft auch ohne den ungültigen Teil vorgenommen hätten. Die Frage, ob die Vertragsparteien tatsächlich an dem nicht von der Nichtigkeit betroffenen Teil des Vertrags festhalten wollen, ist durch Auslegung zu ermitteln. Um eine diesbezügliche Rechtsunsicherheit zu vermeiden, ist es sinnvoll, schon bei Vertragsschluss an den möglichen Wegfall von Vertragsklauseln zu denken und eine Regelung für diesen Fall zu treffen.

Die Aufnahme einer allgemeinen Klausel, wonach ein teilweise nichtiges Rechtsgeschäft in jedem Fall auch ohne die nichtige Klausel wirksam sein soll, ist indes nicht ausreichend, um den Vertrag insgesamt zu erhalten. Nach Auffassung des BGH befreien solche Klauseln nicht von der nach § 139 BGB vorzunehmenden Prüfung, ob die Parteien das Geschäft bei Kenntnis der Teilnichtigkeit als

Ganzes verworfen hätten oder aber den Rest hätten gelten lassen.[320] Diese Prüfung ist aber sinnvoll, um den Parteiwillen zu ermitteln und zweifelsfrei festzustellen, ob die Parteien das teilnichtige Geschäft tatsächlich aufrechterhalten wollen.

Damit eine salvatorische Klausel die gewünschte Folge – nämlich den Fortbestand des Vertrages ohne die nichtigen Bestandteile – hat, muss aus der Klausel die Ernsthaftigkeit des Parteiwillens, an dem Vertrag festzuhalten, hervorgehen. Der sicherste Weg hierfür wäre es, Vertragsbestimmungen, die als kritisch erkannt werden und bei deren Unwirksamkeit die Parteien auf keinen Fall die Vertragsnichtigkeit riskieren wollen, explizit in der salvatorischen Klausel hervorzuheben. Dass eine solche Vorgehensweise relativ unpraktikabel ist, liegt jedoch auf der Hand: Um problematische Klauseln auflisten zu können, müssen die Parteien bereits bei Vertragsschluss wissen, welche Klauseln rechtlich kritisch sind. Die Praxis zeigt aber, dass sich die Unwirksamkeit einzelner Klauseln in der Regel erst während der Vertragslaufzeit zeigt. Außerdem ist davon auszugehen, dass die Parteien, die bei Vertragsschluss eine möglicherweise unwirksame Klausel kennen, auf deren Aufnahme zur Vermeidung späterer Streitigkeiten regelmäßig verzichten. Nicht zu übersehen ist weiterhin, dass die Parteien gegenseitig offen legen müssten, welche Klauseln sie für kritisch ansehen und aus diesem Grund ihre Verhandlungsposition schwächen.

7. Höhere Gewalt

Zum Abschluss empfiehlt es sich, das Schicksal des Vertrags für Fälle höherer Gewalt und vergleichbarer Störungen zu regeln, da es insofern weitgehend an gesetzlichen Bestimmungen fehlt. Das BGB normiert lediglich in § 206 die Verjährungshemmung, solange der Gläubiger durch höhere Gewalt an der Rechtsverfolgung gehindert ist, sowie das hier nicht einschlägige Kündigungsrecht für Reiseverträge gem. § 651j BGB. Der Begriff der höheren Gewalt umfasst alle unvorhersehbaren, von außen kommenden, störenden Ereignisse, die keinen betrieblichen Zusammenhang aufweisen und mit wirtschaftlich zumutbaren Mitteln auch unter Anwendung äußerster, vernünftigerweise zu erwartender Sorgfalt von den Vertragspartnern nicht verhütet oder unschädlich gemacht werden können. Typische Beispiele sind Kriegsereignisse und Naturkatastrophen. Ziffer 25.7 des Vertragsmusters sieht für solche und vergleichbare Fälle eine Befreiung der Vertragsparteien von ihren vertraglichen Pflichten vor, solange die Störung andauert.

C. Weiterführende Hinweise zu Literatur und Rechtssprechung

1 Für das Gebrauchsmuster ist eine parallele Regelung in § 11 Abs. 1 Gebrauchsmustergesetz enthalten. Hier gilt jedoch die Besonderheit, dass sich der Inhaber des Gebrauchsmusters nicht auf den Gebrauchsmusterschutz berufen kann, wenn für jedermann ein Löschungsanspruch gegen das Gebrauchsmuster besteht (§ 13 Abs. 1 GebrMG).

2 *Kraßer,* Patentrecht, § 1, S. 1 f.; *Osterrieth,* Rn. 302.

3 Ein Europäisches Patent ist beim Europäischen Patentamt anzumelden. Die internationale Anmeldung ist beim zuständigen Anmeldeamt einzureichen (Art. 10 PCT, Regel 19 AusfO PCT). Anmelder, die die deutsche Staatsangehörigkeit besitzen oder ihren Sitz bzw. Wohnsitz in der Bundesrepublik Deutschland haben, können PCT-Anmeldungen wahlweise beim Deutschen Patent- und Markenamt oder gemäß Art. III § 1 Abs. 2 IntPatÜG, § 34 Abs. 2 PatG über ein Patentinformationszentrum oder beim Europäischen Patentamt (Art. 151 ff. EPÜ) einreichen.

4 Diese Schrift beinhaltet die schriftliche Darlegung der Erfindung, wie sie am Anmeldetag eingereicht worden ist.

5 Das Patentgesetz sieht in § 33 PatG allerdings einen Erstattungsanspruch des Anmelders gegen denjenigen vor, der den Gegenstand der Anmeldung benutzt hat, obwohl er wusste oder wissen musste, dass die von ihm benutzte Erfindung Gegenstand der Anmeldung war. Dieser Anspruch besteht ab dem Zeitpunkt der Veröffentlichung des Hinweises gemäß § 32 Abs. 5 PatG und bietet daher Schutz gegen Nachahmung vor Erteilung des Patents.

6 Bei Patenten, deren Schutzbereich Wirkstoffe oder Wirkstoffzusammensetzungen eines Arzneimittels oder Pflanzenschutzmittels umfasst, besteht die Möglichkeit, die Laufzeit durch ergänzende Schutzzertifikate um fünf Jahre zu verlängern. (§ 16a PatG i. V.m. Verordnung (EWG) Nr. 1768/92 des Rates vom 18. Juni 1992 über die Schaffung eines ergänzenden Schutzzertifikates für Arzneimittel, sowie die Verordnung (EG) Nr. 1610/96 des Europäischen Parlaments und des Rates vom 23. Juli 1996 über die Schaffung eines ergänzenden Schutzzertifikates für Pflanzenschutzmittel).

7 Vgl. *Osterrieth,* Rn. 295 und Rn. 324.

8 *Bartenbach/Gennen/Gaul,* Rn. 56.

9 Siehe unten, „Erläuterungen zu § 24 – Rechtsfolgen der Vertragsbeendigung", Abschnitt 3.

10 *Henn,* Rn. 72 und Rn. 152; vgl. auch *Osterrieth,* Rn. 330; *Benkard,* PatG, § 15, Rn. 61; *Benkard,* GRUR 1983, 146, 147; a. A. noch BGH GRUR 1982, 411, 412 f. – „Verankerungsteil" (vor Einführung von § 15 Abs. 3 PatG).

11 *Benkard,* PatG, § 15, Rn. 64.

12 Verordnung (EG) Nr. 772/2004 der Kommission vom 27. April 2004 über die Anwendung von Artikel 81 Absatz 3 EG-Vertrag auf Gruppen von Technologietransfer-Vereinbarungen („TT-GVO"), ABl. EG 2004 L 123/11.

13 Bekanntmachung der Kommission, Leitlinien zur Anwendung von Artikel 81 EG-Vertrag auf Technologietransfer-Vereinbarungen („TT-Leitlinien"), Tz. 47, ABl. EG 2004 C 101/9.

14 Ebenda. Die neue TT-GVO stellt damit strenge Anforderungen an die Wesentlichkeit, für die nach der alten TT-GVO das „Nützlich sein" ausreichte. Vgl. dazu *Wissel/Eickhoff*, WuW 2004, 1244, 1246.

15 Ebenda; zur Identifizierung des Know-hows siehe unten, Erläuterungen zu § 1 – Begriffsbestimmungen, Abschnitt 2.2.

16 *Hufnagel*, MittDPatAnw 2004, 297, 297 spricht in diesem Zusammenhang von einer „Zeitbombe latenter Unwirksamkeit".

17 *Christoph*, Wettbewerbsbeschränkungen, S. 25 ff. m. w. N.; *Bellamy/Child*, EC Law of Competition, 8-001 ff.

18 Ausführlich dazu *Christoph*, Wettbewerbsbeschränkungen, S. 25 ff.; *Sack*, WRP 1999, 592, 594 ff.

19 Zum Umfang des spezifischen Gegenstand des Schutzrechts siehe *Schultze/ Pautke/Wagener*, Gruppenfreistellungsverordnung, Art. 2, Rn. 288 ff.

20 Hierauf weist auch *Hufnagel*, MittDPatAnw 2004, 297, 297 hin.

21 Der EuGH entschied in dem Urteil vom 13. 7. 1966, verb. Rs. 56/64 und 58/64 Consten und Grundig, Slg. 1966, 321 ff., dass Art. 81 und 82 EGV auch für Vereinbarungen gelten, in denen der Schutzrechtsinhaber einem anderen Unternehmen eine Lizenz zur Nutzung seiner Rechte erteilt.

22 Allerdings betrifft die Nichtigkeit nach EG-Kartellrecht grundsätzlich nur die wettbewerbsbeschränkenden Klauseln selbst, also etwa die in dem Vertrag enthaltende Preisbindung. Die Wirksamkeit der restlichen Vereinbarung richtet sich nach dem auf den Vertrag anzuwendenden Recht; bei der Anwendung deutschen Rechts nach § 139 BGB.

23 Bekanntmachung der Kommission, Leitlinien zur Anwendung von Artikel 81 Abs. 3 EG-Vertrag, Tz. 35 Satz 4, ABl. EG 2004 C 101/102.

24 Art. 81 Abs. 3-Leitlinien, Tz. 33 Satz 4, ABl. EG 2004 C 101/102.

25 Fünfter Erwägungsgrund zur Verordnung (EG) Nr. 772/2004 der Kommission vom 27. April 2004 über die Anwendung von Artikel 81 Absatz 3 des EG-Vertrages auf Gruppen von Technologietransfer-Vereinbarungen, ABl. EG 2004 L 123/11.

26 Verordnung (EG) Nr. 240/96 der Kommission vom 31. Januar 1996 zur Anwendung von Art. 85 Abs. 3 des Vertrages aus Gruppen von Technologietransfer-Vereinbarungen, ABl. EG 1996 L 31/2.

27 Verordnung (EG) Nr. 772/2004 der Kommission vom 27. April 2004 über die Anwendung von Artikel 81 Absatz 3 EG-Vertrag auf Gruppen von Technologietransfer-Vereinbarungen, ABl. EG 2004 L 123/11. Die TT-GVO ist am 1. Mai 2004 in Kraft getreten. Ab dem 31. März 2006 wird die TT-GVO auch auf Vereinbarungen anwendbar sein, die am 30. April 2004 bereits in Kraft waren und die Voraussetzungen der Freistellung nach der TT-GVO (alt) erfüllten Altverträge müssen bis zu diesem Stichtag daher auf ihre Übereinstimmung mit den neuen Regelungen überprüft und gegebenenfalls angepasst werden. Die TT-GVO gilt bis zum 30. April 2014. Sie ist auszulegen mit Hilfe der Leitlinien zur Anwendung von Artikel 81 EG-Vertrag auf Technologietransfer-Vereinbarungen, ABl. C 101/2 vom 27. April 2004 („TT-Leitlinien").

28 Art. 81 Abs. 3-Leitlinien, Tz. 35 Satz 4, ABl. EG 2004 C 101/102.

29 Vgl. allgemein zur TT-GVO: *Schultze/Pautke/Wagener*, Gruppenfreistellungsverordnung; *Schultze/Pautke/Wagener*, WRP 2004, 175 ff.; *Schultze/Pautke/ Wagener*, EWS 2004, 437 ff.; *Wissel/Eickhoff*, WuW 2004, 1244 ff.; *Lubitz*, EuZW 2004, 652 ff.; *Drexel*, GRUR Int. 2004, 716 ff.; *Lejeune*, CR 2004, 467 ff.; *Hufnagel*, MittDPatAnw 2004, 297 ff.; *Lübbig*, GRUR 2004, 483 ff.

30 Zur Wirkung und zum Inhalt von Kernbeschränkungen siehe unten „Einführung", Abschnitt 3.2.5.

31 Zur Wirkung und zum Inhalt von nicht freigestellten Beschränkungen siehe unten „Einführung", Abschnitt 3.2.6.

32 Vgl. Art. 81 Abs. 3-Leitlinien, Tz. 40, ABl. EG 2004 C 101/103.

33 Vgl. ausführlich zu den Marktanteilsschwellen: *Schultze/Pautke/Wagener,* Gruppenfreistellungsverordnung, Art. 3, Rn 440 ff.; *Wissel/Eickhoff,* WuW 2004, 1244, 1248.

34 Vgl. 12. Begründungserwägung der TT-GVO, ABl. EG 2004 L 123/12; TT-Leit-linien, Tz. 37, 131, ABl. EG 2004 C 101/8, 101/25; *Lubitz,* EuZW 2004, 652, 653.

35 Vgl. Artikel 81 Abs. 3-Leitlinien, Tz. 33, ABl. EG 2004 C 101/102.

36 TT-Leitlinien, Tz. 131 Satz 1, ABl. EG 2004 C 101/24; ausführlich zu dem „4-Plus-Test" vgl. *Schultze/Pautke/Wagener,* Gruppenfreistellungsverord-nung, Art. 3, Rn. 442.

37 Bekanntmachung der Kommission über Vereinbarungen von geringer Be-deutung, die den Wettbewerb gemäß Art. 81 Abs. 1 des EG-Vertrages nicht spürbar beschränken (de minimis), ABl. EG 2001 C 368/13 („Bagatellbe-kanntmachung").

38 Dazu zählen neben Preisbindungen, insbesondere Markt- und Gebietsauftei-lungen. Letztere sind in Lizenzvereinbarungen regelmäßig enthalten, so dass auch Vereinbarungen unterhalb der Bagatellschwelle für die konkrete Aus-gestaltung dieser Beschränkungen die inhaltlichen Vorgaben der TT-GVO einhalten müssen. Vgl. hierzu detailliert *Schultze/Pautke/Wagener,* Gruppen-freistellungsverordnung, Art. 2, Rn. 298 ff.

39 Vgl. *Osterrieth,* Rn. 318.

40 Vgl. TT-Leitlinien, Tz. 82 Satz 1, ABl. EG 2004 C 101/16.

41 Vgl. *Schultze/Wagener/Pautke,* Gruppenfreistellungsverordnung, Art. 4, Rn. 670.

42 Vgl. ausführlich zu den Kernbeschränkungen: *Schultze/Pautke/Wagener,* EWS 2004, 437, 440 ff.; *Wissel/Eickhoff,* WuW 2004, 1244, 1250 ff.

43 Vgl. dazu oben „Einführung", Abschnitt 3.2.4.

44 Vgl. *Hufnagel,* MittDPatANW 2004, 297, 302; *Lubitz,* EuZW 2004, 652, 655.

45 Vgl. dazu unten, § 5 – Rechte an Verbesserungserfindungen.

46 Vgl. dazu unten, § 14 – Nichtangriffsklausel.

47 *Osterrieth,* Rn. 319.

48 § 2 Abs. 1 GWB n. F.

49 Vgl. § 2 Abs. 2 Satz 2 GWB n. F.

50 BT-Drucks. 15/3640, S. 26.

51 Der Geschäftsführer einer juristischen Person muss innerhalb von drei Wo-chen nach Kenntnis von der Zahlungsunfähigkeit oder der Überschuldung der Gesellschaft einen Insolvenzantrag stellen. Vergleiche zu der persönlichen Haftung der antragspflichtigen Organe wegen Insolvenzverschleppung, *Braun,* InsO, § 19, Rn. 33 f.

52 Vgl. *Braun,* InsO, § 35, Rn. 21.

53 *Braun,* InsO, § 80, Rn. 11.

54 BGH WM 2006, 144, 145, LG Mannheim, ZIP 2004, 576 ff.; *Frentz/Marrder,* ZUM 2001, 761, 762; *Abel,* NZI 2003, 121, 124; *Brandt,* NZI 2001, 337, 340; *Huber,* in: MüKo InsO, § 103, Rn. 76; *Stumpf/Groß,* Abschnitt M, Rn. 494. Zum Wahlrecht des Insolvenzverwalters allgemein, vgl. *Pape,* in: Kölner Schrift zur Insolvenzordnung, S. 531 ff.

55 Das LG Mannheim spricht im Fall der Erfüllungsablehnung von einem Erlö-schen der ausschließlichen Lizenz, vgl. ZIP 2004, 576 ff.

56 Vgl. zu dem Anspruch des § 103 Abs. 2 InsO: *Marotzke,* Rn. 5.14 ff.; *Pape,* in: Kölner Schrift zur Insolvenzordnung, S. 531, 572.

57 *Stumpf/Groß,* Abschnitt M, Rn. 494.

58 *Fezer,* WRP 2004, 793, 799 ff. Mit dieser Auffassung von *Fezer* hat sich Bausch auseinandergesetzt, der zu dem Ergebnis kommt, dass § 108 InsO zwar grundsätzlich analog auf Lizenzverträge angewendet werden könne, im

Ergebnis aber nicht die geeignete Rechtsgrundlage für eine verfassungskonforme, sachgerechte Lösung biete, vgl. *Bausch,* NZI 2005, 289, 293.

59 Die in diesem Zusammenhang oftmals zitierte Entscheidung des Bundesgerichtshofes vom 22. März 2001, NJW-RR 2001, 1552 ff. erging noch zu der Konkursordnung.

60 *Berger,* GRUR 2004, 20 ff.

61 *Bork,* NZI 1999, 337 ff.

62 *Bausch,* NZI 2005, 289, 293. Bausch begründet seine Auffassung insbesondere mit der Eigentumsgarantie aus Art. 14 GG.

63 Ausführlich zu der Frage der Zulässigkeit von Lösungsklauseln vor und nach Inkrafttreten der InsO: *Berger,* in: Kölner Schrift zur Insolvenzordnung, S. 499 ff.

64 Vgl. hierzu ausführlich unter „Erläuterungen zu § 23 – Laufzeit, Kündigung", Abschnitt 4.

65 In einer vom BGH im November 2005 gefällten Entscheidung wurde der wichtige Grund wegen der für den Lizenznehmer durch die Nichterfüllungswahl entstandenen ungünstigen Simetia für gegeben erachtet, BGH WM 2006, 144, 146. Vgl. hierzu unten Erläuterungen zu § 24.9.

66 TT-Leitlinien, Tz. 47, ABl. EG 2004 C 101/9.

67 *Stumpf/Groß,* Abschnitt C, Rn. 107.

68 *Bartenbach/Gennen/Gaul,* Rn. 1717; *Stumpf/Groß,* Abschnitt C, Rn. 107.

69 So auch im Ergebnis *Bartenbach/Gennen/Gaul,* Rn. 1717.

70 Die Einschaltung eines Verkaufskommissionärs ist parallel zu beurteilen, da auch ihm, ebenso wie dem Handelsvertreter, ein Provisionsanspruch zusteht.

71 Vgl. hierzu bei Verträgen mit nationalem Bezug § 14 GWB; bei Verträgen mit europarechtlichem Bezug gilt Artikel 4 a) der Verordnung (EG) Nr. 2790/1999 vom 22.12.1999 („Vertikal-GVO"), ABl. EG 1999 L 336/21.

72 EuGH GRUR Int. 1986, 635, 639 („Windsurfing International").

73 *Bartenbach/Gennen/Gaul,* Rn. 1737; EuGH GRUR Int. 1986, 635, 638 ff. („Windsurfing International"); vgl. hierzu BGH GRUR 1962, 401 („Kreuzbodenventilsäcke III"); BGH GRUR 1969, 677 („Rüben-Verladeeinrichtung"); BGH GRUR 1995, 578 („Steuereinrichtung II"); BGH GRUR 1992, 599 („Teleskopzylinder").

74 EuGH GRUR Int. 1986, 635, 639 („Windsurfing International").

75 Vgl. zu den Verbesserungserfindungen die „Erläuterungen zu § 6 – Verbesserungserfindungen".

76 BGH GRUR 1991, 436 – Befestigungsvorrichtung; BGH GRUR 1991, 518 – Polyesterfäden.

77 BGH GRUR 1996, 109 – Klinische Versuche I; BGHZ 135, 217 – Klinische Versuche II; *Busse,* § 11; *Krasser,* S. 815.

78 Zur Abgrenzungsproblematik siehe *Paul,* NJW 1963, 2249, 2250 ff.

79 *Osterrieth,* Rn. 300.

80 Zur Erschöpfung innerhalb des EWR siehe TT-Leitlinien, Tz. 6, ABl. EG 2004 C 101/2.

81 *Henn,* Rn. 134; *Bartenbach/Gennen/Gaul,* Rn. 1314.

82 Vgl. hierzu *Osterrieth,* Rn. 324 ff.

83 *Benkard,* PatG, § 15, Rn. 56.

84 Vgl. hierzu *Osterrieth,* Rn. 329 f.

85 Vgl. unten Erläuterungen zu § 16 – Erwerb und Aufrechterhaltung der Lizenzierten Patentrechte, Abschnitt 3.

86 Dazu *Osterrieth,* Rn. 302 ff.

87 TT-Leitlinien, Tz. 86, ABl. EG 2004 C 101/17.

88 TT-Leitlinien, Tz. 92, ABl. EG 2004 C 101/17.

89 Vgl. Art. 4 Abs. 1 lit. c) Ziffer vii) bzw. Artikel 4 Abs. 2 lit. b) Ziffer iv) TT-GVO, ABl. EG 2004 L 123/15.

90 Vgl. hierzu oben Einführung, Abschnitt 3.2.4.
91 Vgl. hierzu Art. 3 TT-GVO, ABl. EG 2004 L 123/14.
92 TT-Leitlinien, Tz. 84 S. 3, ABl. EG 2004 C 101/16.
93 TT-Leitlinien, Tz. 101, ABl. EG 2004 C 101/20.
94 RG GRUR 1937, 1003, 1005; GRUR 1940 558, 559; *Benkard,* PatG, § 15, Rn. 36; a. A. *Schultz-Süchting,* in: Münchener Vertragshandbuch III, IV.2., Tz. 40.
95 Vgl. BGH GRUR 1980, 750, 751 („Pankreaplex II"); *Benkard,* PatG, § 15, Rn. 158. Zu den zeitlichen Schranken eines Patent- und Know-how-Lizenzvertrages siehe auch unten Erläuterungen zu § 23 – Laufzeit, Kündigung, Abschnitt 1.
96 *Henn,* Rn. 83; *Benkard,* PatG, § 15, Rn. 53 ff.
97 *Hausmann,* ZUM 1999, 914, 921; s. a. § 9 Abs. 1 VerlagsG.
98 *Abel,* NZI 2003, 121, 126.
99 Vgl. unten Ziffer 24.3.
100 Vgl. BGH GRUR 1958, 564, 566 („Baustützen").
101 *Benkard,* PatG, Rn. 15 und Rn. 89.
102 S. o. unter § 1 – Begriffsbestimmungen – 1.7, bzw. 1.6.
103 S. o. unter Anmerkungen zu § 2 – 3.4.
104 Siehe Ziffern 24.6 und 24.7 des Vertragsmusters.
105 Siehe oben unter Erläuterungen zu § 4 – Option/Vorlizenzrecht, Abschnitt 3.
106 *Pfaff/Osterrieth,* Kapitel B. I, Rn. 86.
107 *Henn,* Rn. 246; Pagenberg/Geissler, Kapitel 1, Rn. 172.
108 Das Urteil des BGH GRUR 2001, 329 („Gemeinkostenanteil"), wonach Gemeinkosten bei der Gewinnermittlung unberücksichtigt bleiben, wird wohl im vertraglichen Kontext nicht verhandelbar sein.
109 *Pagenberg/Geissler,* Kapitel 1, Rn. 173; vgl. auch *Henn,* Rn. 255.
110 Vgl. *Stumpf/Groß,* Abschnitt C, Rn. 111.
111 Vgl. § 2 Abs. 1 Preisangaben- und Preisklauselgesetz (PaPkG) vom 3. 12. 1984 (BGBl. I, S. 1429) und Preisklauselverordnung (PrKV) vom 23. 9. 1998 (BGBl. I, S. 3043).
112 Richtlinien für die Vergütung von Arbeitnehmererfindungen im privaten Dienst v. 20. 7. 1959, Beilage zum BAnz. Nr. 156 vom 18.08.1959, 1. Teil, A I 2 und Richtlinien für die Vergütung von Arbeitnehmererfindungen im öffentlichen Dienst v. 1. 12. 1960 BAnz. Nr. 237 vom 8. 12. 1960 (geändert durch die Richtlinie vom 1. September 1983 [BAnz. Nr. 169 vom 9. 9. 1983]).
113 *Pfaff/Osterrieth,* Kapitel B. I, Rn. 83.
114 Vgl. etwa *Hellebrand /Kaube,* Lizenzsätze.
115 BGH GRUR 1995, 578, 580 („Steuereinrichtung II").
116 *Pfaff/Osterrieth,* Kapitel B. I, Rn. 81.
117 BGH GRUR 1962, 401, 404 („Kreuzbodenventilsäcke III"); *Pfaff/Osterrieth,* Kapitel B. I, Rn. 82.
118 BGH GRUR 1995, 578, 580 („Steuereinrichtung II").
119 BGH GRUR 1962, 401, 404 („Kreuzbodenventilsäcke III"); BGH GRUR 1995, 578, 580 („Steuereinrichtung II"); *Pfaff/Osterrieth,* Kapitel B. I, Rn. 82; *Bartenbach/Gennen/Gaul,* Rn. 1694.
120 *Bartenbach/Gennen/Gaul,* Rn. 1695.
121 *Bartenbach/Gennen/Gaul,* Rn. 1695.
122 Vgl. die Amtlichen Richtlinien für die Vergütung von Arbeitnehmererfindungen, RL Nr. 6, Sätze 3–6, abgedruckt und kommentiert bei *Bartenbach/Volz,* Arbeitnehmererfindervergütung, S. 141 ff.
123 *Pfaff/Osterrieth,* Kapitel B. I, Rn. 82.
124 Vgl. BHG GRUR 1998, 561, 563 („Umsatzlizenz"). Der BGH führt hier aus, dass der Lizenzvertrag bei Fehlen eines ausdrücklichen Parteiwillens zu diesem Punkt auszulegen ist.

125 BGH GRUR 1998, 561, 562 f. („Umsatzlizenz").
126 Vgl. hierzu Erläuterungen zu § 16 – Erwerb und Aufrechterhaltung der Lizenzierten Patentrechte, Abschnitt 1.
127 *Pfaff/Osterrieth,* Kapitel B. I, Rn. 95.
128 *Sucker,* CR 1990, 369, 374.
129 TT-Leitlinien, Tz. 159, ABl. EG 2004 C 101/29.
130 *Bartenbach/Gennen/Gaul,* Rn. 1476; *Henn,* Rn. 441 ff.; BGH GRUR 1965, 591, 595 („Wellplatten"); vgl. auch *Benkard,* PatG, § 15, Rn. 88.
131 *Schultze/Pautke/Wagener,* Gruppenfreistellungsverordnung, Art. 4, Rn. 734; *Kirchhoff,* in: Wiedemann, Handbuch, § 10, Rn. 277 m. w. N.
132 Nicht dagegen Meistbegünstigungsklauseln zulasten des Lizenznehmers. Eine solche Einschränkung der Preisbildungsfreiheit des Lizenznehmers stellt eine Kernbeschränkung im Sinne von Art. 4 Abs. 1 lit. a der TT-GVO dar.
133 *Schultze/Pautke/Wagener,* Gruppenfreistellungsverordnung, Art. 4, Rn. 741.
134 Zum Welteinkommensprinzip vgl. *Schaumburg,* Rn. 13.2; *Mössner,* B, Rn. B 7 ff.
135 Zur Problematik der Doppelansässigkeit von Kapitalgesellschaften siehe *Seibold,* IStR 2003, 45 ff.
136 Richtlinie 2003/49/EG des Rates vom 3. Juni 2003 über eine gemeinsame Steuerregelung für Zahlungen von Zinsen und Lizenzgebühren zwischen verbundenen Unternehmen verschiedener Mitgliedstaaten, ABl. EG 2003 L 157/49.
137 § 49 EStG findet insoweit auch auf die Körperschaftssteuer Anwendung, BFH vom 29. 1. 1964, BStBl. III 1994, 165; vom 3. 2. 1993, BStBl. II 1993, 462; vom 13. 11. 2002, BStBl. II 2003, 249; *Kalbfleisch,* in: Ernst & Young, KStG, § 2, Rn. 13.
138 *Klingebiel,* in: Dötsch/Felder/Geiger/Klingebiel/Lang/Rupp/Wochinger, Abschnitt D, Rn. 1830 „Dauerschuldverhältnis".
139 §§ 50 a Abs. 4 S. 1 Nr. 3, S. 4 EStG.
140 § 68 a EStDV; *Heinicke,* in: Schmidt, EStG, § 34 c, Rn. 6.
141 § 26 Abs. 6 KStG, § 34 c Abs. 2 EStG.
142 Abschnitt 212c S. 1 EStR 2003; *Heinicke,* in: Schmidt, EStG, § 34 c, Rn. 22. (wie oben Fn. 135).
143 Zu verdeckten Gewinnausschüttungen *Wassermeyer,* DStR 1990, 158 ff.; *Döllerer,* DStR 1980, 395 ff.
144 BFH vom 22. 2. 1989, BStBl. II 1989, 475; vom 17. 12. 1997, BStBl. II 1998, 545; Abschnitt 36 KStR 2004.
145 BFH vom 23. 5. 1984, BStBl. II 1984, 723; vom 14. 3. 1989, BStBl. II 1989, 741; vom 13. 9. 1989, BStBl. II 1989, 1029; vom 29. 5. 1996, BStBl. II 1997, 92; vom 25. 5. 1999, BStBl. II 2001, 226; vom 29. 8. 2000, BStBl. II 2001, 173.
146 BFH vom 8. 6.1977, BStBl. II 1977, 704; vom 8. 11. 1989, BStBl. II 1990, 244; vom 28. 2. 1990, BStBl. II 1990, 649; vom 12. 12. 1990, BStBl. II 1991, 593.
147 Art. 9 Abs. 2 Buchst. e der 6. Richtlinie (EWG) Nr. 77/388 des Rates vom 17. Mai 1977 zur Harmonisierung der Rechtsvorschriften der Mitgliedstaaten über die Umsatzsteuern, ABl. EG 1977 L 145/1; § 3 a Abs. 4 Nr. 1 UStG.
148 Betriebstätte können nach § 12 AO die Stätte der Geschäftsleitung, Zweigniederlassungen, Geschäftsstellen, Werkstätten, Warenlager, Ein- oder Verkaufsstellen und Bauausführungen und Montagen sein.
149 ABl. EG 1992 L 302/1.
150 BFH vom 27. 10. 1987, VII R 18/83, *Müller-Eiselt,* EG-Zollrecht, Fach 7300, 15, 18.
151 *Pfaff/Osterrieth,* Kapitel B. I, Rn. 100.
152 Zur Entstehung der Lizenzgebührenpflicht vgl. § 7 „Vergütung" unter Ziffer 1 c).

153 *Henn,* Rn. 271; *Stumpf/Groß,* Abschnitt C, Rn. 136.
154 BGH GRUR 1962, 354, 356 („Furniergitter"); *Bartenbach/Gennen/Gaul,* Rn. 1844; *Henn,* Rn. 271; *Stumpf/Groß,* Abschnitt C, Rn. 136.
155 RG GRUR 1930, 430; a. A. *Stumpf/Groß,* Abschnitt C, Rn. 137; BGH GRUR 1962, 354, 356 f. („Furniergitter").
156 BGH GRUR 1961, 466, 469 („Gewinderollkopf"); a. A. *Henn,* Rn. 271; RG GRUR 1930, 430; RG GRUR 1939, 943, 945.
157 Vgl. BGH GRUR 1953, 114, 119 f. („Reinigungsverfahren").
158 *Bartenbach/Gennen/Gaul,* Rn. 1870.
159 BGH DB 1968, 2210; *Heinrichs,* in: Palandt, § 242, Rn. 31.
160 BGH NJW 1965, 1861.
161 Vgl. auch *Pfaff/Osterrieth,* Kapitel B. II, Rn. 301.
162 Vgl. hierzu Ziffer 7.4 des Vertragsmusters.
163 *Henn,* Rn. 277.
164 Vgl. hierzu *Pfaff/Osterrieth,* Kapitel B. I, Rn. 106.
165 BGH GRUR 2000, 138 („Knopflochnähmaschinen"); *Bartenbach/Gennen/Gaul,* Rn. 1896; *Pagenberg/Geissler,* Kapitel 1, Rn. 166; *Benkard,* PatG, § 15, Rn. 79.
166 *Lüdecke,* GRUR 1952, 211, 214.
167 BGH GRUR 1980, 38, 40 („Fullplastverfahren").
168 *Henn,* Rn. 278; *Stumpf/Groß,* Abschnitt C, Rn.152.
169 BGH GRUR 1978, 166, 166 („Banddüngerstreuer").
170 *Bartenbach/Gennen/Gaul,* Rn. 1910.
171 *Henn,* Rn. 280.
172 Vgl. zu den kartellrechtlichen Grenzen, unter Ziffer 5.
173 Vgl. dazu unter § 9.
174 Vgl. dazu auch *Haedicke,* GRUR 2004, 123, 125.
175 *Bartenbach/Gennen/Gaul,* Rn. 1912.
176 *Uhlenbruck,* InsO, § 112, Rn. 15.
177 Vgl. auch *Schmoll/Hölder,* GRUR 2004, 743, 746.
178 Zur Auslegung siehe BGH GRUR 1961, 307, 308 f. („Krankenwagen II").
179 Die Rechtssprechung zu den an die Vertragsstrafe gestellten Anforderungen ist vielfältig. Eine gute Übersicht bietet *Thamm/Pilger,* AGB-Gesetz, § 11 Nr. 6, Rn. 2 ff.
180 *Bartenbach/Gennen/Gaul,* Rn. 817.
181 Vgl. hierzu Einleitung, Ziffer 3.
182 *Pfaff/Osterrieth,* Kapitel B. I, Rn. 130.
183 *Schultze/Pautke/Wagener,* Gruppenfreistellungsverordnung, Art. 4, Rn. 664.
184 TT-Leitlinien, Tz. 95 Satz 1, ABl. EG 2004 C 101/18; *Schultze/Pautke/Wagener,* Gruppenfreistellungsverordnung, Art. 4, Rn. 669, 673.
185 *Schultze/Pautke/Wagener,* Gruppenfreistellungsverordnung, Art. 4, Rn. 684.
186 Eine solche Beweislastumkehr wird ausdrücklich empfohlen von *Schultze/Pautke/Wagener,* Gruppenfreistellungsverordnung, Art. 4, Rn. 684, die in diesem Zusammenhang darauf hinweisen, dass sich die Beweislastumkehr in keinem Fall auf die unabhängige Forschung und Entwicklungstätigkeit des Lizenznehmers, sondern nur auf die fertige Technologie bzw. das Produkt beziehen sollte.
187 Hierauf weist auch *Pfaff/Osterrieth,* Kapitel B. II, Rn. 301 hin.
188 *Pfaff/Osterrieth,* Kapitel B. II, Rn. 305.
189 *Stumpf/Groß,* Abschnitt P, Rn. 687, 701, sprechen in diesem Zusammenhang von einer „versteckten" weißen Klausel.
190 Vgl. den Formulierungsvorschlag bei *Pfaff/Osterrieth,* Kapitel B. I, § 8 und die Erläuterungen in Kapitel B. I, Rn. 119 ff.
191 So auch *Pfaff/Osterrieth,* Kapitel B. I, Rn. 121.

192 Vgl. *Henn,* Rn. 289; *Bartenbach/Gennen/Gaul,* Rn. 1950.

193 So auch *Henn,* Rn. 290.

194 In der Entscheidung GRUR Int. 1986, 116 („Velcro/Aplix") entschied die Europäische Kommission, dass eine Bezugsverpflichtung für Gerät und Rohstoffe zur Herstellung von lizenzgemäßen Produkten unzulässig ist, wenn das Grundpatent zwischenzeitlich erloschen ist und nur noch Verbesserungspatente existieren, vgl. dazu auch *Pagenberg/Geissler,* Kapitel 1, Rn. 251.

195 *Benkard,* PatG, § 15, Rn. 162; *Henn,* Rn. 375; BKartA, Tätigkeitsbericht 1961, S. 58.

196 BKartA, Tätigkeitsbericht 1965, S. 64.

197 Vgl. hierzu Einleitung, Abschnitt 3.

198 In Tz. 49 der TT-Leitlinien heißt es zu der Abgrenzungsfrage: „Die TT-Gruppenfreistellungsverordnung gilt nur für Vereinbarungen, deren Hauptgegenstand der Technologietransfer im Sinne dieser Verordnung ist im Gegensatz zum Erwerb von Waren oder Dienstleistungen oder der Lizenzierung anderer Arten von Rechten des geistigen Eigentums", ABl. EG 2004 C 101/10. Vgl. zu der Vertikal-GVO ausführlich *Schultze/Pautke/Wagener,* Vertikal-GVO.

199 Vgl. EuGH GRUR Int. 1986, 635, 638 f. („Windsurfing International").

200 In Tz. 49 der TT-Leitlinien wird dies wie folgt erläutert: „Vereinbarungen, die Bestimmungen zum Erwerb und Verkauf von Erzeugnissen enthalten, fallen nur insoweit unter die TT-Gruppenfreistellungsverordnung, als diese Bestimmungen nicht den Hauptgegenstand der Vereinbarung bilden und mit der Anwendung der lizenzierten Technologie unmittelbar verbunden sind. (...) Die Vorschrift, dass die gekoppelten Produkte mit der lizenzierten Technologie verbunden sein müssen, impliziert, dass die TT-Gruppenfreistellungsverordnung den Erwerb von Produkten ausschließt, die keinen Bezug zu den Produkten aufweisen, die die lizenzierte Technologie enthalten.", ABl. EG 2004 C 101/10. Zur Abgrenzung zwischen Vertikal-GVO und GVO-TT vgl. auch die Beispiele bei *Schultze/Pautke/Wagener,* Gruppenfreistellungsverordnung, Art. 2, Rn 331 ff.

201 Noch wichtiger wird die korrekte Abgrenzung von Vertikal-GVO und TT-GVO allerdings bei Wettbewerbsbeschränkungen, die unter die Liste von Kernbeschränkungen fallen könnten. Dies betrifft insbesondere kunden- oder gebietsbezogene Verkaufsbeschränkungen. Beschränkungen, die den Freistellungsrahmen der TT-GVO voll ausschöpfen, stellen nach der Vertikal-GVO notwendigerweise unzulässige Kernbeschränkungen dar. Siehe dazu *Schultze/ Pautke/Wagener,* Gruppenfreistellungsverordnung, Art. 2, Rn. 343 mit Fn. 95.

202 *Schultze/Pautke/Wagener,* Vertikal-GVO, Art. 1 lit. b, Rn. 48.

203 OLG Hamburg, NJW-RR 1987, 179, 180.

204 Zu den Möglichkeiten, den Lizenzgeber von einer solchen Haftung freizustellen, siehe unten, Erläuterungen zu § 20, Punkt 2.

205 *Stumpf/Groß,* Abschnitt C, Rn. 195.

206 *Pfaff/Osterrieth,* Kapitel B. I, Rn. 131.

207 BKartA, Tätigkeitsbericht 1963, S. 68. Es gibt aber auch Gegenstimmen, die der Auffassung sind, dass im Lizenzvermerk bereits eine über den Inhalt des Schutzrechts hinausgehende Beschränkung gegeben sei, vgl. die Nachweise bei *Pfaff/Osterrieth,* Kapitel B. I, Rn. 132.

208 Eine ebensolche Freistellung war im Übrigen bereits in Art. 2 Abs. 1 Nr. 11 Know-how-GVO, ABl. EG 1989 L 061/1 und in Art. 2 Abs. 1 Nr. 6 Patent-GVO, ABl. EG 1984 L 219/15 enthalten.

209 Siehe I. Einführung, Punkt 3. – Kartellrecht.

210 Vgl. *Stumpf/Groß,* Abschnitt P, Rn. 697 ff.

211 EuGH GRUR Int. 1986, 635, 639 f. („Windsurfing International"); vgl. auch *Groß,* in: Wiedemann, Handbuch, § 13, Rn. 163; wohl auch *Stumpf/Groß,* Abschnitt P, Rn. 699.

212 *Benkard,* PatG, § 22, Rn. 21.
213 Zu der Nichtangriffspflicht aus den durch das Gesetz über Arbeitnehmererfindungen resultierenden Rechtsbeziehungen vgl. BGH GRUR 1987, 900, 901 („Entwässerungsanlage"); BPatG GRUR 1991, 755, 756 („Tiegelofen").
214 BGH GRUR 1990, 667, 667 („Einbettungsmasse"); BGH GRUR 1957, 482, 483 („Chenillefäden").
215 *Bartenbach/Gennen/Gaul,* Rn. 2044 m. w. N.
216 Dazu sogleich unter diesem Abschnitt 2.
217 Eine gute Übersicht über die diesbezügliche Entwicklung des europäischen Kartellrechts geben *Bartenbach/Gennen/Gaul,* Rn. 2070 ff.
218 Vgl. *Benkard,* PatG, § 15, Rn. 122.
219 *Lejeune,* CR 2004, 467, 473.
220 So schon RGZ 155, 306, 310.
221 *Osterrieth,* Rn. 347; *Bartenbach/Gennen/Gaul,* Rn. 1371.
222 Vgl. nur *Pfaff/Osterrieth,* Kapitel B. I, Rn. 132; *Benkard,* PatG, § 15, Rn. 87; *Stumpf/Groß,* Abschnitt C, Rn. 201; *Osterrieth,* Rn. 348. Andere Auffassung für den Fall der ausschließlichen Lizenz *Klauer/Möhring-Nirk,* PatG, § 9, Rn. 79; *Reimer,* PatG, § 9, Rn. 59; *Henn,* Rn. 327.
223 *Bartenbach/Gennen/Gaul,* Rn. 1374.
224 Keukenschrijver, in: Busse, PatG, § 81, Rn. 99.
225 Vgl. hierzu § 17, insbesondere Variation 1 zu Ziffer 17.2 sowie die Erläuterungen zu § 17, Punkt 2.
226 Er kann dem Nichtigkeitsverfahren allerdings als Streithelfer beitreten, da er ein rechtliches Interesse an dem Obsiegen der unterstützten Partei hat; vgl. dazu *Keukenschrijver,* in: Busse, PatG, § 81, Rn. 112.
227 Vgl. zu der Anpassung der Lizenzgebühren bei Wegfall der Lizenzierten Patentrechte durch Zeitablauf oben Erläuterungen zu § 7 – Vergütung, Abschnitt 2.4.
228 BGH GRUR 1983, 237, 239 („Brückenlegepanzer"); BGH GRUR 1969, 677, 678 („Rüben-Verladeeinrichtung").
229 *Osterrieth,* Rn. 348.
230 *Stumpf/Groß,* Abschnitt D, Rn. 267. Hier auch Nachweise zu der in der Literatur verbreiteten Ansicht, dass der Lizenzgeber im Fall einer ausschließlichen Lizenz ohne Zustimmung des Lizenznehmers nicht auf das Schutzrecht verzichten könne.
231 *Mes,* § 30 PatG, Rn. 20 f.
232 *Pfaff/Osterrieth,* Kapitel B. I, Rn. 136.
233 *Mes,* § 30 PatG, Rn. 22.
234 Eine gute Übersicht zu den Anmelde- und Registrierungsvoraussetzungen zahlreicher Rechtsordnungen mit einer Vielzahl von Nachweisen bieten *Grützmacher/Laier/May,* Internationaler Lizenzverkehr.
235 Dies beruht auf dem Territorialprinzip, vgl. *Osterrieth,* Rn. 53 f.
236 Nähere Hinweise zu dem Service der Deutschen Außenhandelskammern unter http://www.ahk.de/leistungen/rechtsauskunft.html.
237 Vgl. *Stumpf/Groß,* Abschnitt H, Rn. 407.
238 *Strumpf/Groß,* Abschnitt H, Rn. 393.
239 Zur Eintragung der Lizenz vgl. Erläuterungen zu § 16, Punkt 5.
240 St. Rspr., Nachweise bei *Benkard,* PatG, § 15, Rn. 55; *Stumpf/Groß,* Abschnitt F, Rn. 365; *Pfaff/Osterrieth,* Kapitel B. I, Rn. 156.
241 *Osterrieth,* Rn. 386; *Stumpf/Groß,* Abschnitt H, Rn. 409.
242 *Stumpf/Groß,* Abschnitt D, Rn. 279; Abschnitt H, Rn. 410 f.
243 Vgl. *Stumpf/Groß,* Abschnitt H, Rn. 398.
244 St. Rspr., vgl. Nachweise bei *Keukenschrijver,* in: Busse, PatG, § 6, Rn. 32.
245 *Kraßer,* Patentrecht, § 19, S. 337; *Keukenschrijver,* in: Busse, PatG, § 6, Rn. 32.

246 Vgl. zu den Einzelheiten der wirksamen Inanspruchnahme Bartenbach/Volz, Arbeitnehmererfindergesetz, § 6, Rn. 1 ff.

247 Bei einer beschränkten Inanspruchnahme steht dem Arbeitgeber lediglich ein einfaches Benutzungsrecht an der Erfindung zu; eine Eigentumsüberleitung findet nicht statt, § 7 Abs. 2 ArbNErfG.

248 BGH GRUR 2001, 226, 227 („Rollenantriebseinheit“).

249 BGH GRUR 1979, 540, 542 („Biedermeiermanschetten“); siehe dazu auch Kraßer, Patentrecht, § 19, S. 348.

250 BGH GRUR 1979, 540, 542 („Biedermeiermanschetten“).

251 Keukenschrijver, in: Busse, PatG, § 6, Rn. 38.

252 Benkard, PatG, § 6, Rn. 35; Keukenschrijver, in: Busse, PatG, § 6, Rn. 40.

253 Kraßer, Patentrecht, § 19, S. 352.

254 Benkard, PatG, § 6, Rn. 35.

255 Kraßer, Patentrecht, § 19, S. 355.

256 Kraßer, Patentrecht, § 19, S. 356.

257 Vgl. die Nachweise bei Kraßer, Patentrecht, § 19, S. 356; Benkard, PatG, § 6, Rn. 35.

258 BGH GRUR 1979, 540, 542 („Biedermeiermanschetten“); BGH GRUR 2001, 226, 227 („Rollenantriebseinheit“).

259 Vgl. Art. 4 C der Pariser Verbandsübereinkunft zum Schutz des gewerblichen Eigentums.

260 BGH GRUR 1982, 481, 482 („Hartmetallkopfbohrer“); BGH GRUR 1961, 466, 468 („Gewinderollkopf“); BGH GRUR 1961, 27, 29 („Holzbauträger“).

261 Vgl. zur rechtstypologischen Einordnung des Lizenzvertrages Bartenbach/Gennen/Gaul, Rn. 24 ff.

262 Vgl. dazu auch Kraßer/Schmid, GRUR Int. 1982, 324, 327 f. Haedicke, GRUR 2004, 123, 123 ff. vertritt die Auffassung, dass wegen § 453 BGB die kaufvertragliche Sach- und Rechtsmängelhaftung auf ausschließliche Patentlizenzverträge Anwendung findet. Diese Auffassung trifft im Hinblick auf Patentveräußerungsverträge sicherlich zu. Patentlizenzverträge sind jedoch auch dann, wenn sie ausschließlicher Natur sind, nicht mit einer Veräußerung gleichzusetzen. Osterrieth, Rn. 350 ist der Auffassung, dass sich die Haftung des Lizenzgebers aus § 581 Abs. 2 i. V. m. § 536 BGB n. F. ergibt.

263 BGH GRUR 1979, 768 („Mineralwolle“); BGH NJW 1965, 759 („Reaktions-Meßgeräte“); Pagenberg/Geissler, Kapitel 1, Rn. 59; Benkard, PatG, § 15, Rn. 102; Henn, Rn. 314; Stumpf/Groß, Abschnitt E, Rn. 292, 301; Keukenschrijver, in: Busse, PatG, § 15, Rn. 109.

264 BGH GRUR 1955, 338, 340 („Beschlagfreie Brillengläser“); Stumpf/Groß, Abschnitt E, Rn. 302 f.

265 BGH GRUR 1979, 768, 769 („Mineralwolle“).

266 Vgl. die Nachweise bei Bartenbach/Gennen/Gaul, Rn. 1562.

267 Keukenschrijver, in Busse, PatG, § 15, Rn. 111.

268 BGH GRUR 1955, 338, 340 f. („Beschlagfreie Brillengläser“); BGH GRUR 1959, 616, 617 („Metallabsatz“).

269 BGH GRUR 1974, 40, 43 („Bremsrolle“); BGH GRUR 1955, 338, 340 f. („Beschlagfreie Brillengläser“); Henn, Rn. 308 und Rn. 314 m. w. N.

270 Stumpf/Groß, Abschnitt E, Rn. 305.

271 Henn, Rn. 308. Die Literaturansicht, die die Mängelhaftung des Lizenzgebers auf § 581 Abs. 2 i. V. m. § 536 BGB zurückführt, behandelt dieses Problemfeld unter dem Gesichtspunkt des Fehlens einer zugesicherten Eigenschaft gem. § 536 Abs. 2 BGB; vgl. Stumpf/Groß, Abschnitt E, Rn. 307.

272 Bartenbach/Gennen/Gaul, Rn. 1532; Pagenberg/Geissler, Kapitel 1, Rn. 54; Keukenschrijver, in: Busse, PatG, § 15, Rn. 23.

273 *Bartenbach/Volz,* in: Bartenbach u. a., Formularsammlung, S. 198, Rn. 117; *Osterrieth,* Rn. 351 ff.
274 *Stumpf/Groß,* Abschnitt E, Rn. 348, 354.
275 BGH GRUR 1962, 370, 374 („Schallplatteneinblendung").
276 *Bartenbach/Gennen/Gaul,* Rn. 1535; *Keukenschrijver,* in: Busse, § 15, Rn. 23. *Keukenschrijver* geht allerdings davon aus, dass nach neuem Recht die Regeln der Rechtsmängelhaftung anwendbar sind.
277 So *Stumpf/Groß,* Abschnitt E, Rn. 360, allerdings für den Fall des Patentverkaufs. § 313 BGB n. F. findet Anwendung auf Sachverhalte, die vor der Schuldrechtsreform unter dem Gesichtspunkt des Wegfalls der Geschäftsgrundlage behandelt wurden.
278 Vgl. *Keukenschrijver,* in: Busse, Patentgesetz, § 15, Rn. 23. *Möller,* GRUR 2005, 468, 472, gibt im Hinblick auf die Rechtsmängelhaftung beim Kauf eines abhängigen Patents zu bedenken, dass diese dazu führt, dass abhängigen Patenten praktisch jede Verkehrsfähigkeit versagt wird.
279 BGH GRUR 1979, 768, 769 („Mineralwolle"); BGH GRUR 1974, 40, 43 („Bremsrolle").
280 Vgl. *Bartenbach/Gennen/Gaul,* Rn. 1568.
281 *Schubert/Pitz,* in: Formularsammlung, S. 155 ff., Rn. 64 und Rn. 66.
282 *Osterrieth,* Rn. 353; *Möller,* GRUR 2005, 468, 472.
283 Die Haftung für Vorsatz kann gemäß § 276 Abs. 3 BGB ohnehin nicht im Voraus ausgeschlossen werden.
284 *Stumpf/Groß,* Abschnitt D, Rn. 258.
285 *Stumpf/Groß,* Abschnitt D, Rn. 259.
286 S. o. Einführung 3.2.
287 Art. 1 Abs. 3 TT-GVO Nr. 240/96, ABl. EG 1996 L 31/2.
288 Art. 10 TT-GVO, ABl. EG 2004 L 123/17; *Schultze/Pautke/Wagener,* Gruppenfreistellungsverordnung, Art. 2, Rn. 309.
289 *Schultze/Pautke/ Wagener,* Gruppenfreistellungsverordnung, Art. 2, Rn. 312.
290 Vgl. *Henn,* Rn. 370.
291 *Pfaff/Osterrieth,* Kapitel B. I, Rn. 191; *Benkard,* PatG, § 15, Rn. 36.
292 Vgl. BGH GRUR 1980, 38, 40 („Fullplastverfahren").
293 Vgl. *Stumpf/Groß,* Abschnitt M, Rn. 488; *Benkard,* PatG, § 15, Rn. 128.
294 *Pfaff/Osterrieth,* Kapitel B. I, Rn. 208; BGH GRUR 1959, 616 ff. („Metallabsatz").
295 *Stumpf/Groß,* Abschnitt M, Rn. 495; vgl. *Eckert,* in: MüKo InsO, § 112, Rn. 8.
295 a BGH WM 2006, 144, 146.
296 *Pfaff/Osterrieth,* Kapitel B. I, Rn. 212; *Bartenbach/Gennen/Gaul,* Rn. 624 f.
297 Vgl. *Abel,* NZI 2003, 121, 126.
298 IX ZR 162/04
299 BHGZ 129, 336; 135, 25, 26; 150, 353, 359; 155, 87, 90
300 *Stumpf/Groß,* Kapitel F, Rn. 370.
301 *Bartenbach/Gennen/Gaul,* Rn. 548 ff. m. w. N.
302 Vgl. *Pagenberg/Geissler,* Rn. 133 m. w. N.
303 BGH NJW-RR 1990, 1251.
304 *Pfaff/Osterrieth,* Kapitel B. III, Rn. 777.
305 *Stumpf/Groß,* Kapitel J, Rn. 444; *Henn,* Rn. 451.
306 A. a. O., Rn. 444 m. w. N.
307 A. a. O., Rn. 445; Cour d'Appel Paris, GRUR Int. 1983, 49, m. Anm. *Stauder.*
308 *Stumpf/Groß,* Kapitel J, Rn. 446 m. w. N.
309 Bisher sind folgende Landgerichte als Gerichte für Patentstreitsachen bestimmt: Baden-Württemberg: LG Mannheim, Bayern: OLG Bezirk München: LG München 1, OLG Bezirk Nürnberg und Bamberg: LG Nürnberg – Fürth, Berlin/Brandenburg: LG Berlin, Bremen/Hamburg/Mecklenburg-Vorpommern/

Schleswig-Holstein: LG Hamburg, Hessen/Rheinland-Pfalz: LG Frankfurt am Main, Niedersachsen: LG Braunschweig, Nordrhein-Westfalen: LG Düsseldorf, Saarland: LG Saarbrücken, Sachsen: LG Leipzig, Sachsen-Anhalt: LG Magdeburg, Thüringen: LG Erfurt.

310 *Schwab/Walter,* Kapitel 1, Rn. 8.
311 *Glossner/Bredow/Bühler,* Rn. 5.
312 *Schwab/Walter,* Kapitel 1, Rn. 8; *Lachmann,* Rn. 119.
313 *Glossner/Bredow/Bühler,* Rn. 7.
314 *Lachmann,* Rn. 113–118. Lachmann weist allerdings darauf hin, dass im Hinblick auf Zeugen nur ein beschränkter Verschwiegenheitsschutz herrscht.
315 Vgl. §§ 1060 I, 1062 I Nr. 4 ZPO.
316 *Lachmann,* Kap.5, Rn. 255.
317 Vgl. *Immenga/Mestmäcker,* GWB, § 34, Rn. 10.
318 Allgemein zu Schriftformklauseln: *Breitling,* Schriftformklauseln.
319 BGH NJW 1986, 3132; NJW-RR 1995, 179; BGHZ 104, 392, 396; BGH Urteil vom 23. 5. 2001 VIII ZR 279/99; OLG Karlsruhe NJW 1981, 406.
320 BGH NJW 2003, 347 f. – Pronuptia.

D. Sachregister

Die Beck'schen Musterverträge im Überblick

Arbeitsrecht

1	Kopp	Arbeitsvertrag für Führungskräfte	4. Auflage	2001
2	Jaeger	Der Anstellungsvertrag des GmbH-Geschäftsführers	4. Auflage	2001
9	Bengelsdorf	Aufhebungsvertrag und Abfindungsverein-barungen	4. Auflage	2004
12	Kemper/Kisters-Kölkes	Betriebliche Altersversorgung	2. Auflage	1999
16	Gnann/Gerauer	Arbeitsvertrag bei Auslandsentsendung	2. Auflage	2002
17	Röder/Baeck	Interessenausgleich und Sozialplan	3. Auflage	2001
21	Nebendahl	Der Teilzeitarbeitsvertrag	3. Auflage	2005
23	Münzel	Chefarzt- und Belegarztvertrag	2. Auflage	2001
24	Abrahamczik	Der Handelsvertretervertrag	2. Auflage	1999
39	Hunold	Befristete Arbeitsverträge nach neuem Recht	1. Auflage	2001
43	Haas/Ohlendorf	Anstellungsvertrag des Vorstands der Aktien-gesellschaft	1. Auflage	2004

Familienrecht

7	Brambring	Ehevertrag und Vermögenszuordnung unter Ehegatten	5. Auflage	2003/2004
10	Grziwotz	Partnerschaftsvertrag für die nichteheliche und nicht eingetragene Lebensgemeinschaft	4. Auflage	2002
15	Krenzler	Vereinbarungen bei Trennung und Scheidung	3. Auflage	2000
32	Vogt/Hannes	Verträge mit Familienangehörigen	2. Auflage	2004
44	Winkler	Vorsorgeverfügungen	2. Auflage	in Vorb.

Erbrecht

18	Wegmann	Ehegattentestament und Erbvertrag	3. Auflage	2004
19	Kössinger	Das Testament Alleinstehender	3. Auflage	2004
45	Burandt/Franke	Unternehmertestament	1. Auflage	2003

Neue Medien

37	Schröder	Softwareverträge	2. Auflage	2002
38	Müller/Bohne	Providerverträge	1. Auflage	in Planung

Gesellschaftsrecht

6	Langenfeld	Gesellschaft bürgerlichen Rechts	6. Auflage	2003
8	Reichert/ Harbarth	Der GmbH-Vertrag	3. Auflage	2001
11	Ott	Die Vereinssatzung	2. Auflage	1996
13	Veltins	Der Gesellschaftsvertrag der Kommandit- gesellschaft	2. Auflage	2002
14	Sommer	Die Gesellschaftsverträge der GmbH & Co. KG	2. Auflage	1997
25	Stuber	Die Partnerschaftsgesellschaft	2. Auflage	2001
28	Lutje/Dünnbier	Kauf und Verkauf eines Gewerbebetriebes	1. Auflage	1996
29	Wahlers	Die Satzung der kleinen Aktiengesellschaft	2. Auflage	2000
33	Weigl	Stille Gesellschaft und Unterbeteiligung	2. Auflage	2004
36	Schlitt	Die Satzung der Kommanditgesellschaft auf Aktien	1. Auflage	1999
47	v. Holt/Koch	Stiftungssatzung	1. Auflage	2004
49	Kästle/ Oberbracht	Unternehmenskauf – Share Purchase Agree- ment	1. Auflage	2005
50	von Holt/Koch	Gemeinnützige GmbH	1. Auflage	2005

Miete und Wohnungseigentum

3	Sauren	Verwaltervertrag und Verwaltervollmacht im Wohnungseigentum	3. Auflage	2000
20	Schultz	Gewerberaummiete	2. Auflage	1999
35	Munzig	Die Gemeinschaftsordnung im Wohnungs- eigentum	1. Auflage	1999
40	Lützenkirchen	Wohnraummiete	1. Auflage	2002

Wirtschaftsrecht

4	Westphalen	Allgemeine Verkaufsbedingungen nach neuem Recht	5. Auflage	2003
5	Westphalen	Allgemeine Einkaufsbedingungen nach neuem Recht	3. Auflage	2002
22	Möffert	Der Forschungs- und Entwicklungsvertrag	2. Auflage	2001
26	Weiand/Poser	Sponsoringvertrag	3. Auflage	2005
30	Flohr	Franchisevertrag	3. Auflage	2006
31	Wauschkuhn	Der Vertragshändlervertrag	2. Auflage	2003
34	Fammler	Der Markenlizenzvertrag	1. Auflage	1999
42	Flohr	Masterfranchise-Vertrag	1. Auflage	2005
53	Philipp	Factoringvertrag	1. Auflage	2006
54	Ulmer-Eilfort/ Schmoll	Technologietransfer	1. Auflage	2006